Disciplina positiva

para adolescentes

Disciplina positiva

para adolescentes

Reforzando la educación de su
adolescente y a usted mismo a través
de una paternidad amable y firme

Jane Nelsen
y
Lynn Lott

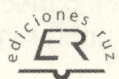

Título original en inglés
Positive Discipline For Teenagers
© Jane Nelsen and Lynn Lott
© Prima Publishing

Disciplina Positiva para Adolescentes
Primera edición 2003

© Ediciones Ruz

Cerrada 1º de mayo No. 21 Naucalpan Centro
Estado de México
Tel. (55) 5360-1010 / Fax (55) 5360-1100
mexico@granica.com

© **2003 Ediciones Ruz**

Traducción
Norma Ruz

Ilustraciones
Paula Gray

Coordinación editorial
Hildebrando Cota Guzmán

Prohibida la reproducción total o parcial de esta obra en cualquier forma electrónica o mecánica, incluso fotocopia o sistema para recuperar información sin permiso escrito del editor.

ISBN 968-5151-17-2

Impreso en México / *Printed in Mexico*

*A mis niños que continúan enseñandome,
Siempre hay más por aprender
y el aprendizaje de los errores
es un proceso de toda la vida.*

Jane

Para Casey y Corey, mis adolescentes

Lynn

ÍNDICE

Prefacio Por H. Stephen Glenn XI

Reconocimientos XV

Introducción XVII

1. ¿Cómo Sabrá Usted que su Hijo se está Convirtiendo en un Adolescente?............ 1

2. ¿De qué Lado está Usted? 37

3. ¿Cuál es su Estilo de Educación? 63

4. ¿Por Qué es tan Difícil Cambiar su Estilo de Educación? 91

5. ¿Es Realmente Posible Aprender de los Errores? 123

6. ¿Cómo Lograr que los Adolescentes Cumplan con sus Acuerdos? 147

7. ¿Su Hijo Adolescente Escucha Cualquier cosa que Usted Diga? 173

8. ¿Las Juntas Familiares Funcionan con los Adolescentes? 211

9. ¿Cómo Dar Tiempo de Calidad? 235

10. ¿Cómo Ayuda a su Hijo Adolescente a
Manejar las Dificultades de la Vida cuando
Usted no está Cerca? 259

11. ¿Es Demasiado Tarde para Enseñar las
Habilidades de la Vida? 289

12. ¿Es Genético? 329

13. ¿Le Estorban los Asuntos no Resueltos
de su Propia Adolescencia? 359

14. ¿Qué Hace Cuando la Conducta de su
Hijo Adolescente le Asusta? 379

15. Conclusión
¿Puedo Cambiar? ¿Vale La Pena? 421

Bibliografía 431

PREFACIO

HAY QUIEN DICE que nacemos dos veces: primero nuestras madres hacen el alumbramiento; después nosotros hacemos la labor durante nuestra adolescencia. La segunda vez es, a menudo, más difícil ya que es una época de tensión y confusión – para aquellos que pasan por ese proceso y para quienes crían y educan adolescentes. En términos de desarrollo humano, los individuos nacen sin ninguna identidad establecida. En los primeros cinco años de vida, acumulamos información sobre nosotros mismos. Durante los siguientes cinco años, afinamos dicha información y aprendemos a comportarnos de maneras que reflejan este sentido de personalidad. De los diez a los doce años de edad, nos formamos creencias sobre el mundo y nosotros mismos. Dichas creencias gobiernan nuestras acciones (morales y éticas). Pero justo cuando sabemos quienes somos y qué creemos, surge la pubertad y "todo lo que sabemos sobre la vida y sobre nosotros mismos, es arrasado por una ráfaga de hormonas emergentes, y tenemos que empezar desde el principio".

Durante la adolescencia, los cuerpos cambian dramáticamente o no pero cambia. Incluso puede ser bastante traumático. En cualquier grupo de jóvenes de 12 años, hay más de seis años de diferencia (en cualquiera de las direcciones) entre sus mentes y sus cuerpos. Los jóvenes están sujetos a sentimientos e impulsos que no comprenden y que nunca antes habían experimentado. Deben separarse de sus padres y redescubrirse a sí mismos como individuos por su propio derecho. Lo que más necesitan es un contacto comprensivo con gente más madura que los haga sentir escuchados, comprendidos y afirmados como personas únicas e importantes. Necesitan espacio para ponerse a prueba y validarse como personas. Necesitan paciencia y estabilidad por parte de aquellos que los rodean, así como oportunidades para desarrollarse.

Desafortunadamente, en América, al mismo tiempo que todos estos cambios empiezan, elegimos este momento en el sistema educativo para sacar a los jóvenes de su relación con los maestros de primaria que conocen y en quienes confían, de un grupo estable en donde se sienten seguros, y de un modelo educativo que comprenden. Pasan a formar parte de un grupo rotativo de migrantes educativos, moviéndose de un maestro a otro cada hora. Ahora, los familiares y los viejos amigos que una vez fueron la fuente de socialización más importante para el adolescente, a menudo no están disponibles. De igual manera, las oportunidades para la experiencia práctica en la vida y el lugar de trabajo ya no son proporcionados.

Los años de la *adolescencia* tienen un estereotipo que indica que lo más significativo para un joven entre los 13 y los 19 años de edad, es precisamente el año que están viviendo. No hacemos distinción entre el valor, el significado y las necesidades entre un pre- pubescente de 13 años de edad y un hombre o mujer de 19. Esto es particularmente problemático cuando nos damos cuenta que la principal tarea de un adolescente es romper un estereotipo (niñez) y lograr el estado individual. Es esencial que comencemos a percibir y a referirnos a los adolescentes como jóvenes para alentarlos y tener en cuenta su proceso de individualización.

En *Disciplina positiva para adolescentes*, las autoras han echado mano de su extensa experiencia como consejeras e instructoras para crear un recurso sensible y práctico para comprender y trabajar con los jóvenes. Los conocimientos de desarrollo son sólidos y útiles, y el material anecdótico del que se ha extraído de los talleres y estudios de caso da calidez a la discusión. El énfasis sobre la firmeza con dignidad y respeto resalta los principios esenciales para enseñar a los jóvenes la naturaleza

PREFACIO

de la autoridad y los ayuda a desarrollar sus propias aptitudes de autodisciplina, juicio y responsabilidad.

Cuando se coincide con la idea de que "los errores son oportunidades maravillosas para aprender", descubrimos un conjunto de poderosas herramientas para alentar la autoactualización y la formación de la autoestima en los jóvenes.

Como ex – director del Centro Nacional de Entrenamiento contra el Abuso de Drogas, encontré muy alentador el enfoque que da este libro al abuso de drogas y alcohol. Es, a menudo, difícil reconocer patrones del uso y abuso, y las etapas por las que los jóvenes pasan cuando están expuestos a las drogas y el alcohol. Utilizar y desarrollar juicios acertados sin ser críticos siempre ha sido difícil, y los procesos aquí descritos nos ayudan a enfocar y simplificar la tarea. Las líneas directivas de intervención son muy acertadas y reflejan nuestro mejor entendimiento del proceso actual. El énfasis sobre mantenerla relación puede ser un poco problemática para aquellos que tienen una orientación autoritaria, pero sería de mucha utilidad considerar lo siguiente: ¿Qué tan bueno es tener una posición paternal fuerte si el hijo está distanciado del padre o no responde a dicha posición?

En conjunto, *Disciplina positiva para adolescentes*, incorporará los trabajos previos del autor como un recurso importante y útil para trabajar y comprender a los jóvenes y a nosotros mismos.

H. Stephen Glenn

RECONOCIMIENTOS

De Lynn

ME GUSTARÍA dar reconocimiento a las siguientes personas por su ayuda e inspiración en la revisión de *Disciplina positiva para adolescentes*. Mi madre, Shirley Barobs, por sus historias del panel juvenil en Phoenix donde trabajó como voluntaria; a Ingeborg Heinje, por sus historias de adolescentes y su incansable apoyo; a mis hijastros Steve y Dave Penny, mi sobrina Alissa y mis sobrinos Joe, Dan y Cole quienes ayudaron a continuar con mi aprendizaje sobre adolescentes y me proporcionaron mucho material; a la terapeuta familiar Marti Baerg por sus incansables esfuerzos para utilizar nuestros materiales para alentar padres de adolescentes desesperados; y a Hal, que nunca se cansó de ayudarme, apoyarme y compartir mis ideas.

De Jane

HACE ALGUNOS AÑOS, pensaba que si mis hijos eran criados bajo la Disciplina Positiva, serían adolescentes perfectos. Me olvidé del proceso normal de individualización. Así que cuando mis adolescentes empezaron a rebelarse, entré en pánico, tiré por la ventana toda mi filosofía y confianza e intenté volver a la ruta del control. Desde luego todo se deterioró, pero afortunadamente asistí a un taller sobre adolescentes conducido por Lynn Lott en la Convención de la Sociedad Norteamericana de Sicología Alderiana, y recuperé la cordura, así como algo de motivación, pero sabía que requeriría más. En ese entonces, Lynn y yo estábamos relacionadas solo a través nuestras conexiones Alderianas y le anuncié "Tenemos que escribir un libro juntas sobre adolescentes, porque sé que puedes ayudarme, y si yo logro superar mis miedos y aplicar los principios Alderianos con mis hijos, podremos compartirlo con los demás". Lynn se resistió y dijo que estaba demasiado ocupada, pero su esposo Hal y yo le insistimos hasta que ella cedió. Escribir la primera edición nos tomó dos años nos llevó todo ese tiempo procesar las sugerencias de mis hijos y de otros padres en nuestros talleres llamados "Habilitando a sus Adolescentes y a Usted Mismo en el Proceso". No quisimos sugerir nada que no hubiera pasado la prueba de aplicación práctica para obtener resultados positivos.

Gracias Lynn. Mi relación con mis siete hijos adultos es la mejor.

De ambas

COMO SOMOS CIENTÍFICAS EMPÍRICAS, quisimos probar todas las actividades y todas las estrategias con padres de familia reales. Estamos muy agradecidas con todos los padres de adolescentes que asistieron a nuestros talleres y acudieron a nosotras para asesoramiento. Ellos demostraron lo difícil que puede ser superar sus miedos y ceder a sus hijos adolescentes el control de sus propias vidas. También demostraron los resultados gratificantes cuando lo hicieron. Este libro no hubiera podido escribirse sin ellos.

Así mismo, este libro no tendría la forma y el brillo sin la ayuda de Tara Mead, nuestra editora de proyecto, y de Jaime Miller, nuestra editora de adquisiciones. Y por supuesto, este libro no tendría el sentido realista sin las ilustraciones de Paula Gray.

Estamos especialmente agradecidas por la retroalimentación que recibimos por parte de los adolescentes que han leído este libro y lo han recomendado a sus padres y maestros, aun cuando subrayamos que "los adolescentes deben tomar responsabilidad". Suponemos que ellos aprecian ser tratados con dignidad y respeto mientras aprenden las habilidades que requieren para llegar a ser adultos exitosos.

INTRODUCCIÓN

¿RECUERDA CUANDO su adolescente era un bebé que apenas aprendía a caminar? What a milestone. Usted no quería perderse de nada, y además era muy tolerante y alentador. Seguramente tomaba sus pequeñas manos en las suyas y caminaba a su lado – pero sabía que tendría que dejarlo solo para que pudiera caminar por sí mismo. También sabía que caería al soltarlo, pero tenía confianza de que era parte del proceso.

Así que lo dejó solo, y su bebé dio unos cuantos pasos tambaleándose y calló. ¿Qué hizo usted?, probablemente lo alentó diciéndole "¡Mira, lo lograste! ¡Diste unos pasos solo! ¡Puedes hacerlo, intentémoslo de nuevo!". Seguramente ambos la pasaron muy bien y al sentirse cansado del juego y no querer practicar más, usted se mantuvo a distancia y esperó un poco. Sabía que su bebé aprendería a caminar en algún momento y ahí estaba usted para apoyarlo.

Mientras tanto, usted preparó el ambiente y convirtió su casa en un lugar a prueba de niños. Seguramente cubrió todas las esquinas afiladas y retiró los objetos rompibles que pudieran lastimar a su bebé. Creó un espacio seguro en el que pudiera desarrollar sus habilidades. Nosotros le llamamos a esto la *construcción del puente*, y pensamos en usted como el *constructor del puente*. Cuando sus hijos son pequeños e indefensos, usted construye puentes que tienen laterales cerrados, de tal manera que estén seguros en ese espacio donde se mueven, experimentan, aprenden y crecen. Conforme crecen y están más capacitados, usted va moviendo los "laterales del puente" ampliándoles el espacio para que puedan moverse libremente mientras continúan estando seguros.

¿Está Usted Construyendo los Puentes Adecuados para su Adolescente?

AHORA, USTED TIENE un adolescente que está aprendiendo a ser adulto. ¿Cuáles son los laterales del puente ahora? ¿Los está cerrando demasiado a causa de sus propios temores? ¿Los está extendiendo para apoyar en el proceso? ¿Sabe usted que tiene que dejarlo ir antes que su adolescente pueda manejarse como adulto? ¿Sabe usted que cuando lo deje ir, su hijo se tambaleará y caerá? Y cuando caiga o cometa un error ¿entenderá usted que es parte del proceso? (¿acaso usted no se tambaleó y cometió errores?) ¿Lo alienta y anima y le muestra su confianza para que vuelva a intentarlo? ¿Le ofrece consejos y le enseña habilidades de manera tan respetuosa que le invite a escuchar y le proporcionen práctica? ¿quién dice que práctica significa perfección? La práctica es parte del proceso de desarrollo y crecimiento.

¿Comprende usted el proceso de desarrollo y crecimiento?

LA ADOLESCENCIA es parte importante del proceso de individualización. Durante ese tiempo, los jóvenes tratan de descubrir quienes son y se separan de sus padres. El problema es que la mayoría de los padres tienden a hacer muchas cosas durante esta época que empeoran la situación en lugar de mejorarla. Este libro le ayudará a educar, alentar y apoyar a sus hijos adolescentes en una atmósfera de respeto mutuo que afirme su autoestima y la de sus hijos. También hay un momento en el que usted puede explorar sus propios asuntos de adolescencia que no hayan sido resueltos.

Cada capítulo de este libro cuenta con información tan valiosa que fue difícil decidir cuáles debían estar al principio. Pensamos que todos los capítulos merecían cuando menos el primer o el segundo lugar. Por lo tanto, puede usted leerlos en el orden que más le convenga, ya que todos le ayudarán a entrenarse para poder "educar" a su adolescente más eficientemente y con perspectiva.

¿Ha Perdido la Perspectiva y su Sentido del Humor?

ESPEREMOS QUE ESTÉ USTED trabajando de una manera amable, firme y alentadora. Sabemos que pasar por los años de adolescencia puede ser como atravesar una zona bélica tanto para usted como para sus adolescentes y que es fácil desistir de la amabilidad y la firmeza y reemplazarlas por métodos educativos menos alentadores. Es fácil perder el sentido de respeto junto con su sentido del humor – recuerde qué tierno y adorable pensaba que era su hijo cuando se tambaleaba siendo un bebé – y ahora al ver a su adolescente se pregunta "¿Qué he creado? ¿Quién es esta persona? ¿Cómo pasó esto? ¿Ahora qué hago?"

Existen muchos retos y dificultades que tendrá que enfrentar como padre de un adolescente. ¿Cree que su adolescente debe ser perfecto ahora, después de todos esos años que ha dedicado usted en criarlo? En realidad, sí es perfecto – perfecto en su proceso de individualización (rebeldía), aunque seguramente no era eso lo que usted tenía en mente. Quizá haya usted olvidado o no estaba consciente del proceso de individualización, y por lo tanto está usted entrando en pánico. Es probable que esté usted tomando su conducta rebelde como algo personal y piensa que es un fracaso como padre. Si todo parece estar fuera de control, tal vez esté usted preguntándose qué ha estado haciendo, tal vez piense "Quizá debo ser más controlador. El control evitará que mi hijo sea tan odioso y evitará que cometa errores que puedan afectar drásticamente el resto de su vida ¡si sigue con vida!". No le gustará saber esto, pero el control no funciona con los adolescentes.

¿Tiene Usted la Ilusión de que el Control es Efectivo con los Adolescentes?

AUNQUE EL CONTROL A VECES proporciona la ilusión de éxito a corto plazo, los niños que son criados con ambas opciones y responsabilidad se sienten más cómodos de individualizarse ante la mirada de sus padres en lugar de hacerlo a sus espaldas. Y usted no quiere que sus hijos hagan cosas a sus espaldas porque entonces ellos pierden en mejor apoyo y ayuda que pueden obtener durante estos años ¡el suyo! Este libro le ayudará a encontrar respuestas y principios que funcionan para no tirar la toalla o rendirse ante su hijo o ante usted mismo. Trabajar con su adolescente puede convertirse en una oportunidad de aprender o reaprender el significado del respeto mutuo y le ayudará a sortear las diferencias entre sus puntos y los de ellos. Cuando aprende a educar con amabilidad y firmeza en vez de hacerlo con control, realmente verá qué individuo tan fascinante es su adolescente.

¿Cómo Reaccionará su Adolescente Ante sus Nuevas Habilidades Educativas?

SI HASTA ESTE MOMENTO, usted ha criado a su hijo con mano de hierro, a él le encantará que usted le dé más espacio, pero es probable que malinterprete lo que realmente significa tener más libertad y alternativas. En ese caso, dependerá de usted ayudarlo a comprender las responsabilidades que conllevan estas alternativas y libertades. Este libro le mostrará varias maneras de hacer entender el mensaje exitosamente.

Ahora, si usted ha mimado y sobreprotegido a sus hijos, su adolescente no será entusiasta en empezar a tomar más responsabilidad. Es probable que esté acostumbrado a que usted haga todo por él o ella, quizá piense que la responsabilidad es trabajo de usted. Es posible que sea torpe y flojo e incluso un poco miedoso. ¿Qué tal realmente no puede hacer lo que necesite hacer? ¿Qué tal si se ve ridículo intentándolo? ¿Qué tal si es estresante tomar más responsabilidades? Prepárese para cuando su adolescente trate de convencerlo que es su trabajo como padre, continuar haciendo por él o ella lo que podría aprender a hacer por sí mismo. Prepárese para enfrentar su enojo al mismo tiempo que lo hace responsable de su comportamiento. Una vez que pase la "rabieta" se sorprenderá de lo fácilmente que toma más responsabilidad.

¿Se le ha olvidado que usted también cuenta?

UNO DE LOS GRANDES CAMBIOS que esperamos que usted haga al leer este libro es que se vuelva a incluir usted mismo en el panorama. Si está usted leyendo este libro, sabemos que para usted los niños cuentan, pero, ¿recuerda que usted también cuenta? Entre más considere sus necesidades junto con las de su hijo adolescente, más pronto será capaz de sentirse bien por ambos.

¿Su adolescente tiene las mismas necesidades que los otros adolescentes?

UTILIZAMOS VAGAMENTE LA PALABRA *adolescente* para referirnos a una gran variedad de gente joven, pero al leer los ejemplos nunca pierda de vista con quien está tratando usted en su familia. ¿Es su adolescente muy maduro para su edad o está algo retrasado? Algunas de nuestras historias, actividades y sugerencias son más adecuadas para aquellos adolescentes que necesitan mayor espacio, mientras que otros son para aquellos jóvenes que inician su etapa de adolescencia y prueban sus alas. Y ya que usted es el constructor del puente, es importante que trabaje con su hijo para crear la cantidad adecuada de espacios conforme los vaya necesitando.

¿Trabaja usted con su adolescente?

NÓTESE QUE DECIMOS TRABAJAR *con* su adolescente. Es perfectamente correcto empezar desde cualquier momento, sin embargo, en lugar de tratar de enmendar, manejar o controlar todo usted mismo, es tiempo de crear un dialogo y un método para involucrar a su hijo o hija en el proceso de crecimiento. Su trabajo consiste en prepararlo para la vida. Quizá usted desee haber empezado cuando era más pequeño, eso hubiera estado bien, pero si no lo hizo, es momento de empezar ahora. Recuerde dar pequeños pasos y trabajar en sus nuevas habilidades una a la vez hasta que se sienta más seguro con ellas. Descubrirá que la formación de los hijos es mucho más fácil cuando haga esto y este libro le enseñará cómo lograrlo.

1

¿Cómo Sabrá Usted que su Hijo se está Convirtiendo en un Adolescente?

CUANDO SALLY SE CONVIRTIÓ en una adolescente, su madre pensó que se había convertido en una persona diferente. Pero Sally en realidad era la misma persona que había sido siempre solamente se veía diferente. Se vestía de diferente manera, tenía diferentes amigos, se volvió fanática del rock y empezó a tocar la guitarra. En el fondo seguía siendo Sally, pero ahora jugaba un nuevo papel: Sally "la rockera". Yo le pregunté a su madre que si cuando Sally era pequeña se interesó en los superhéroes, si alguna vez le pidió que le bordara una "W" en su leotardo para jugar a la "Mujer Maravilla". "¿Pensaba usted que era adorable?, ¿puede usted pensar en ella de la misma forma ahora? Imagine que Sally se está poniendo un disfraz de rockera, pues eso es lo que está sucediendo; ella se está probando una identidad, pero dicha identidad no es realmente lo que Sally es". ¿Qué diferencia existe entre los papeles que juega ahora de los que jugaba cuando era adolescente? Recuerde sin embargo, que aunque vivir con su hijo o hija adolescente parece un tormento interminable, la adolescencia es solo un breve periodo del proceso de crecimiento y que de ninguna manera será el destino final.

¿Cuándo se dio cuenta que tenía un adolescente en casa?

¿SE PERCATÓ USTED que tenía un adolescente en casa el día que descubrió que "tonto" e ignorante era usted? ¿O fue cuando notó que un día su hijo no quería ser visto en su compañía y al día siguiente lo tenía abrazado a usted tomándole la mano y pidiéndole que lo llevara a alguna parte? ¿O fue acaso cuando empezó a pronunciar su nombre en tres sílabas si hacía usted algo que no le agradaba como por ejemplo extender los brazos para abrazarla (aún cuando ella acabara de abrazarla a usted)? Porque usted lo ha escuchado, ¿o no? ¡"Maa maaa aaaa"! o ¡Paa paaa aaaa"!

Usted sabrá que tiene un adolescente en casa cuando se escuche quejándose: "No tiene remedio. No ayuda. Sólo se ocupa de sus amigos. ¡Es tan egocéntrico! Su habitación es un desastre. No puedo confiar en él. Esto está fuera de control. No soporto su peinado, ropa, maquillaje o música. Malgasta su dinero. Me ofende a mí e idolatra a las estrellas de rock. Consume drogas y me trata como basura. Es caprichosa e irresponsable."

Otro signo de que usted tiene un adolescente es cuando lo escucha a él quejándose: "Mis padres me tratan como si fuera un niñito. Piensan que tengo relaciones sexuales todo el tiempo. Son entrometidos. Odian a mis amigos. Se la pasan dándome consejos. Tratan de vivir mi vida. Nunca están satisfechos. Todo lo que hacen es cuestionarme y controlar mi vida. ¿Por qué no simplemente me dejan en paz?"

¿Cómo Sabrá Usted que su Hijo se está Convirtiendo en un Adolescente?

LA TRANSFORMACIÓN

La puerta de llegada en el aeropuerto se cerró cuando el último pasajero había llegado y todavía no tenía yo señales de mi sobrino de catorce años que había viajado para ir a esquiar en nieve conmigo. Él había volado solo desde los ocho años para pasar las vacaciones de invierno con nosotros, por lo que supuse que todo estaba bien, pero aún así, me preguntaba dónde podría estar. Unos minutos más tarde, la puerta volvió a abrirse y de ahí salió ¡¿quién?! La persona que salió ya no parecía un niño, se había convertido en un joven con el cabello cuidadosamente peinado a la última moda. Las mangas de su camisa cubriéndole las manos y sus modernísimos pantalones esmeradamente enrollados en la parte de abajo para dejar ver sus zapatos tenis con las lengüetas pulcramente dobladas sobre las agujetas. El vestuario no era el usual de segunda mano de sus primos, sino que estaba cuidadosamente seleccionado para dar cierta imagen. Cuando le pregunté dónde había estado, él volteó a verme como si fuera yo la criatura más tonta del planeta y dijo: "Me estaba poniendo mi ratón". Fue entonces cuando supe que mi sobrino era un adolescente hecho y derecho.

El Adolescente Ideal y el Adolescente Normal

EN NUESTRO TALLER de Educación para Adolescentes, pedimos a un grupo que describiera al adolescente "normal" o cómo la mayoría de los padres describen a sus adolescentes. Este adolescente era desordenado y egocéntrico, escuchaba música estruendosa, desafiaba la autoridad, prefería a los amigos que a la familia, decoraba su habitación con carteles, valoraba los coches y el estilo de vida independiente, se vestía igual que sus amigos (sin importar qué tan fachoso fuera), fumaba y bebía alcohol. Los comentarios del grupo incluían:

"Bueno, es una exageración. No todos los adolescentes son así"
"Pero de seguro representa la rebeldía, porque la mayoría de ellos son muy parecidos".
"Ayudaría recordar que mi adolescente no sería normal si limpiara su cuarto."
"Reflexionemos un poco, algún día yo fui así.

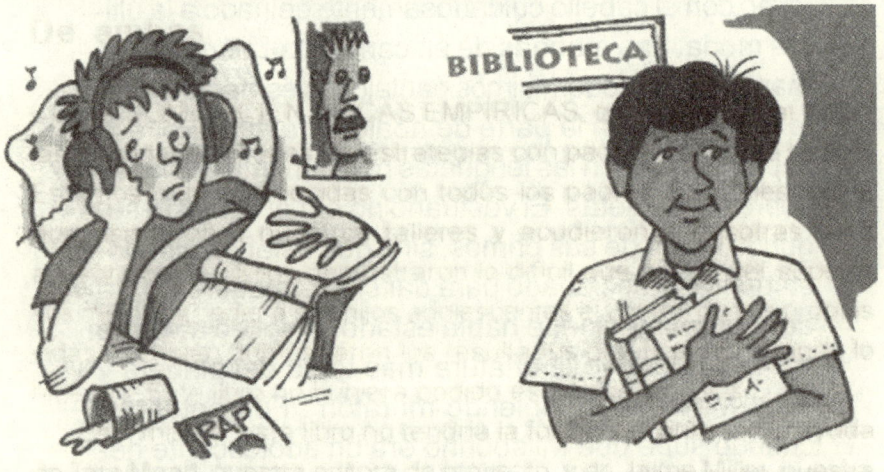

Este último comentario fue un buen recordatorio para el grupo de que todos continuamos creciendo y cambiando desde la adolescencia.

A otro grupo se le pidió que describiera al adolescente "ideal" o cómo la mayoría de los padres quisieran que fueran sus hijos. El ejemplar resultante fue un adolescente electo como rey o reina del baile de graduación que cumplía sus promesas "Prometo estar a tiempo como siempre", solícito para prestar ayuda, que le encantaba platicar con sus padres "Permítanme decirles todo sobre mi vida", que comía solamente alimentos saludables, no veía la televisión, era deportista, ganaba dos becas (una deportiva y otra académica), tenía excelentes calificaciones, consiguió un empleo para el verano, pagaba con su propio dinero sus cortes de pelo o maquillajes y ahorraba el resto para la universidad y para comprarse un coche, respetaba a todos (incluyendo a sus hermanos), era sumamente positivo y era un excelente estudiante. Los comentarios del grupo incluían:

> "Ayudaría recordar que mi adolescente no sería normal si limpiara su cuarto."

"Un adolescente como éste no tendría ningún amigo. Nadie lo soportaría"

"Yo tengo amigos que tienen una hija así y yo si la soporto".

"Mi hija es así pero parece bastante estresada la mayor parte del tiempo."

Este ejercicio revela que aunque usted pueda soñar con tener un adolescente ideal, instintivamente sabe que tal criatura raramente existe. Aunque la realidad de vivir con un adolescente "normal" puede ser bastante dolorosa, será más fácil si logra usted comprender qué sucede durante la adolescencia.

A menudo los padres creen que "el niño bueno" es el modelo estándar. Es posible que usted no haya pensado en esto, pero este tipo de adolescentes también necesitan ayuda, pues con frecuencia fingen para ser complacientes y se vuelven adictos a la aprobación. Sus padres los utilizan como modelo para los hermanos, "¿Por qué no puedes ser como tu hermano o hermana?, al menos tengo un hijo que no me da problemas." El "niño bueno" se siente valioso solamente si obtiene este tipo de reconocimiento. Muchos de estos adolescentes se hacen pedazos cuando cometen su primer gran error. Algunos no pueden manejar la competencia cuando descubren que no son los únicos estudiantes especiales en la universidad, e incapaces de sobrellevar esta presión, algunos incluso llegan al suicidio cuando se dan cuenta que no pueden mantenerse constantemente en la cima.

Alguna vez, alguien dijo que los años de adolescencia fueron creados para que a los padres les fuera más fácil dejar ir a los hijos cuando tuvieran veinte años de edad, y a veces esto parece una declaración exageradamente modesta. Hay adolescentes que son difíciles de amar; hacen promesas que no cumplen, creen saberlo todo y constantemente nos dicen lo idiotas que somos los padres, odian limpiar sus habitaciones, escuchan música que no soportamos y exageran en todo, incluso hablan de manera extraña o a veces hablan tan rápido que solo otro adolescente puede entenderles. Otros adolescentes parecen encerrarse como en un caparazón, no desafían a sus padres, simplemente enmudecen o responden con palabras monosílabas como "Si" o "No", ocasionalmente usted escuchará una frase de dos palabras, "No sé".

A menudo los padres ven a sus adolescentes y les surge un sentimiento de fracaso. Es probable que usted se pregunte cómo fue capaz de crear tal monstruo. Quizá se pregunte si tiene alguna esperanza de que aprenda algunas cosas y pueda moldearlo para que logre ser un ser humano decente. Es posible que usted se sienta desesperado, perdido, enojado y agraviado.

Si pudiera simplemente relajarse y recordar que estos son los años en los que sus hijos están experimentando e intentan descubrir lo que piensan, usted podría disfrutarlos más. Si deja usted de tratar de enseñarles y en lugar de eso aprende a ser curioso, podría apreciar su lucha. Si pudiera relajarse, podría confiar en que lo que son ahora no es de ninguna manera un reflejo de lo que es usted ni indicativo de lo que ellos serán más tarde. Con esta nueva actitud, podría usted enfocar su atención en la educación a largo plazo aprendiendo a ser un guía y facilitador en el que su hijo o hija pueden confiar.

Emprenda un Viaje en su Memoria Hacia Aquellos Años

RECUERDE SUS AÑOS DE ADOLESCENCIA. ¿Recuerda como era su mundo? ¿Cuáles eran sus asuntos? ¿En qué pensaba todo el día? Tómese su tiempo para hacer una lista de lo que era importante para usted. Quizá desee hablar con gente que fue adolescente durante diferentes décadas (los 90s, 80s, 70s, etcétera). Pregúnteles cómo fueron educados. Compare su información con los siguientes elementos mencionados por los adolescentes de hoy:

ASUNTOS IMPORTANTES PARA LOS ADOLESCENTES

¿Seré invitado a la fiesta?
¿Qué ropa voy a usar?
¿Cómo haré para tener tiempo de estudiar?
¿Cómo puedo ser popular o al menos incluida?
¿Cómo podré conseguir un automóvil?
¿Qué debo hacer con respecto a las bebidas alcohólicas, las drogas y el sexo?
¿Qué le está pasando a mi cuerpo? ¿Mis pechos / pene serán iguales en tamaño que los de otros?
¿Creen los demás que soy agradable?
¿Cómo puedo quitarme a mis padres de encima?
¿Debo ir a la universidad?
¿Qué podré hacer? (Estoy aburrido)

¿Qué dicen los demás a mis espaldas?
¿Cómo puedo darles gusto a mis padres? (Lo único que les preocupa son mis calificaciones y mis obligaciones en casa).

Nótese que todos estos elementos no incluyen nada sobre limpiar habitaciones, una casa ordenada, realizar tareas domésticas, pasar tiempo con la familia, ser considerado, o ser bueno con los hermanos y hermanas. A menudo los padres piensan que sus adolescentes hacen o dejan de hacer ciertas cosas porque desean herirlos o ir en contra de sus deseos. Pero como podrá usted darse cuenta, mediante su lista y la que presentamos, los adolescentes generalmente no piensan mucho en sus padres. Los padres serían mucho más felices si aceptaran y respetaran el hecho de que, por ejemplo, las labores domésticas no son una prioridad para sus hijos. Esto no significa que no deban realizarlas, sino que usted tendrá mejores resultados si dice a sus hijos. "Entiendo que las labores domésticas no son una prioridad para ti, pero de todas formas es necesario hacerlas, trabajemos en un plan para hacer las labores lo más fáciles posible."

¿Qué Pasa Durante la Adolescencia?

> Aunque parezca lo contrario, sus adolescentes no han crecido para ser personas terribles, porque no han terminado de crecer todavía. Se están individualizando su comportamiento es solo temporal.

SI USTED CREE que la forma de comportarse de sus hijos adolescentes, es la forma en que se comportarán el resto de sus vidas, probablemente sienta una gran ansiedad. Aunque parezca lo contrario, sus adolescentes no han crecido para ser personas terribles, porque no han terminado de crecer todavía. Se están individualizando, su comportamiento es temporal. Durará el tiempo que tarden en descubrir quienes son y como pueden pasar de la niñez a la edad adulta.

Muchas tareas de vida son inherentes al crecimiento y desarrollo del niño. Estas tareas pueden ser físicas, intelectuales, emocionales, sociales, sicológicas o espirituales. Conforme los jóvenes se van pasando de la niñez a la adolescencia, y de ésta a la adultez, su principal tarea es la individualización.

CARACTERÍSTICAS DE LA INDIVIDUALIZACION

1. Los adolescentes tienen la necesidad de descubrir quienes son.
2. La individualización generalmente parece rebeldía para los padres.
3. Los adolescentes atraviesan por enormes cambios físicos y emocionales.
4. La relación con los compañeros tiene prioridad sobre las relaciones con familiares.
5. Los adolescentes exploran y ejercitan el poder personal y la autonomía.
6. Los adolescentes tienen una gran necesidad de privacidad.
7. Los padres se convierten en una vergüenza para sus hijos adolescentes.
8. Los adolescentes se ven a sí mismos como omnipotentes y sabihondos

Los Adolescentes tienen la Necesidad de Descubrir Quiénes Son

Los adolescentes necesitan saber qué tan diferentes son del resto de sus familiares, cómo se sienten y qué piensan sobre las cosas, y cuales son sus propios valores. Este proceso de separación de la familia como preparación para una vida adulta independiente se llama individualización.

La Individualización Generalmente parece Rebeldía para los Padres

Aunque la mayoría de los padres se preocupan cuando sus hijos adolescentes se rebelan, sería más adecuado preocuparse cuando no lo hagan. Los adolescentes deben comenzar su separación de la familia, y la rebeldía les da la habilidad para hacerlo. Al principio, los adolescentes pueden rebelarse desafiando lo que es importante para su familia (valores familiares) o apuntando hacia lo que quieren sus padres y entonces hacer exactamente lo contrario. Más tarde, pueden rebelarse de otras maneras pero al principio la individualización es principalmente una reacción en contra de los padres, y hacer lo opuesto a lo deseado, es la manera más sencilla y natural de ser diferentes. Si no se les permite a los adolescentes rebelarse, es probable que lo hagan cuando tengan veinte, treinta o cincuenta años de edad. O aún peor, se convertirán en adictos a la aprobación temerosos de tomar riesgos o de sentirse seguros.

Los Adolescentes Atraviesan por Enormes Cambios Físicos y Emocionales

Aunque les guste o no, los adolescentes están madurando física y sexualmente, atravesando un proceso biológico que está esencialmente fuera de su control. Además de los sentimientos tumultuosos y contradictorios que estos importantes cambios causan, los adolescentes pueden sentir ansiedad a causa del promedio de cambio que experimentan pueden sentir que su maduración física es demasiado rápida o demasiado lenta con relación a sus compañeros. (La mayoría de los padres preferirían que sus hijos maduraran lentamente, pero la naturaleza tiene sus propios patrones.)

El proceso de maduración física, con sus repentinos y poderosos cambios hormonales, causa cambios bruscos de humor. Sin premeditación, los adolescentes pueden ser encantadores un minuto y al siguiente estarle arrancando la cabeza de una mordida. Además, algunos adolescentes se encuentran en una tasa de crecimiento tan rápido que experimentan verídicos "dolores de crecimiento" en los que realmente les duele el cuerpo.

La Relación con los Compañeros y Amigos tiene Prioridad Sobre las Relaciones Familiares

Los adolescentes necesitan construir relaciones con gente de su edad para averiguar si se adaptan y cómo lo hacen. Las amistades toman el lugar prioritario en cuanto al tiempo con respecto de la familia. Aunque las relaciones con compañeros y amigos ayudan a los adolescentes en su tarea de separación, a menudo los padres lo interpretan como rechazo o rebeldía hacia ellos. Tenga paciencia. Si usted evita la lucha de poderes y las críticas, sus hijos terminarán siendo sus mejores amigos alrededor de los veinte años de edad.

Los Adolescentes Exploran y Ejercitan el Poder Personal y la Autonomía

Los adolescentes sienten un enorme deseo de averiguar de lo que son capaces necesitan poner a prueba su poder e importancia en el mundo. Esto significa que desean decidir lo que pueden hacer por sí mismos sin ser dirigidos u ordenados. A menudo los padres toman esto como un desafío hacia su poder, por lo que crean una lucha de poderes. Algunos jóvenes encuentran el poder personal tan intimidador que buscan que otros, generalmente otros jóvenes, les digan qué hacer, lo cual puede ser la peligrosa consecuencia de una paternidad excesivamente controladora. Esta no es una opción fácil rebeldía o sumisión pero, con frecuencia es la única opción que ven los jóvenes cuando no tienen la oportunidad de ejercitar su propio poder personal y autonomía. Para los padres, la clave está en aprender a respaldar la rebeldía de sus hijos, de una manera respetuosa que les enseñe habilidades de la vida, lo cual es el enfoque de este libro.

Los Adolescentes tienen una Gran Necesidad de Privacidad

Debido a que su tasa de desarrollo se mueve muy rápido, ésta queda fuera de su control. Puede ser vergonzoso para los jóvenes que su familia los observe y los conozca. Mientras los adolescentes tratan de descifrar qué es importante para ellos, pueden comprometerse en actividades sin la aprobación de sus padres antes de decidir por sí mismos que, después de todo, no desean llevarlas a cabo. Para evitar tener problemas o decepcionar a sus padres, los jóvenes descubrirán cómo probar ciertas actividades que probablemente usted no aprobaría si las conociera.

La necesidad de privacidad de sus hijos puede asustarlo mucho a usted. Es probable que usted sienta que no está siendo un padre responsable si no conoce todo lo que su hijo hace; quizá tema que su adolescente esté fabricando bombas,

¿Cómo Sabrá Usted que su Hijo se está Convirtiendo en un Adolescente?

(o que esté comprometido en cualquier otra actividad desastrosa), si no lo vigila. Pues le tenemos noticias: si su adolescente decide comprometerse en este tipo de actividades, lo hará a pesar de su vigilancia, simplemente lo hará a escondidas para tener menos probabilidades de ser descubierto.

La mejor prevención para los posibles desastres es construir una relación afectuosa y firme con sus hijos hágales saber que son incondicionalmente importantes para usted y proporcióneles las oportunidades necesarias para que aprendan las habilidades preponderantes de la vida. Entonces ellos serán capaces de pensar y descifrar lo que es fundamental para ellos. Alcanzar esta meta es el objetivo de este libro.

Los Padres se Convierten en una Vergüenza para sus Hijos

Durante la adolescencia, los jóvenes tienden a subestimar a sus padres y tratan de demostrarles lo "ineptos" que son. Algunas veces los jóvenes se sienten avergonzados de sus padres y familiares e incluso se rehúsan a ser vistos con ellos. El afecto que pudo haber sido una parte cotidiana de la vida familiar, repentinamente se vuelve algo prohibido. Le recordaremos varias veces que esto es un comportamiento transitorio, a menos que usted le dé demasiada importancia y se creen resentimientos para el futuro.

> La mejor prevención para los posibles desastres es construir una relación afectuosa y firme con sus hijos hágales saber que son incondicionalmente importantes para usted y proporcióneles las oportunidades necesarias para que aprendan las habilidades importantes de la vida.

Los Adolescentes se Ven a Sí Mismos como Omnipotentes y Sabihondos

Los padres que tratan de decirles a sus hijos adolescentes cómo vestirse, o comer, o qué pueden o no pueden hacer, simplemente no parecen comprender que los adolescentes *nunca se enferman*, *nunca tienen frío*, no necesitan dormir y *pueden vivir eternamente* con comida chatarra o sin comida alguna. Muchos padres se preguntan cómo pueden siquiera sobrevivir sus hijos, pero el hecho es que la mayoría de los jóvenes lo hacen. A algunos padres les pudiera parecer que los métodos que defendemos son permisivos e incrementarán las probabilidades de tener consecuencias drásticas, pero la realidad es lo contrario.

No a la Permisividad

A MENUDO, NOS ENFRENTAMOS con reacciones muy fuertes por parte de los padres de familia que leen esta lista de características de los adolescentes. Los comentarios de dichos padres son muy similares, "Pero no puedes simplemente dejar de ser padre y permitir que los hijos se marchen solos para que puedan individualizarse", mencionando esta última palabra con gran sarcasmo.

Nosotros no apoyamos la permisividad, porque ese tipo de paternidad despoja a los jóvenes de oportunidades para aprender las habilidades de la vida, para desarrollar sus propios potenciales, para ser autosuficientes y responsables, y para aprender de sus errores. Para lograr todo esto, necesitan de una orientación, (una paternidad afectuosa y firme como se describe en el capítulo 3), pero no de un control externo que solamente incrementará la rebeldía. A lo largo de este libro, les mostraremos cómo guiar y ayudar a sus jóvenes de una manera nueva y positiva.

¿Cómo Sabrá Usted que su Hijo se está Convirtiendo en un Adolescente?

Las Diversas Caras de la Individualización

APRECIANDO LA NATURALEZA INDIVIDUAL de cada niño o niña y proporcionando la retroalimentación que le ayude a ser lo mejor que pueda ser, usted incremente la autoestima de todo aquel que intervenga en esto. Puede usted aprender a aceptar la naturaleza: es evidente que un cactus necesita alimentarse de manera diferente que una orquídea, y que una rosa no puede llegar a ser una petunia, no importa todo lo que usted haga por cambiarlos. Imagine que alguien le da un cactus para que lo cuide el resto de su vida. ¿Cómo se siente con respecto a la planta que recibió? Si usted recibió un cactus pero deseaba tener una rosa, ¿Puede usted hacer algo para transformar el cactus en rosa? ¿Qué implicaría alimentar la planta que ha recibido?

De igual forma, educar a un adolescente es un proceso de aceptación. En vez de tratar de moldear a su hijo o hija para que encaje con su personal percepción de lo que debería ser, enfoque su atención en la personalidad del joven. Haciéndolo, su adolescente será más capaz de descubrir su individualidad y potencial. Y, al igual que con las plantas, cuando usted alimenta a sus hijos en vez de tratar de cambiarlos, la paternidad se vuelve menos difícil.

No Todas las Individualizaciones (o Rebeldías) Lucen Igual

La individualización puede tener formas tan diversas de comportamiento como diversos son los jóvenes. Pero *existen* algunas conductas generales que la mayoría de los adolescentes presentan como el hecho de no querer estar con su familia, no querer limpiar sus habitaciones y escuchar la música que sus padres odian. Algunos jóvenes se rebelan leve o pasivamente; otros, severa y agresivamente.

El tipo de rebeldía más difícil de manejar para los padres y la más típica es la que se dirige en contra de lo que más valoran los padres. Si usted es profesor de matemáticas, es probable que su hijo adolescente fracase en las matemáticas. Si las clases de piano son importantes para usted, prepárese a discutir cuando su hijo o hija decida dejar el piano y cambiarlo por la guitarra. Si lo que usted valora es ser miembro activo de su iglesia, es probable que su hijo o hija deje de ir a la iglesia. Para nosotros, como terapeutas, es difícil ver a otros adolescentes esperando por una cita para hablar con nosotros, mientras nuestros propios hijos piensan que "los psicoterapeutas son tontos" y se niegan a compartir lo importante con nosotros. Puede ser especialmente difícil cuando su hijo, que alguna vez le contó "todo" ahora se escabulle a conciertos u otros lugares "prohibidos" en lugar de enfrentar su desaprobación o disgusto.

No Avive las Llamas de la Rebeldía

Tenga en cuenta que los tipos de rebeldía de los adolescentes son generalmente temporales (de uno a cinco años). Sin embargo, si usted no comprende que la rebeldía es parte de la adolescencia y en su lugar le da demasiada importancia, es probable que dicha rebeldía se extienda hasta la edad adulta. La individualización, a menudo se convierte en una rebeldía exhaustiva cuando usted invalida el proceso normal de crecimiento en cualquiera de las siguientes formas:

USTED AVIVA LAS LLAMAS DE LA REBELDÍA CUANDO USTED...

1. No comprende, respeta o apoya el proceso de individualización
2. Toma el proceso de individualización como algo personal: "¿Cómo me puede hacer esto a mí?"

3. Se siente culpable: "Esto no estaría pasando si hubiera sido un mejor padre"
4. Se asusta por los errores que su adolescente comete, mientras prueba diferentes conductas y valores.
5. Trata de impedir la individualización de su hijo mediante la culpa, el control, el castigo, la sobreprotección, o la negligencia
6. Piensa que lo que hace su hijo o hija es en lo que se ha convertido y lo que será para siempre.
7. No respeta el hecho que su hijo sea diferente a usted y puede elegir un estilo de vida que usted no disfruta ni aprueba.

En otras palabras, si usted pudiera eliminar todas las conductas mencionadas anteriormente, la individualización no llegaría a una rebeldía tan abierta aunque no conocemos a muchos padres que puedan hacer esto. También es cierto que los jóvenes a veces piensan que tienen que rebelarse para individualizarse, aun cuando los padres sean comprensivos y entiendan dicho proceso.

No Tome la Conducta de sus Hijos como Algo Personal

Hemos descubierto que de todas las formas de avivar las llamas de la rebeldía, ésta es la más común. Cuando usted cree que sus hijos están en su contra y lo tratan mal por alguna razón personal, usted siente la necesidad de demostrarles que no podrán salirse con la suya, y terminará empeorando el problema de tal manera que entrará en una guerra de herir sentimientos. Su hijo o hija no hace lo que hace simplemente por herirlo a usted, la realidad es que generalmente ni siquiera piensa en sus padres cuando lleva a cabo algo. Al tomar la conducta de su hijo como algo personal, usted reacciona como si fuera un niño. Puede usted ahorrarse muchos disgustos, si comprende que en lugar de hacer algo en su contra, su hijo es un individuo que atraviesa por un proceso de individualización que es único para él.

Recuerde que las preocupaciones de los adolescentes son muy diferentes a las suyas. Los jóvenes piensan así como, "Cómo conseguir dinero suficiente para la fiesta" o "Cómo lograr terminar la tarea escolar", o "Qué hacer si mis amigos no me hablan después de la escuela", "Qué actitud tomar respecto a las drogas, el alcohol y el sexo". Y usted piensa cosas como "Se está vengando de mí al no realizar sus labores domésticas. ¿Cómo puede ser tan irresponsable y desconsiderado?, ¿Cómo podré motivarla para que obtenga mejores calificaciones? ¿Por qué mi hijo de catorce años no puede bañarse sin que tenga que regañarlo para que lo haga?"

Le sugerimos que reflexione y descubra si comprende usted el mundo de su hijo, si respeta su proceso de individualización, y si confía en su buen corazón. Esperamos que dé usted un paso atrás y enfoque su atención en conocer mejor a su adolescente.

Entre en el Mundo de su Hijo Adolescente

> Puede usted ahorrarse muchos disgustos si comprende que, en lugar de hacer algo en su contra, su hijo es un individuo que atraviesa por un proceso de individualización que es único para él.

Para estar del lado de su hijo o hija, debe saber quien es. No podrá ser comprensivo a menos que entre en el mundo de su adolescente y comprenda lo que es importante para él o ella, lo cual será difícil, si no imposible de hacer si dedica demasiado tiempo concentrándose en sus propias percepciones y recordando un mundo que quedó en el pasado. Los tiempos cambian, y las normas y valores actuales son diferentes de cuando usted era adolescente.

¿Cómo Sabrá Usted que su Hijo se está Convirtiendo en un Adolescente?

Las cosas que eran inaceptables cuando usted era joven podrían ser perfectamente aceptables para los adolescentes de ahora. Un buen ejemplo de esto es la perforación de las orejas. Cuando algunos de ustedes eran adolescentes, si un muchacho tenía las orejas perforadas, significaba que era "punk", "hippie" o incluso homosexual. Y, a menos que un chico quisiera ser identificado como tal, éste nunca se perforaría las orejas era algo aceptable solo para las niñas o mujeres. Ahora es diferente, las perforaciones en el cuerpo son comunes y las perforaciones sencillas o múltiples en las orejas, tanto para las mujeres como para los hombres, son aceptables en términos de moda. La diferencia entre lo que usted encuentra aceptable y lo que su hijo o hija considera aceptable puede crear puntos de tensión para ambas partes. Hemos encontrado un ejemplo extremo del cambio entre generaciones cuando leemos un libro escrito sobre adolescentes en 1890. Una de las mayores preocupaciones para los adolescentes de aquella época era ¡no ser visto comiendo en público! Imagine cómo se hubiera sentido el autor del libro escrito en 1890 después de leer los siguientes escenarios. Note qué diferente es cada adolescente y trate de imaginar de qué modo podría ser comprensivo en cada caso.

Cuando Tammi tenía 14 años, no podía comprender por qué hacía algunas cosas. Amaba a sus padres y no quería herir sus sentimientos, pero a pesar de eso ella se fue a la playa con sus amigos aún cuando sabía que sus padres no estaban de acuerdo. Tammi se sentía culpable además de desobedecer a sus padres, mintió diciéndoles que iba a casa de una amiga pues sabía que sus padres estarían de acuerdo con eso. La conducta de Tammi tampoco era fácil para sus padres, porque temían que tomara decisiones potencialmente peligrosas para su vida.

Los padres de Macey se conocieron al entrar a la escuela secundaria, fueron novios el resto de la secundaria, se comprometieron cuando estaban en la universidad y se casaron después de su graduación. Cuando su bien desarrollada hija de trece años anunció que era el momento para ella de iniciar sus relaciones sexuales, sus padres se escandalizaron considerablemente. Macey explicó, con gran sinceridad, que tener sexo es diferente que hacer el amor. Les dijo a sus padres que tener sexo es solamente una actividad como jugar a los bolos, y que estaba lista para tal experiencia. Quería tener alguna práctica y aprender cómo hacerlo apropiadamente, de esa manera estaría preparada para el momento en que conociera al Sr. Adecuado y así no haría el amor con el riesgo de echar todo a perder.

Philippe, de trece años, trataba de descifrar como hacer amigos al cambiarse de su escuela primaria privada a la secundaria pública. Sus actividades favoritas eran: divertirse con juegos electrónicos, tocar la batería, practicar en la patineta en el verano y esquiar en hielo durante el invierno. Sus padres estaban preocupados porque cuando ellos tenían esa edad, habían sido extremadamente sociables y pensaban que su hijo podría estar sufriendo de algún tipo de desorden de personalidad.

Max de 15 años había descubierto la marihuana, las fiestas y las chicas. Su idea de un rato divertido era escapar de la escuela e ir a casa de sus amigos a embriagarse, escuchar música y después permanecer frente a la cafetería local. Sus padres no conocían ninguna de sus actividades, ya que Max tenía un amigo en la oficina de asistencia de la escuela quien lo encubría. Sus padres se quedaron totalmente perplejos cuando vieron las calificaciones de Max, quien explicó que los maestros no lo querían y por eso lo fastidiaban.

Chrissy, de 16 años manejaba su propia chequera, trabajaba medio tiempo, estaba en la orquesta de la escuela, hacía mandados para sus padres utilizando el automóvil de la familia, y pasaba la mayor parte de su tiempo haciendo los deberes escolares, practicando la flauta y trabajando como voluntaria en el hospital local.

¿Cómo Sabrá Usted que su Hijo se está Convirtiendo en un Adolescente?

Sus padres estaban orgullosos de ella, pero aún así sentían temor de que estuviera creciendo demasiado rápido sin disfrutar de su juventud.

Marcus de 18 años se negaba a abandonar su habitación. Había dejado la escuela a los 17 porque pensaba que era una "perdida de tiempo". Él pasaba cada minuto que podía frente a su ordenador, tenía algunos amigos alrededor con quienes se comunicaba regularmente, y era considerado como el genio local de la computación, siempre disponible para ayudar a cualquiera que tuviera problemas con su equipo. Debido a que el padre de Marcus había abandonado la escuela para unirse al servicio militar y nunca regresó a graduarse, se sentía culpable por la falta de interés de su hijo en los estudios.

¿Cómo puede usted descifrar lo que cada uno de estos adolescentes necesita? Si Tammi, Macey, Philippe, Max, Chrissy o Marcus fueran sus hijos, ¿sentiría usted que ha fracasado porque él o ella no se conforman con las normas sociales? ¿Lo o la compararía con sus otros hijos o con los hijos de su vecino? ¿Piensa usted que existe solamente una forma correcta de hacer las cosas cómo se hacían cuando era usted niño o cómo deberían hacerse de acuerdo a la actual sicología popular? Comprender que todos los adolescentes se individualizan de diferente manera y a su propio ritmo, le ayudará a usted y a sus hijos a vivir esta etapa con mayor facilidad e incluso con cierto agrado. Los siguientes consejos también le ayudarán.

Consejos para Criar a un Adolescente

REVISEMOS LO QUE ES IMPORTANTE para sus hijos adolescentes y la manera en que usted puede manejar dichos asuntos siendo firme y afectuoso, respetándolos a ellos y a usted mismo. Cuatro de las necesidades más importantes para los jóvenes son: la privacidad, el acoplamiento social, la libertad de examinar un nuevo punto de vista, y el espacio para tomar opciones que probablemente terminen en errores.

La Necesidad de Privacidad

Como se mencionó antes, los jóvenes tienen una enorme necesidad de privacidad, la cual a menudo no es reconocida por los padres. Una parte importante de la maduración del adolescente es determinar su posición con relación a los diferentes elementos y valores que la vida presenta. Necesitan privacidad para experimentar a fin de no sentirse, o hacer sentir a sus padres, que son malos para experimentar.

Si su hijo adolescente quiere hacer algo que vaya en contra de las actitudes y valores de usted, entonces tratará de hacerlo de tal manera que usted no se entere. Esto lo protege a él de experimentar su desaprobación y lo protege a usted de sentirse decepcionado. Generalmente, los jóvenes regresan a los valores que les fueron inculcados en el hogar, pero deben tener la capacidad de hacerlo por sí mismos no porque usted quiera que lo hagan sino porque ellos hayan adoptado dichos valores. En realidad, los valores se forman a la edad de cinco años y es lo último que cambia. Por lo tanto, su hijo adolescente solo experimenta, no se extralimita. Cualesquiera que sean sus valores familiares, éstos forman una parte muy profunda de su hijo, y lo más probable es que usted los verá resurgir una vez que el chico haya atravesado la etapa de la adolescencia.

Si le es difícil permitir que su hijo tenga privacidad y demanda que el chico le cuente todo, es probable que su hijo termine mintiéndole. A menudo los adolescentes mienten porque aman a sus padres y tratan de protegerlos. Quieren ser capaces de hacer lo que deseen hacer sin lastimar sus sentimientos. Otras veces mienten para protegerse a sí mismos de sus rudas opiniones y posiblemente sus rudas acciones como padres.

¿Cómo Sabrá Usted que su Hijo se está Convirtiendo en un Adolescente?

LO QUE LOS JÓVENES DICEN SOBRE LAS MENTIRAS

"Yo miento para ir a fiestas porque mi madre ni siquiera accede a negociar, si se sabe que no habrá padres de familia presentes"

"Yo soy muy honesto con mi madre porque me trata como si tuviera más edad de la que tengo, y me enseña a ser un bebedor responsable".

Yo mentía cuando era estudiante de primer y segundo grado. Después decidí que no mentiría más y se los dije, porque no deseo mentir y ahora les digo todo y he tenido hasta ahora el apoyo de mi madre."

"Yo no comparto las cosas que no les gustaría escuchar, pues solo les gusta oír cosas buenas, por lo que invento cosas como, «había una chica tan tonta en la fiesta que se embriagó» (en realidad esa chica era yo)":

"Me sentiría degradada si dijese la verdad porque mi madre no entendería, debido a la manera en que la educaron".

"Decir la verdad depende de los padres: a algunos se les puede decir sin ningún problema, pero otros nos encadenarían a nuestras camas. Su idea de hacer algo malo era atreverse a torear una vaca. Simplemente no comprenderían lo que nosotros vivimos".

Cuando usted entiende las motivaciones que sus hijos tienen para mentir, puede ser mucho más eficiente creando una atmósfera en la que su hijo se sienta seguro de decirle la verdad la mayor parte del tiempo. ¿Cuántos de ustedes dirían la verdad si supieran que van a recibir culpa, vergüenza o dolor por parte de su confidente? ¿Cuántos de ustedes dirían la verdad si esto significara que no pudieran hacer algo que realmente quieren hacer? ¿Dirían la verdad para asegurarse que su confidente los protegiera de aprender de sus propios errores?

Por otro lado, ¿dirían la verdad si su confidente tuviese fe en ustedes al cometer sus propios errores mientras les ayudase a explorar las posibilidades? ¿Dirían la verdad si supieran que su confidente será comprensivo y alentador aún cuando hayan cometido errores? ¿Acaso no tiene sentido dejar de hacer cosas para sus hijos que no funcionan y empezar a realizar con ellos las que sí funcionan? Una definición de respeto mutuo es alentar a otros de la manera que nosotros quisiéramos ser alentados.

COMO RESPETAR LA NECESIDAD DE PRIVCIDAD DE SUS HIJOS

1. Programe un momento especial para estar con sus hijos fortaleciendo la relación y realmente llegar a conocerlo (vea el capítulo 7).
2. Hágales saber que cuando se acerquen a usted, no recibirán críticas, juicios o desaprobación sino un oído afectuoso y comprensivo.
3. Cuando sus hijos se metan en problemas debido a las decisiones que han tomado, utilice preguntas cordiales de curiosidad en lugar de discursos, para ayudarles a explorar las consecuencias de su comportamiento.
4. El afecto y la firmeza permiten que sus hijos sean responsables de sus decisiones sin agregar más castigo.

Respetar la privacidad no significa abandonar. Si su hijo comete errores, puede usted ayudarlo y trabajar con él para corregirlos. Nosotros hemos trabajado con varias familias que han dedicado un momento especial ayudando a sus hijos a planear un presupuesto para pagar sus propias multas de tránsito o sus deducibles de seguros por accidentes automovilísticos en lugar de rescatarlos o de añadir más castigo a sus errores. Cuando un joven gana el salario mínimo y de repente se enfrenta con que tiene que pagar un deducible de $500.00 dólares, la realidad es la mejor maestra. En una menor escala, cuando su hijo olvida poner su camisa favorita en el lugar adecuado para que sea lavada o se gasta todo su dinero en unos pantalones de moda y no le queda nada para otros gastos, manténgase usted al margen y déjelo averiguar qué debe hacer. Esta es una manera afectuosa y firme de educar a sus hijos.

La Necesidad de Acoplamiento Social

Hay momentos en que sus hijos necesitan algo diferente de lo que es importante para usted. A menudo, esto ocurre cuando surgen cuestiones de amistad y acoplamiento con otros jóvenes aunque esto se centre en el uso del teléfono, los correos electrónicos, el Internet, el centro comercial, el lugar de reunión local o las fiestas de jóvenes. Sus hijos querrán relacionarse con gente que les haga sentirse cómodos e identificados o con quien les agrade estar.

La mayoría de los padres tratan de ser buenos padres siguiendo la sabiduría convencional siempre deben conocer a los amigos de sus hijos, siempre deben saber dónde están y si tienen la vigilancia de algún adulto. Algunos jóvenes no tendrán problema en que sus padres conozcan a sus amigos, o a los padres de sus amigos, se aseguren de que algún adulto los vigile cuando los chicos se reúnen o de decirles a sus padres a dónde van y con quien estarán. Esta manera de compartir información parece aceptable cuando su hijo es muy joven, pero esto podría cambiar conforme vaya creciendo.

Aún cuando los padres sean sumamente comprensivos y abiertos con respecto a las elecciones de sus hijos, los jóvenes aborrecen cualquier intento de pregunta sobre adónde van, quien estará en ese lugar y si habrá algún adulto, incluso se sienten insultados si los padres los vigilan, los cuestionan, les dan discursos o tratan de averiguar algo más. A los adolescentes no les gusta que sus padres elijan a sus amigos o juzguen a los que ya tienen. No quieren que sus padres les digan que ciertas personas o situaciones son peligrosas para ellos, porque a menudo su experiencia de dicha situación no parece peligrosa en lo más mínimo.

A los jóvenes les ofende tener padres que les digan con quien pueden salir y con quien no. Odian cuando se les dice que sus amigos son una mala influencia, aún cuando sea cierto. Generalmente, los adolescentes se esconden cuando sus padres tratan de controlar su tiempo libre. Si usted no cree esto, pregúntele a su hijo o hija adolescente. Sin embargo, esto no quiere decir que usted no tenga opciones y políticas, pero tendrá que comprender las necesidades de sus hijos tanto como las suyas propias. Y también necesitará asegurarse de participar en diálogos en vez de monólogos.

Considere el ejemplo del uso del teléfono y el ordenador. Podría ser aterrador para muchos adolescentes interactuar con sus compañeros frente a frente, por lo que el teléfono y el correo electrónico proporcionan una forma confortable de hacerlo. Durante sus conversaciones, pueden determinar varias ideas, actitudes y sentimientos y debido a que se encuentran en el proceso de maduración, ¡tienen mucho que determinar! Los adolescentes necesitan mucho tiempo de teléfono u ordenador, lo cual usted encontrará difícil de aceptar. Tratar de controlar el tiempo que hablan o la persona con quien hablan mientras lo hacen, generalmente da como resultado terribles batallas. Por otro lado, cuando se respetan sus necesidades, es más probable

¿Cómo Sabrá Usted que su Hijo se está Convirtiendo en un Adolescente?

que pueda usted negociar el tiempo de uso del teléfono lo cual es más cómodo para todos.

Todos hemos escuchado las historias de horror que suceden con el Internet. Sí, existen adultos nefastos que dicen ser adolescentes y se comunican con los que sí lo son. Conocemos la historia de un adulto que se ofreció a comprar un boleto de avión para un adolescente (quien pensó que este adulto era otro adolescente como él), para que fuera de visita a su casa. Los padres del chico lo descubrieron y de alguna manera atraparon al tipo entregándolo a la policía. Sin embargo, es triste cuando los padres viven sus vidas basándose en los posibles peligros. Es mucho mejor ayudar a los hijos a prepararse para las situaciones peligrosas en lugar de temerles. Nosotros recomendamos que tengan conversaciones que les permitan a todos los involucrados establecer sus necesidades y opciones sin ser denigrado o sin que se les diga que están equivocados o son tontos. (El capítulo 8 proporciona más información sobre cómo hacer esto en juntas familiares o de manera individual con su hijo). Tener conversaciones con los jóvenes en las que ellos le digan cómo manejarían situaciones potencialmente peligrosas y cómo buscarían aprender a diferenciar lo que es peligroso de lo que no lo es, es algo que puede ser muy provechoso mucho más provechoso que simplemente decírselo.

Para llegar a un acuerdo con su hijo, considere las siguientes soluciones con respecto a la comunicación: regule el uso de la línea telefónica de la familia, contrate una segunda línea, permita que sus hijos ganen dinero para que puedan pagar su línea telefónica privada, tenga una línea exclusivamente para el ordenador, o utilice correos de voz separados para su línea

> Es muy triste cuando los padres viven sus vidas basándose en los posibles peligros. Es mucho mejor ayudar a los hijos a prepararse para las situaciones peligrosas en lugar de temerles.

telefónica. Aunque no sea su responsabilidad pagar las llamadas de larga distancia de su hijo o hija, es importante que usted se lo comunique de manera respetuosa y le ayude a encontrar la manera de que permanezca en contacto con sus amigos de larga distancia sin salirse de su presupuesto.

Si sus hijos se niegan rotundamente a que usted conozca a sus amigos, usted ganará más terreno haciendo preguntas de curiosidad en lugar de dar órdenes. Algunos de tales preguntas incluyen, "cuéntame más", "¿Por qué es problemático para ti que yo sepa a donde vas o con quien vas a estar?" y "¿Cómo te vas a proteger si te involucras en algún problema?"

La Necesidad de Libertad para Examinar Nuevos Puntos de Vista

Raymond recibió una llamada del Reformatorio Juvenil en la que le informaban que su hijo James había sido detenido por vandalismo. En su grupo de padres, Raymond platicó cómo había entrado en pánico, se había vuelto loco y entonces había provocado una catástrofe (hizo una tormenta de un vaso de agua): "Soy un fracaso como padre. Mi hijo es inmoral, terminará siendo un criminal y pasará el resto de su vida en prisión." Estaba tan furioso que le dije a James que podía quedarse en el reformatorio y pudrirse junto con todo lo que me importaba. Después me fui al otro extremo y pagué la fianza pero no sin que tuviera que pagar un precio. El precio fue un viaje de primera clase a la culpabilidad: "¿Cómo pudiste hacerme esto a mí?, Soy un fracaso, tu eres un fracaso. Tengo un criminal por hijo".

Imagínese usted en el lugar de Raymond. ¿Ha vivido usted alguna situación en la que su hijo hiciera algo tan terrible para usted, que provocó que lo atacara antes de averiguar qué estaba pensando él y qué había sucedido desde su punto de vista? Probablemente no hay un solo padre que no haya reaccionado de ese modo, pero puede usted volverse a entrenar para ayudar a sus hijos a pensar detenidamente en una situación sin sus juicios y así darle el espacio necesario para determinar si desearía hacer las cosas de diferente manera en el futuro.

Piense en el mismo escenario con diferente reacción, esta vez Raymond utilizó seis herramientas de educación firme y afectuosa.

SEIS HERREMIENTAS DE EDUCACIÓN FIRME Y AFECTUOSA

1. Muestre su amor incondicional (hágale saber a su hijo que está usted de su lado).
2. Recuerde tener empatía.
3. Hable con su adolescente no hable a, por o para su hijo (es bueno compartir sus sentimientos empleando mensajes en donde la palabra "yo" esté presente)
4. Utilice preguntas con las palabras "qué" y "cómo" para ayudar a su hijo a explorar las consecuencias de sus decisiones. (Esto es muy diferente a imponer una consecuencia).
5. Incremente el sentimiento de comprensión compartiendo con su hijo alguna situación similar que haya usted experimentado.
6. Decida con dignidad y respeto lo que usted hará. (Establezca lo que usted hará y no lo que intentará que su hijo haga).

Mientras Raymond llevaba a James de regreso a casa recordó empatizar (1) y dijo, "¡Qué desastre!, yo estaría muy alterado si esto me hubiera pasado a mí. ¿Estabas asustado? ¿Cómo te trataron? ¿Cómo te sentiste?" Después escuchó sin hablar lo que James decía.

Después de manejar en silencio durante un rato, Raymond mencionó que había decidido ir por James (2) porque era la primera vez que había estado en el Reformatorio. Raymond dijo, "No estoy seguro de lo que sucedió, pero sé que no eres un criminal. Seguramente tomaste una decisión equivocada, pero sigues siendo una buena persona y un ser humano valioso. ¿Quieres decirme lo que pasó?" (3) Esta es una habilidad difícil para la mayoría de los padres. Significa abstenerse de dar discursos, hacer juicios, imponer culpas y hacer suposiciones. Significa realmente querer saber y comprender la perspectiva de su hijo, aunque sea muy diferente a la suya. Y lo más importante, significa que le pregunte a su adolescente si desea discutir la experiencia con usted y aceptarlo si dice que no lo desea. Y seguramente dirá que no si usted le da discursos, lo juzga, le impone culpabilidad o supone lo que él piensa o debe pensar.

Cuando James accedió a hablar con su padre, Raymond empezó haciendo preguntas con las palabras "que" y "cómo" (4) que estaban completamente libres de juicio pero que expresaban un deseo sincero de comprender el punto de vista de James: "¿Qué pasó? ¿En qué estabas pensando? ¿Qué intentabas lograr? ¿Qué te pareció a ti? ¿Qué es lo más importante que has aprendido de esta experiencia? ¿Cómo crees que deberás manejar este tipo de cosas en el futuro?".

Después que James contestara las preguntas, Raymond decidió contarle a su hijo la siguiente historia (5): "Recuerdo una vez, cuando tenía doce años. La policía fue a mi casa en el lugar que yo crecí no había ningún reformatorio porque algunos amigos y yo aventamos piedras a las ventanas de una bodega del vecindario. Yo solo me estaba divirtiendo con mis amigos, ni siquiera se me ocurrió que costaría una fortuna reemplazar todas esas ventanas. Me sentí tan avergonzado de mi mismo y con mis padres. Sabía que no era un chico malo, solo que había hecho algo estúpido".

Aun tratando de comprender el punto de vista de James, Raymond habló con su hijo un poco más para tratar de averiguar lo que éste pensaba: "Me pregunto si tuviste sentimientos similares a los que yo tuve; si sólo te dejaste llevar por los demás o si tuviste otros motivos para hacer lo que hiciste. Me pregunto si te sentiste avergonzado como yo, o simplemente enojado por haber sido atrapado. Realmente me gustaría saber si deseas compartir esto conmigo".

La Necesidad de Tener Espacio para Cometer Errores

Ya que Raymond quería que James pensara cómo manejaría una situación similar en el futuro (6), le dijo, "James, no sé lo que hayas aprendido de esta situación, o cómo lo manejarías en un futuro, pero quiero que sepas que esto me asustó. Esta vez tomé la decisión de pagar la fianza para que salieras libre porque así lo sentí, pero sé que me sentiría muy mal de volverlo a hacer. Quiero que sepas que si tomas decisiones que te conduzcan de nuevo a un reformatorio juvenil, yo respetaré tu derecho a experimentar las consecuencias. Te apoyaré de otra manera visitándote y amándote siempre. Sin embargo, será tu decisión resolver tus problemas con el sistema de justicia juvenil".

El anterior escenario ilustra un apoyo paternal, el cual ayuda a aprender de las experiencias de la vida substituyendo el castigo. Generalmente cuando los hijos cometen errores, los padres los reprenden. Cuando los padres castigan en lugar de apoyar a sus hijos adolescentes, solo están pensando en su propia percepción y punto de vista. Los padres no consideran el mundo y las percepciones de sus hijos. Muy probablemente han olvidado cómo era la vida cuando ellos eran adolescentes. Cuando lo recuerdan, a menudo no comprenden y no pueden relacionar la vida de entonces con la vida que sus hijos están viviendo. Además, al sancionarlos, los padres pierden la oportunidad de enseñar a sus hijos cómo manejar algo que enfrentarán toda su vida: *cometerán errores*.

Debe usted recordar que una vez que se comete un error, no hay manera de deshacerlo. Su hijo o hija podría ser capaz de aprender del mismo o podría ser capaz de enmendarlo, pero nunca de deshacerlo. Sin embargo, el proceso de aprendizaje y enmienda puede llegar a ser tan valioso, que podría *mejorar* las situaciones y las relaciones gracias a dicho error. Cuando se centra la atención en el error más que en lo que se puede aprender de éste, se pierden oportunidades de aprender y superarse.

¡NOSOTROS NO APOYAMOS LA PERMISIVIDAD!

¿ESTAMOS SIENDO REPETITIVOS? Claro que sí, porque la reacción de muchos padres de familia que han leído los seis consejos para educar a un adolescente, creen que sugerimos la permisividad, pues estamos en contra del control y el castigo. Por el contrario, nuestras lecciones enseñan cómo convertirse en padres firmes y afectuosos. Ser un padre firme y afectuoso requiere mucho más tiempo y esfuerzo que el que requiere salirse por el camino fácil, que sería hacer las cosas *para* o *por* los chicos, en lugar de hacerlas *con* ellos. También requiere de tiempo llegar a conocer a su adolescente y enseñarle a pensar por sí mismo y ayudarle a aprender de sus errores en lugar de sancionarlo.

Conozca a Su Adolescente

Nos enoja tanto ver pegadas en los automóviles las etiquetas que preguntan, "¿Sabe usted *dónde* están sus hijos adolescentes?" Este mensaje inspira miedo y culpa en los padres y provocando que se vuelvan controladores y castigadores. Sería mucho más agradable ver un mensaje que diga, "¿*Conoce* bien a su hijo adolescente?" Cuando usted conoce a su hijo adolescente y lo ha ayudado a desarrollar un buen carácter y aptitudes prácticas en la vida, no necesita preocuparse por el lugar donde se encuentre.

¿Cómo Sabrá Usted que su Hijo se está Convirtiendo en un Adolescente?

El mejor regalo que puede darle su hijo o hija adolescente es su confianza en ellos. Aunque los jóvenes necesitan mucho más que esto, como las habilidades que enseñamos en este libro, su amor incondicional y su confianza son un buen principio.

HERRAMIENTAS QUE DEBE RECORDAR PARA UNA EDUCACIÓN AFECTUOSA Y FIRME

1. Si usted se pasa el tiempo discutiendo, regañando, dando discursos y avergonzándolo sin ningún éxito, es probable que su hijo se esté convirtiendo en adolescente. Póngase su sombrero de "¡Qué interesante!" y siéntese a observar los signos.

2. Averigüe cuales son los intereses de su adolescente en lugar de suponer que son los mismos que usted tenía cuando tenía esa edad. Los tiempos cambian.

3. Recuerde constantemente que su hijo está creciendo, no ha terminado de crecer todavía.

4. Analice las cosas que usted ha hecho y que han avivado las llamas de la rebeldía, en lugar de reconocer el proceso de individualización. Revise las características de la individualización (Pág. 9)

5. Haga un esfuerzo para entrar en el mundo de su hijo y reconozca su proceso de individualidad a través de la adolescencia.

6. Compense la necesidad de privacidad pasando un momento especial con su hijo que incluya apoyo afectuoso y firme.

7. Practique los consejos para "educar" a un adolescente en lugar de recurrir al castigo y control.

ACTIVIDAD DE APLICACIÓN PRÁCTICA

Creemos que relación con su hijo o hija adolescente es lo suficientemente valiosa para dedicar un corto periodo de tiempo cada semana escribiendo en un diario las respuestas de las actividades que contiene cada capítulo. Hacer esto le ayudará a incrementar su conciencia o práctica de nuevas conductas. Es posible que se sienta alentado al descubrir la sabiduría nata que usted tiene, dando un poco de orientación en la dirección correcta. Al darse tiempo para escribir sus respuestas en el diario, usted comprenderá las cosas más fácilmente, aprenderá de sus errores, ampliará sus perspectivas y entrará en contacto con esa sabiduría innata que posee.

Cuando se dé cuenta de que las cosas que su adolescente hace y dice son manifestaciones sobre él mismo y no sobre usted, podrá dejar de culparse por su comportamiento o de tomarlo de manera personal. Sus hijos son personas independientes de usted, y los errores y éxitos que tengan son de ellos y les servirán de aprendizaje.

1. Para ayudarle a percibir que sus hijos son personas independientes a usted, elija una de sus conductas que realmente le moleste o elija una de la siguiente lista:

    - faltar a clases
    - perder el tiempo en su habitación

¿Cómo Sabrá Usted que su Hijo se está Convirtiendo
en un Adolescente?

- negarse a ir de vacaciones con la familia
- intercambiar la ropa que se le regaló
- mal humor
- olvidar realizar las labores domésticas
- no querer sentarse junto a usted en el cine
- no querer ir a la universidad

2. Lea las siguientes dos actitudes

a) Tomar las cosas de manera personal, significa decirme a mí mismo que la conducta de mi hijo tiene que ver con mis fracasos o éxitos. Por ejemplo, soy un pésimo padre; soy un buen padre; ¿qué pensarán los demás?; ¿cómo me puede hacer esto después de todo lo que he hecho yo por él?; seguramente me odia, si no, no se comportaría de esa forma.

b) No tomar las cosas de manera personal, significa decirme a mí mismo que la conducta de mi hijo o hija se relaciona con él o ella, no conmigo. Por ejemplo, esto es importante para él; necesita descubrir quién es; está explorando el significado de la vida y los valores; esto no es importante para ella; tengo confianza en que aprenderá lo que necesite aprender de sus errores y retos; me pregunto: ¿qué significa para ella?

3. Vuelva a pensar en el comportamiento que le molesta y escriba cómo actuaría con la actitud A. Después escriba como actuaría con la actitud B.

4. Hable con su hijo o hija sobre lo que ha aprendido realizando esta actividad.

MI PLAN PARA LA SEMANA

Esta semana me concentraré en
_____
_____

Trabajaré para cambiar mi actitud pensando
_____
_____
_____

Cambiaré mi comportamiento haciendo
_____
_____
_____

2

¿De qué Lado está Usted?

LOS ADOLESCENTES DE HOY QUIEREN pilotear el avión de su propia vida. Desean que sus padres los amen, los apoyen y acepten pero que los dejen vivir su vida solos. Debido a que los jóvenes no piensan que sus padres puedan amarlos y dejarlos solos, actúan como si quisieran aventarlos de su avión.

Los padres desean permanecer en el asiento del piloto, pues temen que sus hijos adolescentes se metan en problemas, se lastimen o fracasen. Con este temor en mente, a menudo se vuelven padres ineficientes e invitan a la rebeldía: lo cual motiva más a los jóvenes a querer deshacerse de sus padres.

Su tarea como padre afectuoso y firme, es cambiarse al asiento del copiloto para poder apoyar y orientar cuando sea necesario, mientras alienta a sus hijos a ser pilotos responsables y capaces. A esto le llamamos: dejar ir sin abandonar. Para ser un eficiente copiloto, usted debe conocer a sus hijos y tener confianza en ellos.

Connie quería aprender a ser copiloto, para encontrar la manera de estar del lado de su hijo sin asumir el control de su vida. Connie se unió a un grupo de estudio de padres de familia para aprender más sobre la paternidad afectuosa y firme. En este grupo, pronto descubrió la importancia de entrar en el mundo de su hijo adolescente Brad, de comprender sus ocupaciones en la vida, y de apoyarlo a lo largo de la etapa de rebeldía de tal manera que pudiera desarrollar seguridad y habilidades. Sin embargo, cuando Connie se enteró de que Brad había estado faltando a clases, olvidó todo lo nuevo que había aprendido, trató de volver a tomar el asiento del piloto y empezó a emplear su antiguo estilo controlador. Acorraló a Brad en su habitación y le dio un discurso sobre su conducta irresponsable.

Brad respondió diciéndole a su madre que dejara de molestarlo, lo cual provocó que Connie cambiara su discurso en un odioso regaño con respecto a su falta de respeto hacia sus mayores.

Brad replicó, "No me parece que estés siendo respetuosa conmigo". Ahora Connie estaba tan enojada, que sintió ganas de golpear a su hijo por hablarle de esa manera. Pero en lugar de hacerlo, se transportó a su grupo de estudio y se dio cuenta de lo que estaba sucediendo, y entonces cambió su enfoque de las cosas. "Hijo, ¿sabes que estoy de tu lado?"

Brad contestó, "Pues vaya que lo disimulas". Después, con lágrimas en sus ojos dijo, "¿Cómo voy a saber que estás de mi lado si siempre me estás denigrando?"

Connie abrazó a su hijo y, conteniendo sus lágrimas le dijo, "Te entiendo, lo siento mucho". Connie había sido lo suficientemente sensitiva para saber que no era el momento de decir nada más; prefirió darle seguimiento más tarde cuando ambos se sintieran tranquilos.

¿Cómo podría saber Brad que su madre estaba de su lado cuando estaba siendo bombardeado con discursos y regaños sobre sus deficiencias? Afortunadamente, Connie había aprendido lo suficiente para detectar su manejo ineficiente y fue capaz de cambiar el enfoque de las cosas. Cuando salió de la habitación de su hijo, le dijo, "¿Por qué no hablamos de esto más tarde cuando nos sintamos mejor?"

Los Viejos Habitos son Difíciles de Cambiar

DESDE LUEGO QUE, como padre, usted está del lado de sus hijos, pero a menudo ellos no lo perciben. De hecho, con demasiada frecuencia su conducta podría engañar al más astuto de los observadores. En nombre de los mejores intereses de sus hijos, muchos padres pierden de vista quiénes son sus adolescentes, qué

> Como padre, usted está del lado de sus hijos, pero a menudo ellos no lo perciben. De hecho, con frecuencia su conducta podría engañar al más astuto de los observadores.

significa estar de su lado y que es lo que realmente les ayudará a desarrollar el carácter y las habilidades de vida necesarias para tener éxito. Es muy fácil olvidar de qué lado se está cuando permite que sus miedos, juicios y expectativas tomen el mando. Es natural que en esos momentos se regrese al estilo de educación que ha sido más familiar para nosotros, (vea el capítulo 3 para información más detallada sobre los estilos de educación que son brevemente mencionados en este capitulo).

Aunque desee que sus hijos hagan bien las cosas, ¿cómo les comunica que está usted de su lado? Todos los padres emplean diferentes métodos para "comunicarse" con sus hijos. Aunque algunos métodos puedan producir reacciones correctas, a menudo provocan respuestas equivocadas. Cuando un padre controlador critica, regaña, da discursos, corrige, denigra y expresa su disgusto, los jóvenes no se sienten apoyados ni amados. Bajo el pretexto de "por tu propio bien", los padres controladores podrían hacer cualquier cosa para lograr que sus hijos llenen sus expectativas. Para estos padres, estar del lado de sus hijos es algo condicional; y, por supuesto, los jóvenes se familiarizan inmediatamente con esta condición. Los jóvenes saben que la única manera de tener a los padres "de su lado" es haciendo exactamente lo que ellos quieran.

Los padres permisivos, por otro lado, pueden darles a sus hijos demasiada libertad sin exigirles responsabilidad. Pueden consentirlos comprándoles coches y demasiada ropa sin ninguna contribución por parte de los hijos. Los padres permisivos intervienen constantemente para salvar a los hijos de las consecuencias de su comportamiento, y los rescatan de situaciones que pudieran ser útiles oportunidades para aprender. Esta no es una manera saludable de estar del lado de los hijos, y no ayuda a que ellos tengan éxito en la vida.

Tampoco los hijos sienten que usted está de su lado si los descuida. El descuido puede tomar varias formas de abandono, desde la adicción a las drogas hasta la adicción al trabajo porque cree que la paternidad es demasiado difícil o inconveniente, o porque piensa que no tiene nada que ofrecerle a sus hijos.

Si bien sus hijos adolescentes desean tener una relación con usted y lo necesitan en su vida, esto no siempre puede ser de la forma que usted cree mejor o de las formas que usted retoma cuando se siente asustado. Para incrementar la influencia en sus hijos y darles el espacio que requieren para crecer e individualizarse de una manera segura, es necesario que usted tenga una relación positiva con ellos. Aquí le ofrecemos seis consejos para cambiar la relación con los hijos y convencerlos de que está usted de su lado y no en su contra. Conforme vaya fortaleciendo y mejorando esa relación, descubrirá que el resto del material de este libro será más fácil de aplicar. La mayoría de nuestras sugerencias no serán efectivas si usted no tiene una buena relación con sus hijos. Si siente que dicha relación regresa a los viejos patrones, revise estos seis consejos y vuelva a intentarlo.

CONSEJOS PARA CAMBIAR LA RELACIÓN CON SUS HIJOS

1. Póngase en los zapatos de su hijo y empatice con él

2. Escuche y sea curioso.

3. Deje de preocuparse por lo que otros piensen: haga lo que sea mejor para su hijo.

4. Reemplace la humillación por el respeto.

5. Asegúrese de hacer llegar el mensaje de amor.

6. Involúcrese respetuosamente.

Póngase en los Zapatos de su Hijo y Empatice con Él

Usted recibe una llamada de la escuela diciéndole que su hija ha faltado a dos clases hoy y obtuvo una sanción. Su sangre empieza a hervir y no puede esperar hasta que ella regrese a casa para hacerle saber lo enojada que está y cuán inaceptable es su comportamiento. Su hija, completamente insensible ante los acontecimientos de la escuela, decide quedarse más tiempo para estar con sus amigos y llega tarde a casa para la hora de la cena. Al atravesar la puerta, usted empieza a gritarle desde la cocina, "estás en grandes problemas, ven acá inmediatamente. ¿Dónde estabas? ¿Qué se te ha metido en la cabeza?"

Imagínese usted misma en los zapatos de su hija. ¿Cómo se sentiría si la trataran de la forma que ha tratado a su hija? ¿Se sentiría  inspirada y alentada para hacer mejor las cosas? ¿Se sentiría segura de sus capacidades para explorar el mundo y decidir por usted misma, (a veces a través de los errores), lo que tiene sentido? ¿Sabría que sus padres le están dando la orientación y el entrenamiento de carácter que necesita, de tal manera que la alientan en lugar de desalentarla? ¿Creería que su madre está "de su lado" y no "en su contra"?

Esperamos que cuando se encuentre en una situación como ésta, deje a un lado su improperio y primero averigüe las impresiones de su adolescente. Los jóvenes lo escuchan *después* de haber sido escuchados.

Connie cayó en la trampa al pensar que sabía lo que era mejor para Brad. Trató de expresar que sabía más que él, utilizando discursos y reprimendas agresivas. Cuando se dio cuenta de que estaba actuando como si estuviera en contra de su hijo, Connie decidió emplear las habilidades que había aprendido en su grupo de estudio para mejorar su relación con Brad. El primer paso que Connie dio fue encontrar la manera de ponerse en los zapatos de su hijo y empatizar. Se acercó a su hijo con un espíritu de apoyo y no de agresión. Le preguntó si quería dejar la escuela, ya que a los diecisiete años, no está legalmente obligado a asistir. Desconfiado de este nuevo enfoque, Brad preguntó, "¿Y qué hago entonces?"

Connie fue honesta, "esa es una buena pregunta. No lo sé, quizá simplemente haces lo que ahora estas haciendo: dormir, trabajar por las tardes, pasar el tiempo con tus amigos ".

Por primera vez en mucho tiempo, Brad bajó la guardia defensiva y parecía deseoso de compartir sus pensamientos con su madre, "en realidad no deseo dejar los estudios, pero me gustaría ir a una escuela de educación abierta". Connie se preguntó en voz alta, "¿Por qué?" Generalmente los jóvenes desconfían de esta pregunta porque sienten que sus padres en realidad no desean saber la verdad sino simplemente esperan la respuesta "correcta".

Brad pudo percibir que su madre realmente deseaba saber la razón, por lo que explicó que no quería ser un estudiante fracasado. En una escuela de educación abierta él podría tomar las clases en las que había fallado en la escuela regular, y permaneciendo en la escuela en la que estaba, tendría que tomar cursos durante el verano y no quería desperdiciar sus vacaciones. Además ya que en las escuelas de educación abierta permiten a los estudiantes avanzar a su propio ritmo, Brad creía que podría hacerlo mucho mejor.

Escuche y Sea Curioso

Este sencillo acto demuestra que está del lado de sus hijos, lo cual le permitirá hacer cambios positivos en ellos. Piense en algún momento en que usted no escuchó o no mostró curiosidad. ¿Qué resultados obtuvo? Ahora, piense en dicha situación e imagínese escuchando y siendo curioso. Es mejor escuchar sin hacer comentarios o tratar de solucionar el problema.

La madre de Brad hizo un excelente trabajo escuchando, mostrando curiosidad y comprensión cuando le preguntó a su hijo sobre sus razones para querer ir a una escuela de educación abierta en vez de desertar de los estudios por completo.

Ser curioso es diferente a hacer las veinte preguntas que la mayoría de los padres hacen. El propósito de las preguntas de curiosidad, es ayudar a los jóvenes a procesar sus pensamientos y las consecuencias de sus elecciones en lugar de obtener información que más tarde pueda utilizar en su contra o de conducirlos hacia su manera de pensar. No haga preguntas a menos que realmente sienta curiosidad sobre el punto de vista de su hijo o a menos que se sienta tranquilo y quiera tomarse el tiempo para escuchar. Si usted castiga a su hijo después de haber dado información honesta, la curiosidad no funcionará. Ayudar a los jóvenes a explorar las consecuencias de sus elecciones es muy diferente a imponerles sus propias consecuencias. Lo primero invita al aprendizaje, lo último invita a la rebeldía.

> Es mejor escuchar sin hacer comentarios o tratar de resolver el problema.

Deje de Preocuparse sobre lo que Otros Piensen Haga lo que Sea Mejor para su Adolescente

Una vez comprometida a estar del lado de Brad y apoyando su idea, Connie decidió dejar a un lado su preocupación por lo que la gente pudiese pensar. También ignoró el estereotipo de los adolescentes que acuden a escuelas de educación abierta y de los que asisten a escuelas regulares. En cambio, observó los beneficios y le dijo a Brad que creía que lo haría extremadamente bien al tener la oportunidad de avanzar a su propio ritmo en una atmósfera de respeto mutuo. (Muchas veces el personal de las escuelas de educación abierta trata a los jóvenes con más respeto que el personal de las escuelas regulares). Connie acordó llamar a ambas escuelas para averiguar qué se podía hacer sobre la transferencia. En su siguiente sesión con el grupo de estudio, Connie aprendió que incluso hubiera sido más efectivo hacer las llamadas *con* Brad y no *por* él, pero había tenido un enorme progreso en su esfuerzo por convertirse en una madre afectuosa y firme.

Más tarde, Connie comentó con su grupo de estudio de padres de familia lo siguiente:

No tenía la más mínima idea de cómo iba a resultar todo esto. Sé que me sentí más cerca de mi hijo, porque entré en su mundo y lo apoyé para que viviera su vida como él la veía. Desistí de la lucha de poder que nos hacía sentir perdedores a ambos, y entonces pudimos buscar soluciones que nos hicieron sentir triunfadores.

Analicé mis propios conceptos de ser un "buen" padre. Cada vez que yo traté de forzarlo a hacer lo que yo consideraba era lo mejor para él, me convertía en una madre regañona, moralista y controladora y él se rebelaba. Pero cuando traté de apoyar a Brad para que fuera quien es mediante una paternidad afectuosa y firme, estuvo dispuesto a hablar conmigo y a buscar soluciones. Cada vez que me preocupaba por lo que otros pensaran (generalmente gente cuya opinión en realidad no respeto de todas formas), creaba una distancia entre mi hijo y yo. Es muy reconfortante recordar de qué lado estoy y actuar en consecuencia.

Entre más cambie usted mismo en lugar de tratar de cambiar a sus hijos, más los invitará a ser responsables, capaces y

> Cada vez que trataba de forzarlo a hacer lo que yo consideraba que era lo mejor para él, me convertía en una madre regañona, moralista y controladora – y él se rebelaba. Pero cuando traté de apoyar a Brad para que fuera quien es mediante una paternidad afectuosa y firme, él estuvo dispuesto a hablar conmigo y buscar soluciones.

concientes de sus metas. Claramente, Brad se interesó en su educación, aunque su solución fuera diferente a la que su madre podía recomendarle.

Si usted se preocupa de lo que otros piensen, pregúntese, "¿Con qué propósito me preocupo?" ¿Quiere que todos piensen que es usted un excelente padre? ¿Es más importante para usted impresionar a los demás que su relación con su hijo? ¿Cuál es su peor temor sobre lo que piensen los demás? Recuerde sus metas a largo plazo con sus hijos, y determine cómo puede cambiar su enfoque hacia lo que es mejor para ellos, en vez de preocuparse sobre el juicio de los demás.

Reemplace la Humillación por el Respeto

Connie había aprendido la diferencia entre apoyar a su hijo y frustrarlo. Aprendió que humillar a su hijo no la acercaba a él y no daba la impresión de estar de su lado. En cambio, Connie alentó a la cooperación mediante el uso respetuoso de las nuevas habilidades educativas que había aprendido.

Un grupo de chicas estudiantes de secundaria hicieron las siguientes sugerencias, a los adultos que deseaban reemplazar la humillación por el respeto para fomentar la cercanía y cooperación en sus hijos. Revise la lista y compártala con su hijo o hija. Pregúntele que añadiría o quitaría de la lista.

CONSEJOS SOBRE EL RESPETO DE LOS JÓVENES A LOS PADRES

"A veces odio hablar con mis padres porque todo lo exageran. Algunas cosas no tienen importancia y no es necesario que hablemos de ellas por siempre".

"Ser amistosos es mejor. Está bien que nos enseñen cosas, pero háganlo más como hermanos o hermanas mayores o como amigos".

"Nunca nos acusen de haber hecho algo, mejor pregunten primero"

"Si hacemos algo mal, no griten, porque nuestra primera reacción es rebelarnos. Gritar o tratar de asustarnos no funciona. Suenan ridículos y nos hacen enojar, mejor hablen con nosotros y sean honestos".

Asegúrese de Hacer Llegar el Mensaje de Amor

Lorna, una madre del grupo de estudio de Connie, comentó su éxito en este paso. La hija de Lorna, Mara, no llegó a dormir a casa una noche. Aunque Lorna se sentía tanto enojada como preocupada de que Mara estuviera involucrada en drogas, recordó que los errores pueden ser oportunidades para aprender. También recordó que los padres crean distancia entre los hijos al regañarlos y darles discursos, por lo tanto, en lugar de concentrarse en su miedo y su ira, lo cual haría que su hija sintiera que su madre estaba en su contra y no de su lado, decidió enfocarse en el amor.

Cuando Mara regresó a casa la mañana siguiente, Lorna le dijo, "Me alegra que estés bien. Estaba preocupada por ti. Antes que digas nada, quiero que sepas que te amo y que estoy de tu lado".

Mara parecía genuinamente apenada y dijo: "Realmente lo siento mucho mamá. Estaba viendo la televisión en casa de Stephie y me quedé dormida". Lorna le respondió: "Ya veo, pero hubiera agradecido una llamada tan pronto como te despertaste aunque fuera a media noche, para saber que estabas bien". Mara le dio un gran abrazo y repitió "Lo siento mucho mamá".

Disfrutando la cercanía se sintió con su hija y sintiéndose más segura de sus nuevas habilidades continuó: "Me imagino que no querrías llamar después de haber cometido un error si pensabas que iba a regañarte como suelo hacerlo. Quiero que sepas que trataré de no hacerlo más. No importa cuántas veces cometas errores, puedes llamarme y estaré de tu lado, nunca en tu contra".

Algunos de los miembros del grupo dudaron de la excusa de Mara y cuestionaron, "Pero dejaste que se saliera con la suya de estar fuera de casa toda la noche". "Pero, ¿realmente crees que ella se quedó dormida?" Lorna no se sintió confrontada porque entendía perfectamente el concepto de asegurar el mensaje de amor para cambiar la relación con su hija:

> *Mara ya se había salido con la suya de todos modos, pues había estado fuera de casa toda la noche. Castigarla no hubiera cambiado ese hecho. Yo solía pensar que el castigo podía amedrentarla para no volverlo a hacer, pero en lugar de eso, simplemente la alentaba a que hiciera las cosas a escondidas. Yo también dudé que su excusa fuera verdad, o cuando menos toda la verdad, pero eso no ayuda ni cambia nada. Realmente creo que las cosas cambiarán cuando sepa que la amo, que confío en ella y cuando logre crear un ambiente en donde ella se sienta segura de pensar para ella misma y no por mí o en mi contra. Creo que tomará algún tiempo cambiar los patrones que formé cuando la educaba a partir de*

mis miedos y no a partir de mi amor, pero es precisamente lo que voy a hacer. Además, después de establecer los cimientos del amor, pude hablar con Mara, compartir mis sentimientos y trabajar para llegar a los acuerdos.

Los otros miembros del grupo se conmovieron con la sabiduría y convicción de Lorna, lo cual los condujo a analizar su comportamiento basado en sus miedos y los resultados poco satisfactorios que habían obtenido.

Piense por un instante en los momentos que se ha sentido realmente preocupado o asustado por sus hijos. ¿Sermoneó o regañó a su hijo en lugar de hacerle saber lo preocupado que estaba? La próxima vez, recuerde empezar con el mensaje de amor y hágale saber cómo se siente. A la mayoría de los jóvenes, en realidad no les agrada disgustar a sus padres. Si les dice tranquilamente cómo se siente, ellos lo escucharán, aunque parezca que no les importa mucho en ese momento. Observe los cambios en su hijo durante las siguientes 24 horas, generalmente no tendrá que esperar tanto para ver un acto de afecto de su parte.

> A la mayoría de los jóvenes, en realidad no les agrada disgustar a sus padres. Si usted les dice tranquilamente como se siente, ellos lo escucharán, aunque parezca que no les importa mucho en ese momento.

Involúcrese Respetuosamente

Lorna pudo darse cuenta que había creado la suficiente cercanía para trabajar *con* Mara en un acuerdo. En el pasado le habría dicho qué hacer y la hubiera amenazado con algún castigo o la pérdida de algún privilegio si no obedecía. En lugar de esto, reemplazando las reclamaciones por interés, preguntó: ¿Crees que podríamos llegar a un acuerdo para que me llames si se te hace tarde? Mara preguntó: ¿Qué pasaría si es demasiado tarde y estás dormida?, Lorna respondió: "Aunque estuviera dormida, no descansaría al no saber si te encuentras bien. Así que puedes llamar a cualquier hora."

Mara dijo: "Nunca había pensado en que te preocuparas por mí. Siempre pienso solamente que estas enojada conmigo. No necesitas preocuparte por mí mamá, porque te llamaré siempre que se me haga tarde".

Aquella noche, cuando regresó a casa, Mara fue a la habitación de sus padres y les dio un abrazo de buenas noches algo que no había hecho en meses.

Más tarde, Lorna comentó con su grupo de estudio, "¡Qué diferencia! Nunca antes había pensado como se sentía Mara con respecto a mi enojo cada vez que ella era desconsiderada. Simplemente le gritaba y la acusaba, ella sentía que yo estaba en su contra. Esta vez dejé que viera cuánto la amo, y tuvimos la capacidad de llegar a un acuerdo. Todavía no sé si decía la verdad en cuanto a la razón por la cual no llegó aquella noche a dormir pero la forma en que yo solía actuar no la alentaba a decirla, al contrario, creaba un abismo en nuestra relación. Esto me hace sentir mucho mejor. La independencia de Mara todavía me asusta, pero al menos tenemos las bases para comunicarnos y obtener ciertas consideraciones."

Muchos padres del grupo de estudio siguen creyendo que lo que Lorna hizo fue demasiado permisivo; que su manera de manejar las cosas permitió que Mara se "saliera con la suya" con su conducta irrespetuosa; y que Lorna debió averiguar si Mara estaba mintiendo o usando drogas. Cuando examinamos estas preocupaciones con más cuidado, podemos ver que con cualquier otro enfoque de las cosas no se hubiera resuelto nada;

simplemente se hubieran empeorado la situación. Si Lorna hubiera actuado como una madre controladora, Mara habría sido más rebelde y reservada. No podía forzarla a decir la verdad (mediante una conducta controladora), pero podía crear un ambiente en el que su hija se sintiera más segura para decir la verdad. La permisividad no le hubiera enseñado a Mara ninguna habilidad de respeto mutuo. Al ser afectuosa y firme, Lorna dio un ejemplo de respeto y fue lo suficientemente sabia para propiciar la cercanía y la confianza antes de comprometer a Mara en el proceso para llegar juntas a un acuerdo uno que Mara estuviera más dispuesta a cumplir gracias a la manera respetuosa en la que fue tratada.

Es probable que usted piense que está resolviendo las cosas con sus hijos cuando les dice lo que usted quiere y ellos acceden. Sin embargo, existen muchos tipos de acuerdos. Sus hijos adolescentes podrían hacer lo que usted les pide porque piensan que deben hacerlo; o podrían estar accediendo para que deje usted de molestarlos ahora, a fin de que más tarde puedan escabullirse y hacer lo que ellos quieran. Aunque los jóvenes parezcan estar de acuerdo, es posible que puedan guardar resentimientos y después buscar la forma de vengarse más tarde y usted se quedará preguntándose por qué su hijo está tan enojado y es tan irrespetuoso, cuando lo que realmente está pasando es que su hijo cree que no está usted de su lado. Mientras aparenta estar de acuerdo con lo que usted dice, simplemente podría estar contando los días, horas y minutos para salirse con la suya y hacer lo que le plazca.

Los acuerdos que aquí sugerimos son aquellos en los que usted se involucra respetuosamente. Y puede hacerlo diciendo a su hijo: "No puedo estar de acuerdo con eso, pero me gustaría que trabajemos en ello hasta que encontremos algo que intentamos durante una semana y veamos qué podemos aprender". A menudo es necesario decir: "Yo preferiría continuar esta discusión hasta llegar a algo que nos guste a ambos. Pero como, por el momento eso no es posible, dejaremos las cosas como están."

Si elabora un plan, póngalo a prueba durante un momento para ver si la situación mejora, y su hijo se hace responsable de su comportamiento (vea el capítulo 6).

Estar de su Propio Lado, Tambien Ayuda a los Adolescentes

SI ALGUIEN LE PREGUNTARA: "¿Estás del lado de tu hijo?" lo más probable es que usted responda: "Desde luego que sí" (aunque sus acciones pudieran indicar lo contrario). Y si alguien le preguntara: ¿estás de tu propio lado?, es probable que contestará: "desde luego que estoy de mi lado. Ya sabes lo que dicen, si no te cuidas tu mismo, nadie más lo hará". Sin embargo, pocos padres practican el auto-respeto. No parecen darse cuenta que tienen el derecho de tener una vida independiente a la de sus hijos y que no tienen que dedicar cada acción a sus adolescentes. Estar de su propio lado significa que considere sus necesidades, tanto como considera las de sus hijos adolescentes. Cuando sus miedos se convierten en la base de sus pensamientos y acciones, las acciones se convierten en una danza de la "confusión de daños", una danza que ignora el auto respeto y cuidado.

La Confusión de Daños

La confusión de daños consiste en la confusión que usted crea con pensamientos y acciones que obstaculizan sus metas de formación a largo plazo y el auto respeto. La confusión no solo impide que esté del lado de su hijo, sino que también impide que usted cuide de sí mismo con dignidad y respeto. Algunas de las características más comunes de esta danza le ayudarán a justificar las técnicas educativas a corto plazo (como el control y la permisividad)

CARACTERÍSTICAS DE LA CONFUSIÓN DE DAÑOS QUE IMPIDEN ESTAR DE SU PROPIO LADO

1. Tratar de solucionar todo lo que salga mal, en lugar de permitir a los jóvenes que crezcan enmendando sus propios errores. Esta actitud también le impide que usted enmiende los suyos porque está ocupado rescatando a su hijo; para estar de su propio lado, es necesario que aprenda de sus propios errores.

2. Preocuparse por lo que podrían pensar los demás, lo cual le da más importancia a la imagen que a lo que es mejor para usted y sus hijos. No puede estar de su propio lado mientras se encuentra ocupado tratando de darle gusto a quien no está realmente involucrado en el asunto.

3. Tratar de proteger a los jóvenes de cualquier dolor, lo cual también les impide aprender y convertirse en adultos capaces. Estar de su propio lado significa enfrentar parte de su propio dolor, perdonarse a sí mismo y permitirse crecer.

4. Tener miedo de la ira de su hijo adolescente, lo cual significa ceder, rendirse, o hacer cualquier cosa para evitar la ira de su hijo. Esto enseña a los adolescentes que la ira es mala y debe ser evitada o que puede ser utilizada para manipular a los demás. En cambio, mostrar que la ira es una emoción válida y puede manejarse adecuadamente. Estar de su propio lado provocará de vez en cuando la ira de sus hijos, especialmente cuando usted diga que no, si cree que es lo correcto.

5. Creer que es usted egoísta si no es sacrificado, lo cual significa que nunca tiene permiso de pasar un buen rato. Estar de su propio lado significa encontrar el balance entre hacer cosas para usted mismo y hacer cosas para o con sus hijos.

Cuando deje de seguir la danza de la confusión de daños y se enfoque en sus metas de formación a largo plazo, descubrirá que en realidad tiene mucho poder e influencia sobre sus hijos. Descubrirá que cuidarse a sí mismo y estar de su propio lado es una de las mejores formas de influenciar a sus hijos y por lo tanto estar también de su lado al mismo tiempo. Una vez comprendiendo esto, puede decidir a qué puede decir que no, para expresar y reconocer sus propios límites, para escuchar sin dar solución o hacer juicios, para pedir ayuda, para "ser usted mismo", y para abandonar la culpa y manipulación.

Estar de su propio lado significa comprender su individualidad, tal como comprende la individualidad de su adolescente, y apoyar su propio crecimiento con dignidad y respeto, de la misma forma que apoya el de su hijo. Sus hijos le darán muchas oportunidades para que ponga en práctica el auto cuidado. Los siguientes ejemplos ilustran cómo dos padres practican el amor y el respeto a sí mismos.

> Estar de su propio lado significa comprender su propia individualidad, tal como comprende la de sus hijos adolescentes, y apoyar su crecimiento con dignidad y respeto, de la misma forma que apoya el de sus hijos.

Cómo Aprendí a Decir que No y Sostenerlo: Relato de la Madre de Adolescente

Para la Navidad, ya sea que llevara a mis hijos de compras y les dejaba que compraran lo que quisieran, o ellos me daban una lista y yo les compraba lo que podía de dicha lista. El año pasado, mi hija eligió ir conmigo de compras. Había comprado varios artículos de bajo costo pero después decidió que quería un perfume de sesenta dólares. Normalmente, yo le hubiera explicado a mi hija que un perfume tan caro no es apropiado para una adolescente, y hubiera justificado esto diciéndole que no lo compraría para mi misma aunque yo me ganara la vida. Probablemente hubiese ahondado en un discurso de moral y ética sobre el precio del perfume, lo cual ella ni hubiera entendido ni le hubiese importado, y hubiéramos terminado teniendo una enorme pelea. Aunque no hubiera comprado el perfume en ese momento, me habría sentido tan mal que habría regresado a comprarlo más tarde. Después me habría sentido peor, no sólo porque había cedido al comprarlo, sino también porque no me había sostenido en lo dicho y en mis creencias.
Pero en esa ocasión simplemente dije: "No, no voy a comprar el perfume". No di ninguna explicación ni discurso. Mi hija estaba increíblemente enojada, dijo algo insultante en voz baja y anunció: "Voy a subir", añadiendo que me encontraría más tarde.
Aunque actué tranquilamente, me sentía tan ofuscada que olvidé mi tarjeta de crédito en el departamento de perfumería y subí para continuar con mis compras. Para cuando me encontré con mi hija, ya se le había

pasado el enojo y ahora estaba pensando en el siguiente artículo que quería comprar. (Es difícil para mí recordar lo rápido que pasa la molestia en los niños mientras a mí me dura más tiempo).
Al darme cuenta de que había olvidado mi tarjeta de crédito, regresé a recuperarla, y la vendedora me dijo, "¿Su hija estaba realmente enojada, cierto?", "Sí", contesté. La vendedora parecía preocupada y preguntó: "Bueno, ¿estuvo bien?" (Los padres no son los únicos que tienen problemas para manejar el enojo) y dije: "Desde luego, mi hija estaba enojada porque no quise gastar sesenta dólares en un perfume para ella. Le hubiera podido dar todas las explicaciones posibles, pero a esta edad, no lo hubiera comprendido de todos modos, y eso lo entendemos usted y yo, ¿no es cierto?"
La vendedora, asintió y añadió que había notado que tampoco había comprado el perfume de cuarenta dólares que me había gustado para mí, y que como ella, probablemente esperaría que a que alguien me lo diera como regalo de Navidad. Ninguna de las dos crecimos comprando artículos caros como ese. Le dije que había sido agradable hablar con alguien que me comprendía, especialmente porque no pude tener esta discusión con mi hija.
Aprendí mucho de la experiencia. Me di cuenta que fue mucho menos traumático para mi hija escuchar un "no" que para mí decirlo. Aunque ella logró sobreponerse rápidamente a su enojo, yo permanecí alterada por mucho más tiempo (por el miedo a su enojo, miedo a su disgusto, miedo a no ser una buena madre, y miedo a permanecer firme en mis convicciones). Sin embargo, me di cuanta lo satisfactorio

que fue discutir esto con una persona que entendía mi posición.

También aprendí que es mucho más fácil y más efectivo decidir lo que quiero hacer y mantenerme firme en eso. Aprendí que los discursos y las moralizaciones pueden crear actitud defensiva y resistencia en lugar de comprensión y acuerdo. Aunque mi hija podría disfrutar de mi "mentalidad de austeridad" en cualquier otro momento, no estaría abierta a ella cuando trato de hacer lo correcto para darle una lección.

Me di cuenta de que con su insulto entre dientes no intentaba manipularme, sino simplemente expresar lo frustrada que se sentía. (Frecuentemente, los sentimientos en los adolescentes son intensos), a menudo tomo cualquier cosa que ella haga como algo personal o siento que tengo que hacerle saber que no puede hablarme de esa forma.

Los jóvenes manejan su enojo de diferente manera que los adultos y de diferente manera de cómo era aceptable en mi generación. (Si yo hubiera insultado entre dientes a mi padre, él me hubiera lavado la boca con jabón). Noté que no es mi papel sosegar sus sentimientos, tranquilizarla a ella, o inmediatamente solucionar la situación. Fui capaz de permitir que la situación empeorara antes de mejorar. No ignoré el insulto, pero comprendí que discutir mis sentimientos y deseos durante el conflicto hubiese sido como pedirle a un volcán que detuviera la erupción. Más tarde le dije a mi hija: "Mira, sé que te molestaste y lo puedo entender, pero quisiera que encontraras otra manera de expresar tu molestia en lugar de insultarme. En realidad es una falta de respeto y me lastimas", entonces ella dijo: "Lo sé mamá, lo siento".

Cómo Aprendí a Esperar, Dar y Recibir: Notas del Padre de un Adolescente

Durante las vacaciones familiares a Lake Tahoe, habíamos hecho todo lo que los chicos habían querido. Rentamos Jet-skis, jugamos golf y rentamos películas de su elección. Pero cuando los adultos quisimos ir a dar un paseo alrededor del lago, los chicos tuvieron un arranque de cólera y se quejaron, "¡Por favor, esto es horrible, es tan aburrido!"

Yo estaba a punto de hacer una lista de todo lo que habíamos hecho por ellos cuando la abuela simplemente los miró y dijo con su dulce y serena voz, "¿alguna vez han oído la expresión 'dar y recibir'?", los chicos se tranquilizaron inmediatamente y dijeron, "Claro, está bien, no será tan malo".

Al día siguiente tuve la oportunidad de poner en práctica la solución de la abuela. Los chicos y yo habíamos estado manejando por la ciudad buscando una tienda donde vendieran tarjetas de baseball, escuchando su música. Después de casi una hora de rock pesado, empecé a tener dolor de cabeza y entonces cambié de estación para escuchar la música que me gusta. Se pusieron histéricos, reclamándome y tratándome como a un criminal. Antes, les habría dado un discurso y les habría explicado lo herido que me sentía, pero en esta ocasión, simplemente dije: "¿Alguna vez han escuchado sobre el concepto de dar y recibir?", comprendieron y retomaron el camino correcto.

El Cambio Requiere de Practica

AUN CUANDO USTED PUEDA ESTAR TRABAJANDO para estar del lado de sus hijos o de su propio lado, toma tiempo cambiar los viejos hábitos. Una de las madres que ha estado empleando los métodos de este libro escribió lo siguiente:

Cuando estaba empleando mis mejores habilidades de curiosidad, para involucrarme respetuosamente, asegurarme de hacer llegar el mensaje de amor, y reemplazar la humillación por respeto, mi hija de 14 años me miró y dijo: "Mamá, necesito más espacio. Esta es mi vida y necesito que me dejes tomar mis propias decisiones".
Me puse a la defensiva y le dije: "Bien, no me habías dicho que estaba interfiriendo" a lo que ella respondió: "Porque tu no permites ese espacio". Pensé por unos minutos y me di cuenta que ella tenía razón. Me había arrastrado una vez más hacia el asiento del piloto, y ella no había podido retomarlo. Le agradecí que tuviera el valor de hacérmelo notar y que pudiera señalarlo cuando sobrepasara sus límites para que yo pudiera aprender.

Aun cuando usted decide que desea ser el copiloto y no el piloto, y aun cuando desea estar del lado de su hijo, es muy probable que de repente se encuentre cayendo en los viejos hábitos debido a sus temores. Hacer cambios puede sentirse tan complicado como la tambaleante experiencia de montar una bicicleta por primera vez. Siga practicando, lo logrará.

Y recuerde que usted también es una persona importante. Hemos observado que los padres piensan que deben hacer a un lado sus necesidades y sus vidas hasta que los hijos se hayan ido. Si usted piensa de esta manera, sus hijos probablemente pensarán que el mundo gira a su alrededor, quizá más de lo que ya lo creen. Cuando usted se respeta a sí mismo y muestra a sus hijos que también usted tiene necesidades, deseos y una vida para vivir, ellos prosperarán.

HERRAMIENTAS QUE DEBE RECORDAR PARA UNA EDUCACIÓN AFECTUOSA Y FIRME

1. Cámbiese al asiento del copiloto de tal manera que pueda tener una influencia positiva sobre sus hijos sin tratar de vivir sus vidas.

2. Recuerde que hacer cambios requiere de tiempo y probablemente vuelva a caer a su estilo familiar de educación cuando sienta miedo. Siga practicando.

3. Utilice los seis consejos para cambiar la relación con su hijo (vea la página 41) para crear una base de amor y respeto.

4. Pregunte a su hijo o hija de qué manera le haría notar cuando inadvertidamente usted esté usando la humillación en lugar de la comunicación respetuosa.

5. Recuerde hablar con su hijo antes de tomar o ejercer decisiones.

6. Cuando se descubra a sí mismo en la confusión de daños, decida si quiere intentar otra danza que le ayude a estar más de su propio lado.

7. Cada vez que practique, lo hará mejor, por lo tanto practique, practique, practique.

ACTIVIDAD DE APLICACIÓN PRÁCTICA

Cuando su adolescente siente que usted está de su lado, el impulso de actuar de maneras extremas se reduce enormemente. Esta actividad puede ayudarle a advertir las acciones que le impiden estar del lado de su hijo o hija y cómo remediarlas.

1. Recuerde una situación en la que usted trató irrespetuosamente a su hijo o hija adolescente. En su diario describa la situación.

2. Imagine que usted es adolescente. ¿Qué le parecería tener un padre que actuara como usted en dicha situación? ¿Cómo se sentiría? ¿Qué decisiones tomaría? ¿Pensaría que su padre o madre están de su lado?

3. ¿Qué puede aprender de esta actividad? ¿Qué podría cambiar como padre en esta situación? Imagine cómo cambiaría la situación y descríbala en su diario.

4. Pregunte a su hijo o hija de qué lado piensa que está usted. Utilizando los seis consejos para cambiar su relación, decida qué puede cambiar de tal manera que su adolescente sepa que está usted de su lado.

MI PLAN PARA LA SEMANA

Esta semana me enfocaré en...
_____

_____

Trabajaré para cambiar mi actitud pensando...
_____

_____

_____

Cambiaré mi comportamiento haciendo...
_____

_____

_____

3

¿Cuál es su Estilo de Educación?

LOS ESTILOS DE EDUCACIÓN pueden ser desalentadores. En este capítulo discutiremos cuatro estilos de educación, tres que son desalentadores, (educación a corto plazo) y uno que es alentador tanto para los adolescentes como para los padres, (educación a largo plazo). En el libro El Profeta, Kahlil Gibran ilustra bellamente los fundamentos para el estilo de educación que aquí apoyamos:

Sus hijos no son sus hijos.
Son los hijos e hijas del anhelo de la vida por sí misma.
Vienen a través de ustedes pero no de ustedes.
Y aunque están con ustedes, no les pertenecen.
Pueden darles su amor más no sus pensamientos,
pues ellos tienen sus propios pensamientos.
Pueden alojar sus cuerpos, más no sus almas,
pues sus almas moran en la casa del mañana, la
cual ustedes no pueden visitar ni siquiera en sueños.
Pueden esforzarse para ser como ellos, más no buscar que ellos sean como ustedes,
pues la vida no va para atrás ni aguarda al mañana.

Aunque la belleza y simpleza del poema de Gibran son inspiradoras, la mayoría de los padres no saben cómo aplicar este poema a sus propias vidas. Relájese, conforme vaya leyendo este libro, obtendrá muchas ideas sobre la forma de ser un padre muy activo y comprensivo sin ser ni permisivo ni controlador. Además incluimos varias sugerencias sobre "qué puede hacer" en las áreas que preocupan a la mayoría de los padres de adolescentes. Todo lo que enseñamos está basado en el respeto mutuo entre los padres y los hijos.

> Conforme vaya leyendo este libro, obtendrá varias ideas sobre la forma de ser un padre muy activo y comprensivo sin ser ni permisivo ni controlador.

Los Métodos más Comunes de Educar a un Adolescente

MUCHOS PADRES PIENSAN que es su responsabilidad parte de su trabajo como padres es controlar a sus hijos adolescentes. (Este es un tema que verá repetirse varias veces porque es un gran error.) Los padres parecen creer que si no logran que sus hijos adolescentes hagan las cosas por "su propio bien", entonces están siendo padres permisivos. La mayoría de los padres utilizan alguna forma de castigo como su principal método de control. Con los adolescentes, los castigos más comunes son no dar permiso para salir, retirar privilegios, dejar de darles dinero, usar el abuso físico y emocional, y retirar el amor y la aprobación.

Sabemos que muchos padres no desean escuchar esto, pero cualquier forma de control o castigo es demasiado irrespetuoso para los adolescentes y extremadamente inefectivo para las metas de formación a largo plazo. A veces es adecuado quitar privilegios a los niños menores de doce o trece años cuando esto se relacione con una mala conducta, sea respetuosamente impuesto y sea razonable, previo acuerdo de ambos, el padre y el joven. Sin embargo, para cuando los jóvenes alcanzan la adolescencia y se ven a sí mismos como adultos, ellos no verán como algo respetuoso o razonable el hecho de que se les niegue el permiso para salir o se les quiten algunos privilegios. Al contrario, usted podría obtener los siguientes resultados a largo plazo.

RESULTADOS A LARGO PLAZO DEL CONTROL Y EL CASTIGO

1. Distanciamiento

2. Dependencia emocional permanente

3. Inmadurez

Distanciamiento

Cuando los niños de padres controladores se convierten en adultos, a menudo no pueden sobrellevar una relación con sus padres porque se sienten sofocados, juzgados y aniquilados por ser como son. Sus padres se sienten demasiado dolidos por esto, especialmente porque siempre trataron de hacer lo que pensaron era lo mejor para su hijo. Es difícil para estos padres comprender por qué sus hijos ahora tienen tanta ira y resentimiento o por qué simplemente evitan la cercanía

Dependencia Emocional Permanente

Otros niños nunca escapan del control de sus padres. Toda su vida gira en torno a hacer lo que creen

que sus madres o padres desearían. A menudo crecen para convertirse en adictos a la aprobación y buscan a otras personas que continúen con el trabajo de controlarlos. Esto puede ser devastador para el matrimonio, la paternidad, las amistades y los empleos.

Inmadurez

Algunos niños que fueron criados en un ambiente controlador, más tarde terminan en terapias, donde encuentran el apoyo para crecer apoyo que nunca ofrecieron sus padres. Estos niños carecen de las habilidades necesarias para hacer sus propias elecciones y tomar sus propias decisiones. Se lleva mucho tiempo convencer a una persona inmadura de que está bien ser alguien independiente de sus padres, y de dejar atrás su percepción equivocada sobre lo que necesitan hacer para obtener aprobación en la vida.

Cualquier estilo de educación que no estimule a los adolescentes a ser adultos capaces, es una educación a corto plazo. Sin embargo, una efectiva educación a largo plazo, faculta a los niños con las habilidades de vida necesarias para el éxito para convertirse en miembros felices y cooperativos de la sociedad. El propósito de este libro es enseñar las herramientas para una educación a largo plazo el estilo de educación afectuoso y firme.

Estilo de Educación

Educación a corto plazo	Educación a largo plazo
Controlador / Castigador / Recompensador	Afectuoso y firme
Permisivo / Sobreprotector / Rescatador	
Negligente / Desistir de ser padre	

Quizá, como muchos padres, usted va de un estilo a otro. Probablemente incluso tiene momentos de afecto y firmeza. Conforme vaya leyendo este libro y ponga a prueba nuestras ideas, se encontrará a sí mismo disminuyendo la cantidad de tiempo que emplea en elementos educativos a corto plazo e incrementado el tiempo en los de largo plazo. Entenderá por qué hace lo que hace y se dará cuenta de lo que funciona y lo que no con los adolescentes. Pero primero, descifre cual de los estilos es su método actual de operación la mayor parte del tiempo.

Estilo Educativo Controlador / Castigador / Recompensador

Tratar de obtener el control a través de castigos, discursos o recompensas, hace sentir a los padres que han cumplido con su trabajo. Sin embargo, este tipo de educación generalmente da lugar a que los jóvenes aprendan lo siguiente:

1. El poder da derechos.

2. "Tengo que ceder para ser amado"

3. Evitar la contribución a menos que haya una recompensa externa.

4. Manipular para una mayor recompensa.

5. Rebelarse o acceder.

Aunque esta es la forma más común de la educación a corto plazo, los padres necesitan distinguir quién está aprendiendo a ser responsable. Es la *responsabilidad* de los padres "atrapar" al hijo siendo "malo" para que puedan asignar los castigos y discursos.

Es *responsabilidad* de los padres "atrapar" al hijo siendo "bueno" para que puedan asignar las recompensas. ¿Qué responsabilidades están aprendiendo los adolescentes, entonces? Quizá la única responsabilidad del adolescente es no ser "atrapado".

Si se quita todo el poder a los adolescentes, nunca tendrán la oportunidad de aprender a ser responsables o de cometer sus propios errores y aprender de ellos. Además, estos jóvenes nunca tendrán la oportunidad de descubrir y establecer sus propios límites. Los padres controladores provocan que muchos adolescentes se rebelen continuamente, propiciando poca comprensión o felicidad doméstica. ¿Cómo pueden aprender los jóvenes a ser responsables si los padres siguen desempeñando ese papel? Una de las mejores maneras de enseñar a los niños a ser responsables es no hacernos responsables, conscientemente, como padres.

Ejemplo: Un padre que asistió a uno de nuestros talleres nos desafió con respecto al tema de dejar el control. Explicó que su hija de 15 años, habitualmente llegaba a casa más tarde del toque de queda que él mismo había establecido. La última vez que la chica había llegado una hora más tarde, su padre la castigó sin salir durante una semana. Cuando se le preguntó qué creía que su hija había aprendido de eso, dijo: "Aprendió que no puede escaparse con esa conducta". Cuando le preguntamos cómo se había sentido él, dijo, Yo me siento bien. Mi trabajo no es ser su amigo, mi trabajo es ser su padre"

Una exploración más amplia de este asunto reveló que aun cuando este padre había sido adolescente, él odiaba que sus padres le hicieran lo mismo,

> ¿Cómo pueden los jóvenes aprender a ser responsables si los padres siguen desempeñando ese papel? Una de las mejores maneras de enseñar a los niños a ser responsables, es no hacernos responsables, conscientemente, como padres.

y ahora, como padre, creía que era su trabajo establecer reglas y restricciones para castigar a los hijos cuando desobedecieran. Tenía un sentimiento de logro al pensar que hacía bien su trabajo de padre, aunque admitió que castigar sin salir no resuelve el problema. Su hija continuó llegando tarde a casa y él continuaba castigándola sin salir. Más tarde, el padre se dio cuenta que todavía odiaba a su padre y que el haber sido castigado sin salir no le había hecho ningún bien. Entonces dijo: "Veamos, yo actuaba como mi hija y continué desafiando a mi padre todo el tiempo que viví en casa. Nunca respeté la hora de llegada mientras viví ahí y cuando salí de ella, me dieron ganas de llegar temprano a mi nuevo hogar y pasar una buena noche. Hasta la fecha no quiero saber nada de mi padre. ¡Dios mío!, no quiero ese tipo de relación con mi hija. Está bien, ahora estoy listo para aprender otras alternativas."

Estilo Educativo Permisivo / Sobreprotector / Rescatador

Muchos padres no desean abandonar su estilo controlador y castigador porque piensan que la única alternativa que tienen es la permisividad. La permisividad generalmente incluye sobreprotección y rescate. Este tipo de educación da lugar a que los niños aprendan lo siguiente:

1. Esperar un servicio inmerecido por parte de los demás

2. El amor significa "que los otros cuiden de mí"

3. Dar más importancia a las cosas que a las personas

4. "No soporto estar molesto o sentirme decepcionado"

5. "No soy capaz"

El estilo de educación permisiva parece hacer que los padres sientan que han cumplido con su trabajo porque protegen o rescatan a sus hijos del dolor o el sufrimiento. Sin embargo, esta educación a corto plazo quita a los jóvenes la oportunidad de aprender las habilidades de vida que les proporcionan seguridad en sí mismos y flexibilidad. En lugar de aprender que pueden sobrevivir al dolor y la decepción, e incluso aprender de ello, los niños crecen siendo extremadamente egocéntricos, convencidos que el mundo y sus padres le deben algo y que tienen derecho a todo lo que deseen. Por lo tanto, la permisividad no es un buen estilo educativo para ayudar a los jóvenes a convertirse en adultos con buen carácter y habilidades.

Ejemplo 1: Coretta era una madre permisiva que cedía cada vez que su hija Jesse quería un juguete o un dulce en alguna tienda. Después de todo Coretta quería protegerla de todo sufrimiento. Cuando Jesse recordaba a última hora una tarea escolar, Coretta estaba lista para rescatar a su hija y dejar a un lado todos sus planes para correr a la librería o a la tienda obteniendo todo lo necesario y así *ayudar* a Jesse a realizar su tarea.

> La permisividad no es un buen estilo educativo para ayudar a los jóvenes a convertirse en adultos con buen carácter y habilidades.

Para cuando Jesse llegó al octavo grado, ambos tenían bien establecido el proceso. Jesse decidió que su popularidad dependiera de ser la chica mejor vestida en su escuela. Cada vez demandaba más y más ropa. Si su madre decía alguna vez que no, ella suplicaba con lágrimas en los ojos y amenazaba con abandonar la escuela si no obtenía lo que quería; entonces Coretta cedía. Imagine el tipo de carácter y habilidades que Jesse estaba desarrollando.

Cuando asistió a la universidad, continuaba con su estilo de vida materialista utilizando tarjetas de crédito. No pasó mucho tiempo antes de que Jesse estuviera realmente endeudada. Desesperada, encontró la forma de defraudar a su jefe en el empleo de medio tiempo que tenía para obtener dinero adicional, pero más tarde la descubrieron, la despidieron y estuvo a punto a quedar en bancarrota. Entonces, fue llorando a buscar a su madre, quien la rescató de nuevo pagando sus deudas. Coretta no se daba cuenta que había contribuido al problema, en primer lugar por ser una madre permisiva /sobreprotectora / rescatadora, y continuaba empeorando las cosas.

Jesse habría sido capacitada, si su madre hubiese permitido que experimentara las consecuencias de sus elecciones. (Nota: No estamos diciendo que Coretta debió *imponer* las consecuencias) Coretta no habría tenido que ser mezquina con su hija, y un discurso no hubiera ayudado. Lo más motivador que pudo haber hecho habría sido mostrarle empatía, establecer claramente lo que estaba dispuesta a gastar y ayudar a Jesse a idear la forma de tomar responsabilidad financiera. Aunque esto no hubiese sido fácil para ninguna de las dos, las habría alentado.

Ejemplo 2: Gina y su ex esposo Tony compartían la custodia de su hijo universitario. Vivían a 100 millas de distancia uno del otro. Una mañana, Gina llamó a Tony para pedirle que fuera rápidamente a su casa con una ilustración que su hijo Chris necesitaba para un proyecto que debía presentar al día siguiente. Explicó que Chris lo había olvidado en su casa cuando lo fue a visitar y si no se lo llevaba inmediatamente, Chris no iba a obtener una buena calificación. Tony se negó diciendo firme y amablemente: "No estoy dispuesto a rescatar a Chris, estoy seguro que él sabía lo que necesitaba desde el principio del semestre para este proyecto y ha elegido ser irresponsable. No sé por qué estás al teléfono conmigo haciendo el trabajo de Chris. Si tiene un problema y necesita ayuda, él pudo llamarme. Con mucho gusto llevaré la ilustración el próximo fin de semana que vaya por allá, mientras tanto, estoy seguro que Chris puede encontrar otra solución."

Aunque Chris era estudiante de primer año en la universidad, su madre todavía trataba de manejar su trabajo escolar. Mientras Gina continuara haciéndose cargo de él, Chris nunca aprendería a hacer las cosas por sí mismo. Si esa hubiese sido la primera vez que Chris olvidaba algo, Tony habría estado de acuerdo de hacerle el favor, sin embargo, Chirs se había formado el mal hábito de dejar todo para el último momento, porque estaba seguro que su madre no lo dejaría solo si él lo arruinaba todo.

Más tarde Tony compartió con su grupo de estudio de padres que había sido difícil para él mantenerse al margen del plan de rescate de su ex – esposa, sin embargo, se había enterado recientemente, que su desidia habitual y su frecuente inhabilidad para terminar proyectos eran debido a que su madre lo rescataba cuando era niño. Dijo a su grupo: "Mi madre mecanografiaba mis tareas, y yo nunca aprendí a redactar porque esperaba hasta el último minuto y terminaba plagiando el trabajo de otros. Nunca aprendí la ortografía porque mi madre corregía todos mis trabajos. Ahora tengo una oportunidad de ayudar a Chris a ser mejor no mimándolo, y trato de tomarla.

La permisividad, sobreprotección y rescate de los hijos puede hacerlo parecer como un santo incluso a sus hijos les puede encantar. Pero estos estilos de educación no ayudan a sus hijos a aprender a volar solos. Muchos adultos están resentidos con sus padres porque no les permitieron aprender las habilidades que necesitaban para triunfar en sus matrimonios, trabajos y en la vida en general. Cuando usted evita la sobreprotección y el rescate de sus hijos, los está amando, pero esto no dura ellos tendrán mejor criterio a largo plazo.

Piense en algunas áreas en las que podía ser sobreprotector y rescatador, y por lo tanto esté obstaculizando a sus hijos las oportunidades de desarrollar confianza en sí mismos y en su capacidad. Elija algunas áreas específicas en las que pueda emplear el afecto y la firmeza para contrarrestar el otro patrón. La firmaza, simplemente requiere que usted deje de ser tan permisivo; el afecto puede requerir tiempo para entrenar a sus hijos adolescentes o para expresar su confianza en ellos al manejar las situaciones.

Estilo Educativo Negligente / Desistir de Ser Padre

Descuidar o desistir de educar es otra forma de educación a corto plazo. El padre negligente da lugar a que los hijos aprendan lo siguiente:

1. "No soy importante y probablemente antipático."

2. Las únicas alternativas son darse por vencido o encontrar la manera de pertenecer a algún lugar (ya sea de formas constructivas o destructivas)

3. "Es mi culpa que mis padres no me presten atención, por lo tanto debo ser de cierta manera y mejorar para ser digno del amor de mis padres. Tengo que probarles que soy encantador."

Aunque puede tomar varias formas algunas muy severas (por ejemplo, adicción a las drogas, depresión, adicción al trabajo, o total indiferencia ante el bienestar físico, emocional o mental de los niños) muchas formas de negligencia como el distanciamiento, la indisponibilidad emocional, y la falta de comunicación, ocurren por la ignorancia y las creencias equivocadas. A veces la negligencia es el resultado de la desesperanza la creencia de que no importa lo que haga, no logrará que funcione, así que es mejor no hacer nada al respecto.

Ejemplo 1: Una madre se quejó de que su esposo se negaba a educar a los hijos de su primer matrimonio. Él esperaba que ella manejara toda la disciplina, pero criticaba sus métodos educativos. Aunque él se quejaba con vehemencia de la conducta de sus hijastros, se negaba a tratar directamente con ellos. Como resultado, los niños se sentían poco amados y poco importantes y no sentían ningún respeto hacia ese adulto que vivía con ellos desde que estaban en preescolar. El padrastro era incapaz de ver su propio comportamiento como negligencia: él proporcionaba bienestar económico a la familia, aconsejaba a la madre sobre cómo educar a sus hijos, y compartía la paternidad de su pequeño hijo biológico.

Afortunadamente, el padrastro recibió cierta asesoría. Cuando se dio cuenta que, de hecho, *había* estado siendo negligente con sus hijastros, se los dijo, reconociendo que había cometido un error. Les dijo que los amaba y que eran importantes para él. Encontró la manera de pasar tiempo de calidad con cada uno de ellos. En lugar de darles la espalda e ignorar lo que pasaba con ellos (y quejándose más tarde con su madre), se involucró en sus vidas compartiendo sus sentimientos e ideas directamente con ellos y escuchándolos.

Darse por vencido o desistir es otra forma de negligencia. En lugar de controlar, los padres simplemente ignoran el comportamiento de sus hijos, esperando fervientemente que mejore por sí mismo. No importa qué tan frecuentemente digan los adolescentes que desean que se les deje en paz, en realidad necesitan y desean cierta orientación, y todavía necesitan al copiloto a su lado. Aun cuando actúen como si quisieran aventarlo del avión, se sienten abandonados

¿Cuál es su Estilo de Educación?

si usted se va. Incluso, aunque parezca que no escuchan ni una sola de las palabras que usted diga, en realidad sí lo hacen, aunque les tome algunos días, semanas o años demostrarlo.

Ejemplo 2: Una madre pudo darse cuenta de que su comportamiento controlador provocaba mayor rebeldía en su hijo y que no le estaba enseñando las habilidades de la vida. Cometió el error de renunciar al control y no reemplazarlo con cualquier otro método. En lugar de moverse al asiento del copiloto, simplemente se bajó del avión y éste comenzó a virar fuera de control. Antes el joven llegaba tarde a casa, ahora permanecía fuera toda la noche y en lugar de castigarlo como solía hacerlo, vacilaba entre no hacer nada o comprarle cosas para mostrarle su amor. Aunque trató de que su hijo hablara con ella de sus sentimientos, él se negó y se culpaba por su ignorancia. Ella sentía que si supiera qué hacer, las cosas mejorarían, pero como no se le ocurría qué podía hacer, no hacía nada, excepto sentirse frustrada e inadecuada.

> No importa qué tan frecuentemente digan los adolescentes que se les deje en paz, en realidad necesitan y desean cierta orientación, y todavía necesitan un copiloto a su lado. Aún cuando actúen como si quisieran aventarlo del avión, se sienten abandonados si usted se va.

Eventualmente, esta madre dejaba de culparse y se negaba a comprar el amor de su hijo, pero entonces intencionalmente, no hacía nada. Existe una diferencia entre no hacer nada como consecuencia de la frustración y no hacer nada a propósito. Lo primero conlleva el mensaje: "Ambos somos un fracaso, y es principalmente tu culpa. ¿Cómo pudiste hacerme esto a mí?". Lo segundo conlleva el mensaje: "Te respeto y tengo confianza en ti, pero no forzaré mis juicios y críticas sobre ti. Te diré cómo me siento sin exigirte que me digas cómo te sientes tú."

Esta madre decidió amar a su hijo sin importar lo qué hiciera y le dijo: "Espero que algún día me hables sobre cualquier cosa sobre ti, en vez de ser tan irrespetuoso conmigo" y le dijo que confiaba en que aprendiera de sus propias experiencias.

Para muchos padres, tener confianza en sus hijos y controlar su propia conducta en lugar de controlar la de sus hijos, significa no hacer "nada". Pero en este caso, *nada* en realidad no significa "nada", significa "dejar de hacer cosas que no funcionan". En ocasiones todo lo que el copiloto puede hacer es ofrecer su amor y confianza. Y aunque esto puede no ayudar a alcanzar las metas deseadas a corto plazo, el costo a largo plazo es tremendo para ambas partes. Por ejemplo, cuando la madre de este ejemplo dejó de ser controladora o negligente, se sorprendió cuando vio que su hijo empezó a ser más respetuoso, aprendió que el ejemplo es en realidad el mejor maestro.

Estilo de Educación Afectuosa y Firme

La educación afectuosa y firme es la esencia de este libro. En cada capítulo presentamos habilidades para ser un padre afectuoso y firme, las cuales van más allá de la visión general que se discute en este capítulo. El padre afectuoso y firme proporciona oportunidades a los hijos para que aprendan lo siguiente:

1. La libertad viene con la responsabilidad

2. Aquí se practica el respeto mutuo

3. "Puedo aprender valiosas habilidades de la vida, como la resolución de problemas, la comunicación y el respeto por los demás"

4. Los errores son oportunidades para aprender

¿Cuál es su Estilo de Educación?

5. Los miembros de la familia tienen sus propias vidas y yo soy parte del universo, no el centro del mismo.

6. "Mis padres me harán responsable a través de explorar las consecuencias de mis elecciones en una atmósfera libre de culpa, vergüenza y dolor."

La educación afectuosa y firme significa estar más interesado en los resultados y metas a largo plazo que en los asuntos inmediatos a corto plazo. Uno de los primeros elementos que los padres necesitan superar si quieren cambiar a una educación de largo plazo, es la aversión a los errores. Aunque es humano cometer muchos errores durante el proceso de crecimiento y de hecho seguimos cometiendo errores a lo largo de la vida, a menudo equiparamos esos errores como fracasos y no como oportunidades para aprender (vea el capítulo 5). La siguiente historia proporciona un ejemplo de cómo Rhonda evitó la tentación de rescatar a su hija y en cambio utilizó un método afectuoso y firme para ayudarla a aprender experiencias de la vida.

Ejemplo: La hija de Rhonda, Betsy, había hecho una cita con su maestro porque estaba molesta por la manera en que él había manejado cierta situación en el salón de clases. Betsy le pidió a su madre que la acompañara a la reunión. Debido a que Rhonda estaba más interesada en las metas a largo plazo de su hija que de la situación presente, aceptó acompañarla, pero le dijo: "Estaré ahí contigo como apoyo, pero sé que expresarás correctamente tus sentimientos con el maestro."

Rhonda estuvo junto a Betsy, mientras tropezaba con

> La educación afectuosa y firme significa estar más interesado en los resultados y metas a largo plazo, que en los asuntos inmediatos a corto plazo.

todas las palabras, aunque no había tenido problemas al expresar sus opiniones cuando ambas habían practicado en el automóvil en el camino a la escuela. Después Rhonda agradeció al maestro su tiempo y más tarde le dijo a Betsy lo orgullosa que se sintió cuando su hija habló de sus pensamientos y sentimientos con el maestro. Rhonda no mencionó una sola palabra sobre el nerviosismo de Betsy.

La meta a largo plazo de Rhonda es ayudar a su hija a desarrollar valor. Ella sabe que, conforme pasen los años, Betsy necesitará salir en defensa de sí misma y expresar sus opiniones en situaciones que podrían ser problemáticas u ofensivas. Si Betsy practica hablar por sí misma mientras su madre está silenciosamente a su lado, llegará el día en que Betsy tendrá la suficiente confianza para manejar la situación sola.

Cambiar los Estilos de Educación Puede ser Incomodo

ENTRE MÁS INCÓMODO SE SIENTA, mejor lo hará. Podría sentirse usted cómodo castigando, rescatando o sobreprotegiendo porque está acostumbrado a hacerlo y cree que es correcto, pero ¿qué están aprendiendo usted y su adolescente de esta experiencia? Por otro lado, es probable que se sienta muy incómodo diciendo, "No, no te daré dinero para esquiar" o "Me incomodó que llegaras a casa tan tarde anoche, y quisiera hablar contigo al respecto". La madre de Betsy habría estado incómoda de ver la lucha de su hija y habría intentado varias veces salir a su rescate en una situación embarazosa. Pero no lo hizo porque su deseo de propiciar valor en Betsy fue más fuerte que su necesidad de aliviar los sentimientos de su hija en ese momento.

La educación afectuosa y firme puede sentirse incómoda para usted porque podría no experimentar los resultados inmediatos que a menudo ocurren con la educación a corto plazo. A veces se podría sentir como si estuviera dejando a su hijo salirse con la suya en algo. Cuando sus acciones se relacionan a sus metas a largo plazo, requiere de un salto de confianza y un profundo entendimiento de los resultados a largo plazo para sentirse seguro de que está haciendo un buen trabajo como educador. Nosotros hemos trabajado con incontables padres que no tuvieron la oportunidad de ver los resultados de sus esfuerzos hasta uno o dos años después. Hablamos de confianza.

Es probable que usted haya escuchado la historia de un pequeño niño que observaba a una mariposa luchando por salir de su capullo. Sintiendo lástima por la mariposa, el pequeño abrió el capullo con sus manos para que la mariposa quedara libre. Pero después de volar unas cuantas yardas, la mariposa cayó y murió. El pequeño no había comprendido que la mariposa necesitaba luchar para obtener las fuerzas que le permitieran volar y vivir. De igual forma, la educación a largo plazo les da a los jóvenes la fuerza y habilidades para dejar el hogar y vivir su vida.

Cuando la Educación Afectuosa y Firme Parece Controladora, pero no lo es

ALGUNAS SITUACIONES REQUIEREN tal firmeza que parece un estilo de educación controladora. Sin embargo, hay una gran diferencia, y ésta radica en los cimientos de los padres de actitudes respetuosas, el uso de la delicadeza, y hacer saber a los jóvenes que son capaces de tener auto control tan pronto como estén listos.

Por ejemplo, Kirk de trece años de edad era adicto a su ordenador, pasaba cada hora, mientras no estaba en la escuela, sentado frente a su ordenador, jugando o navegando en Internet (una actividad que muchos adultos encuentran igual de adictiva). Los padres de Kirk trataron de buscar soluciones con él, pero nada funcionaba. Finalmente sus padres fueron muy exigentes,

 pero afectuosos. Al iniciar las vacaciones de verano le dijeron a Kirk que a partir de entonces no tenía permitido usar el ordenador entre el medio día y las 6:00 de la tarde. La madre de Kirk le dijo que tomarían el almuerzo y que después harían cualquier otra cosa también juntos, como por ejemplo, ir al zoológico o a la biblioteca, o jugar un pasatiempo de mesa, y que ambos decidirían la actividad. A partir de las 2:00, hasta las 6:00 p.m., Kirk decidiría lo que quisiera hacer con su tiempo pero el ordenador estaba prohibido. El se quejó y reclamó. Al principio se sentaba con indiferencia sin hacer nada, pero de pronto iba a su recámara a buscar algo nuevo que hacer. Incluso decidió leer los libros que su maestro le había recomendado para el verano. Después de una semana, dejó de hacer pucheros y se involucró en una charla sobre los emparedados tostados de queso que él mismo había preparado para el almuerzo.

Este ejemplo ilustra que es trabajo de los padres ser firmes y al mismo tiempo afectuosos. Si Kirk hubiese encontrado una solución por sí mismo, sus padres habrían estado dispuestos a que la aplicara. Lo que no estaba bien era dejar que el problema continuara.

> Una de las razones por la que a muchos padres se les dificulta cambiar de la educación a corto plazo a la de largo alcance, es que esto significa dejar a un lado su papel paternal y de control. Pero ayuda cuando recuerdan la parte "firme" de la ecuación afecto y firmeza.

Una de las razones por las que a muchos padres se les dificulta cambiar de la educación a corto plazo a la de largo alcance, es que esto significa dejar a un lado su papel paternal y de control. Pero ayuda cuando recuerdan la parte "firme" de la ecuación afecto y firmeza. Se requiere valor para entregarles el control a los jóvenes y seguir siendo "el padre", sin embargo, entregar el control es la única forma para que los adolescentes aprendan a ser adultos exitosos.

Apoye a los Jóvenes en su Proceso de Convertirse en Adultos

Aunque los adolescentes necesitan aprender habilidades adultas exitosas (vea el capítulo 11), no es usualmente, el apoyo para aprender dichas habilidades, lo que obtienen de sus padres. Los niños no pueden aprender a tener control de sí mismos cuando sus instintos provocan que se rebelen o se quejen con padres excesivamente controladores. Necesitan libertad para practicar las habilidades, además de un tipo de orientación distinta que los niños más pequeños.

Para convertirse en un ser humano capaz de desarrollar sus potenciales, cada adolescente debe pasar por un proceso de individualización. La individualización es un momento en la vida en el que todavía se requiere un puente con barandales seguros, pero éstos deben estar lo suficientemente lejanos para no obstaculizar el proceso. Sin embargo, en lugar de darles a los jóvenes mayor espacio, la mayoría de los padres tratan de poner los barandales del puente demasiado juntos debido a sus miedos. Estos padres no están dispuestos a confiar en que sus hijos adolescentes crecerán y aprenderán de sus errores. Al mantener los barandales tan juntos, los padres impiden que sus hijos practiquen las habilidades necesarias para una adultez exitosa.

LO QUE LOS ADOLESCENTES OPINAN SOBRE LA LIBERTAD Y LA CONFIANZA

"Queremos una oportunidad para ser responsables y confiables... tenemos conciencia."

"Los padres deberían conocernos para cuando llegamos a la adolescencia. Simplemente darnos una idea general y confiar en que no haremos tonterías, en lugar de hablar sobre todas y cada una de las cosas."

"Llega el momento en que los padres deben empezar a confiar en sus hijos. Tenemos que practicar para ser nuestros propios jueces de lo que está bien y lo que está mal. ¿Cómo aprenderemos cuando nos vayamos, si no empezamos ahora, mientras vivimos en casa donde estamos seguros?"

"Recuerden que gran parte de lo que hemos aprendido es de ustedes, por lo tanto es momento en que confíen en su educación."

Durante sus años de adolescencia, muchos de ustedes no fueron motivados para convertirse en seres humanos eficientes y para desarrollar sus potenciales únicos, y en cambio se convirtieron en adictos a la aprobación o en rebeldes, por consiguiente tienen muchos asuntos sin resolver. Es casi imposible manejar eficientemente a los adolescentes si se tienen asuntos propios de la adolescencia sin resolver. En este libro, especialmente en el capítulo 13, usted aprenderá a descubrir y resolver sus propios asuntos de tal manera que podrá apoyar a su hijo con mayor eficacia mediante una educación a largo plazo.

Tenga Cuidado con las Soluciones a Corto Plazo: Un Resumen

La educación a corto plazo limita el proceso de crecimiento de los adolescentes encontrando soluciones inmediatas que parecen controlar la conducta de los jóvenes sin considerar los resultados o metas a largo plazo. Decimos, "parecen" porque la educación a corto plazo *puede* dar resultados, pero solo de manera breve. Castigar sin salir, regañar, ayudar demasiado o retirar privilegios son acciones que pueden aliviar temporalmente una conducta problemática. Un adolescente regañado o castigado podría hacer su tarea escolar durante algún tiempo, pero ¿a qué costo? Si los resultados a largo plazo son la rebeldía, la falta de responsabilidad personal y la baja autoestima, entonces debemos tener *cuidado con lo que funciona*. Las recompensas, a menudo estimulan a los niños para que hagan lo que sus padres desean durante algún tiempo, pero ¿a qué costo? Si los resultados a largo plazo son demandas de una más grande y mejor recompensa o negarse a realizar la tarea porque "hacer lo que uno quiere" es más importante que cualquier recompensa, entonces debemos tener *cuidado con lo que funciona*.

Un padre o madre que emplea el castigo u otras formas de control podría pensar que ha sido eficiente al eliminar ciertas conductas. Pero el hecho es que el hijo solo ha sido forzado a hacer las cosas "a escondidas". Sin embargo, si ese padre, conscientemente, deja a un lado el control, descubrirá que lo que realmente ha dejado, no es otra cosa que la ilusión del control. En la negligencia, el otro extremo de la educación a corto plazo, los padres meten la cabeza a la

arena y esperan que el problema desaparezca. Ni siquiera consideran enseñar las habilidades de vida que dan resultados a largo plazo. Si usted se siente defensivo, pregúntese "¿Cuáles son mis metas a largo plazo controlar la conducta o enseñar las habilidades de vida?" La siguiente pregunta sería "¿Lo que estoy haciendo ayuda a alcanzar mis metas?"

> Si usted se siente defensivo, pregúntese "¿Cuáles son mis metas a largo plazo controlar la conducta o enseñar las habilidades de vida?" La siguiente pregunta sería "¿Lo que estoy haciendo ayuda a alcanzar mis metas?"

Muchos padres comparten que sus metas a largo plazo para los hijos incluyen una o más de las siguientes: valor, responsabilidad, cooperación, auto estima, respeto por sí mismo y por los demás, éxito y sentido del humor. Sin embargo, nos damos cuenta que la mayoría de ellos no han pensado mucho en lo que constituyen exactamente estas características. Las definiciones de dichas características, y la manera de ayudar a un niño a desarrollarlas, se proporcionan en el capítulo 11.

Botones, Botones, ¿Quién tiene el Boton?

SI LA MAYORÍA DE LOS PADRES tuvieran realmente en mente estas metas a largo plazo para sus hijos, ¿por qué emplearían métodos educativos a corto plazo? A menudo lo hacen por falta de habilidades. A veces lo hacen porque siguen los métodos de sus propios padres o se rebelan en contra de la manera en que fueron educados. Otras veces es porque se basan en sus miedos en vez de su confianza o porque sus "botones" son activados.

Los padres tienen botones, y los hijos saben dónde están y como activarlos. Cuando estos botones se activan, a menudo los padres caen en un estado de inconsciencia que nosotros referimos como que regresan a sus cerebros de reptil y "se pierden." (Los reptiles se comen a los más jóvenes de su especie). Aunque los humanos son más civilizados que los reptiles, mientras se encuentran en este estado, los padres parecen olvidar todo lo que "saben" incluyendo cualquier cosa sobre educación a largo plazo. Mientras vuelven a su cerebro de reptil, la única opción es pelear o escapar. Cuando los botones se activan, los padres generalmente pasan a una conducta violenta que pone a sus hijos dentro de su cerebro de reptil, donde la única opción para ellos también es pelear o escapar. Y ahí quedan dentro de la zona de guerra. La lucha de poderes entre adultos y adolescentes parece ser epidémica.

Tómese una Pausa Positiva para Tranquilizarse

Esperamos que a analogía sobre el cerebro de reptil le ayude a reconocer lo que hace cuando sus botones son activados. Cuando sienta una situación de pelear o escapar, tómese una pausa para usted hasta que se sienta mejor. Espera hasta que una vez más tenga acceso a una conducta racional antes de ocuparse de la situación. Después de todo, si esperamos que los niños se comporten racionalmente, ¿no sería bueno (y efectivo) si nosotros aprendemos a hacerlo primero?

> Los padres tienen botones, y los hijos saben dónde están y como activarlos. Cuando estos botones se activan, a menudo los padres caen en un estado de inconsciencia que nosotros referimos como que regresan a sus cerebros de reptil y "se pierden." (Los reptiles se comen a los más jóvenes de su especie).

Lo primero que hay que hacer es perdonarse a sí mismo. Recuerde que los errores son excelentes oportunidades para aprender. Qué ejemplo tan excepcional les dará a sus hijos, quienes tendrán muchos errores qué cometer a lo largo de sus vidas. En el capítulo 5, usted aprenderá la manera de utilizar los errores como oportunidades para conseguir un plan para hacer mejor las cosas.

Lo segundo que tiene que recordar es que muy poco probable que llegue a ser un padre perfecto, y que sus hijos tampoco serán hijos perfectos. Reaccionar y olvidar las buenas herramientas educativas, es algo que le puede suceder a cualquiera, en cualquier momento, lo cual es una buena razón para aprender la valiosa habilidad de tomarse una pausa positiva tan pronto como se descubra perdiéndose. Todos seguiremos cometiendo errores a lo largo de nuestras vidas, incluso cuando tengamos mejor criterio. Tomarse una pausa positiva para manejar su conducta le permitirá pensar clara y tranquilamente. Y desde este estado mental, usted podrá emplear las habilidades de afecto y firmeza para alentar y estimular a su adolescente.

Tenga el Valor para Permitirle a su Hijo Desarrollar Valor

SI USTED LES PREGUNTA a los jóvenes si quieren que sus padres dejen de castigarlos sin salir, ellos podrían contestar: "No, no quiero ese tipo de responsabilidad para mi vida. Es mucho más espeluznante." A menudo los adolescentes quieren que sus padres tomen la responsabilidad por ellos a través de la sobreprotección o el control excesivo. Los padres sobreprotectores liberan a sus hijos para que hagan lo que quieran y culpen a sus padres de las consecuencias. Este tipo de formación, también protege a los jóvenes de los riesgos que corren al intentar, fracasar y aprender.

¿Cuál es su Estilo de Educación?

Nuestra meta es ayudar a los padres a desarrollar el valor y las habilidades para una educación afectuosa y firme de tal manera que sus hijos puedan desarrollar valor que se requiere para ser adultos responsables. El proceso de crecimiento puede ser una experiencia enriquecedora tanto para los padres como para los hijos.

HERRAMIENTAS QUE DEBE RECORDAR PARA UNA EDUCACIÓN AFECTUOSA Y FIRME

1. Prefiera la formación a largo plazo, en lugar del control o la permisividad, para ayudar a sus hijos a ser más responsables y capaces.

2. Cuando se sienta tentado a regresar al control, pregúntese: "¿Esto funcionará a largo plazo?" Si no, emplee las herramientas de la educación afectuosa y firme.

3. Aunque puede ser más cómodo para usted controlar la vida de su hijo, no cumple con el trabajo de educar para que sea un "adulto exitoso". Permita que su hijo adolescente se maneje solo.

4. Ayude a sus hijos a equilibrar libertad con responsabilidad dándoles más espacio para que aprendan de sus errores.

5. Enfoque su atención en una visión general y recuerde que educar a partir de los miedos impide el crecimiento.

6. No tiene que educar de manera perfecta. Tómese una pausa para tranquilizarse y poder tener la oportunidad de ayudar a sus hijos a aprender y crecer.

ACTIVIDAD DE APLICACIÓN PRACTICA

1. Piense en un momento reciente en que usted estaba más interesado en la meta a corto plazo de controlar a su hijo adolescente un tiempo en el que probablemente estuvo actuando desde su cerebro de reptil. Describa la situación en su diario.

2. Piense cómo podría manejar la misma situación de una manera más racional que ayudara a su hijo a aprender algunas habilidades y prepararse para su vida adulta. Escríbala. Esto le ayudará a estar preparado para el próximo encuentro.

3. ¿Existen algunas formas en las que usted esté siendo demasiado permisivo con su hijo o hija? Si la respuesta es positiva, explíquelo en su diario.

4. Piense en las habilidades que puede utilizar para iniciar el proceso de desprendimiento para ayudar a su hijo a tener confianza en sí mismo. Escríbalas.

5. Piense en un momento en el que usted haya rescatado a su hijo o hija para que no tuviera que experimentar las consecuencias de sus decisiones. Descríbalo a detalle.

6. ¿Qué hará la próxima vez que esté tentado a rescatar a su adolescente? ¿Cómo puede enseñarle afectuosa y firmemente algunas habilidades de vida importantes?

7. Trate de pensar en una situación en la que pudo haber sido negligente con su hijo debido a la frustración o la

incompetencia, a la adicción al trabajo, al abuso de sustancias, la depresión o cualquier otra razón. Describa en su diario el efecto que esto tiene en su hijo.

8. ¿Qué desea hacer diferente para mejorar su relación con su hijo o hija adolescente y con usted mismo? Escriba las acciones específicas que llevará a cabo.

MI PLAN PARA LA SEMANA

Esta semana me enfocaré en...
_____
_____

Trabajaré para cambiar mi actitud pensando...
_____
_____
_____

Cambiaré mi comportamiento haciendo...
_____
_____
_____

4

¿Por qué es tan Difícil Cambiar su Estilo de Educación?

¿QUÉ PASARÍA SI USTED crece aprendiendo un idioma en una determinada cultura y alguien le sugiere que empiece a hablar un idioma nuevo, un idioma completamente extranjero? Naturalmente usted se resistiría a hacer tal cambio; pero aún cuando decidiera aprender el nuevo idioma, esto se llevaría su tiempo. Pasar tiempo con la gente que habla ese nuevo idioma, podría facilitar su aprendizaje. Si está usted rodeado de gente que solo habla el viejo idioma, sería muy difícil de recordar el practicar sus nuevas habilidades.

Cambiar su estilo de educación es casi lo mismo que aprender un idioma totalmente nuevo. Ahora vive en una cultura en la que el idioma hablado es lo que llamamos sabiduría convencional. Y en nuestra sociedad, la sabiduría convencional es el castigo y el control. Casi todos los que le rodean siguen la sabiduría convencional, ya sea que les funcione o no. Muy poca gente tiene una visión de lo que la disciplina positiva, la firmeza y el afecto son. Cuando usted practica un nuevo método educativo, sobresale como un dedo lastimado, y mucha gente lo juzga y piensa que está usted "loco". Incluso sus hijos podrían pedirle que dejara de tratar de ayudarlos a ser responsables y simplemente los castigue como los padres normales lo hacen, para que puedan continuar con sus vidas y hacer lo que quieran.

Cuando usted educa de acuerdo a la sabiduría convencional, juega el papel de padre controlador. Entre más rígido sea su papel, menos responsables serán sus hijos. Entre más eduque como persona y se olvide de dicho papel, más receptivos serán sus hijos.

Lleve a cabo los "Tres Pasos" para Cambiar su Estilo Educativo

SI DESEA CAMBIAR su estilo educativo (y porque está leyendo este libro, estamos seguros que lo desea), le sugerimos que elabore los "tres pasos". El primer paso para cambiar su estilo educativo es comprender por qué es una buena idea. Es posible que tenga que leer este capítulo varias veces para comprender esto, y aún así podría ser muy difícil cambiar los viejos patrones.

El segundo paso es aprender efectivas habilidades educativas para reemplazarlas por los viejos patrones. Este paso no es tan fácil como suena. Deshacerse de los viejos patrones y aplicar nuevas habilidades educativas requiere un cambio de paradigma: realmente tiene que verse a sí mismo y a sus adolescentes bajo una luz nueva y diferente.

El tercer paso es admitir que abandonar el control puede ser espeluznante. Esto se hace evidente para nosotros en nuestras conferencias y durante las sesiones de asesoría para padres de adolescentes. Pasamos horas ayudando a los padres a comprender porqué los antiguos métodos no funcionan, enseñando nuevas habilidades educativas y hablando sobre la ilusión del control. Durante las conferencias o asesorías, vemos las cabezas asintiendo en señal de acuerdo, aunque eventualmente alguien pregunta, "¿Pero qué hago sobre...?" Internamente, nos quejamos y pensamos, "¿Qué no pueden ver que hemos examinado cuando menos seis herramientas que pudieran ser muy efectivas en esa situación?" Por supuesto, no lo decimos en voz alta, pero la cuestión siempre nos hace reflexionar, "¿Por qué no lo captan?" Eventualmente, surge una posible respuesta: Muchos padres hacen las preguntas equivocadas y mientras sigan haciendo estas preguntas, la educación afectuosa y firme no funcionará para ellos.

Las Preguntas Equivocadas (A Corto Plazo)

1. ¿Cómo hago para que mi hijo me "ponga atención"?

2. ¿Cómo hago para que mi hijo entienda la palabra "no"?

3. ¿Cómo hago que mi hijo me escuche?

4. ¿Cómo hago para que mi hijo coopere y haga lo que le digo?

5. ¿Cómo hago para que este problema desaparezca?

6. ¿Cuál es el castigo / consecuencia para esta situación?

Estas preguntas pueden parecer perfectamente legítimas para usted. Si es así, mentalmente continúa con un estilo educativo a corto plazo. Usted cambiará mentalmente a una educación a largo plazo cuando las siguientes preguntas se vuelvan su punto de referencia.

Las Preguntas Correctas (A Largo Plazo)

1. ¿Cómo ayudo a mi hijo a ser capaz?

2. ¿Cómo entro al mundo de mi hijo y apoyo su proceso de desarrollo?

3. ¿Cómo ayudo a mi hijo para que sienta que pertenece a un sitio y tiene importancia?

4. ¿Cómo ayudo a mi hijo a aprender habilidades sociales y de vida (cooperación), como la habilidad para resolver problemas y la capacidad de identificar los sentimientos y comunicarlos con palabras (también conocido como desarrollar un vocabulario de sentimientos)?

5. ¿Cómo podemos utilizar tanto mi hijo como yo, los problemas como oportunidades para aprender de nuestros errores? ¿Cómo podemos aprender a intentar las cosas de nuevo en lugar de rendirnos cuando cometemos errores?

Cambie su Estilo Educativo Haciendo las Preguntas "Correctas"

> Cuando los adolescentes están respe-tuosamente involucrados en el proceso de solucionar problemas, es posible que no le "presten atención" a usted lo cual no sería saludable, de todos modos, pero estarán más dispuestos a cooperar.

¿Las preguntas "correctas" representan lo que realmente desea? Lo interesante sobre estas preguntas es que cuando se responden no hay necesidad de hacer las preguntas "equivocadas". Cuando los adolescentes están respetuosamente involucrados en el proceso de solucionar problemas, es posible que no le "presten atención" a usted lo cual no sería saludable, de todos modos, pero estarán más dispuestos a cooperar. Como ya lo hemos dicho antes, los jóvenes están más dispuestos a escuchar cuando se sienten escuchados y cuando usted emplea las habilidades para invitar a escuchar.

Los problemas y errores son una parte actual e inevitable de la vida. En vez de luchar contra los problemas como si fueran bloques de tropiezo, qué regalo tan poderoso sería para usted y su adolescente poder verlos como oportunidades para aprender. Asimismo, todos cometemos errores y todos podemos utilizar dichos errores como oportunidades para resolver problemas y recopilar información, en lugar de verlos como fracasos. Una vez que comprenda esto, se sorprenderá de cuánto tiempo y energía han desperdiciado muchos padres tratando de salvar a sus hijos de cometer errores. (El asunto de los errores es tan importante que hemos dedicado el capítulo 5 a este tema).

¿Los Niños Criados con Disciplina Positiva También se Rebelan?

MUCHOS PADRES HAN desarrollado la equivocada creencia de que si utilizan los principios de la disciplina positiva con sus hijos pequeños, éstos no cometerán errores como adolescentes. Al contrario, los niños que fueron educados democrática y respetuosamente, a menudo se sienten más confiados para arriesgarse, rebelarse y aprender.

Supongamos que usted ha estado empleando un modelo educativo afectuoso y firme desde que sus hijos eran pequeños. Ha utilizado la habilidad de juntas familiares para resolver problemas, y sus hijos se han vuelto responsables y cooperativos. Usted tiene una excelente relación con ellos y está convencido de que pueden pasar por su adolescencia con facilidad. Falso. Un adolescente tiene que ser adolescente, no existe ninguna técnica en el mundo que pueda doblegar a las hormonas. Y cuando dichas hormonas comiencen a brincar por todos lados, sus hijos empezarán sus tareas de desarrollo, propias de la adolescencia.

No caiga en pánico, los años de adolescencia de sus hijos no son el momento adecuado para cuestionarse todo lo que ha hecho como padre o para pensar: "¿Qué pasa si todo este asunto democrático no funciona?" Podría usted pensar que debió dar más discursos sobre moralidad, pasar más tiempo ayudando a sus hijos a establecer sus metas, y tomar mayor control, para que sus hijos no fueran tan poco considerados e irrespetuosos ahora. Podría preguntarse si debería usted jalar las riendas antes de que sea demasiado tarde. Este no es un momento fácil para ningún padre, pero podemos garantizarle que las cosas no serían mejores, ni tampoco se mejorarán, a través del castigo y el control.

Podría ser de ayuda saber que los niños educados bajo el modelo de disciplina positiva, a menudo se sienten más libres para rebelarse bajo las narices de sus padres en lugar de hacerlo a escondidas. Incluso podrían emplear muchos de los mensajes que usted les ha dado para fomentar su rebeldía con frases como, "Pero tu me dijiste que querías que pensara por mí mismo y escuchara mi voz interna", y "¿Por qué estás tan molesta? Siempre me enseñaste que los errores son oportunidades para aprender. Podemos arreglar lo que esté descompuesto."

Gloria pensaba que había hecho un excelente trabajo enseñándoles a sus hijos la buena nutrición. Discutían sobre nutrición durante las juntas familiares, y los niños ayudaban a hacer las compras y preparando sus propios almuerzos nutritivos. Pero cuando sus niños se convirtieron en adolescentes, botaron por la ventana todo lo que sabían sobre nutrición y eligieron la comida chatarra. Parecía que los hijos de Gloria se habían rebelado en contra de las habilidades que ella les había enseñado sobre la alimentación saludable cuando menos por un tiempo.

Gloria comentó con su grupo de estudio lo siguiente,

¿Por qué es tan Difícil Cambiar su Estilo de Educación?

No quise fastidiarlos con sermones sobre la nutrición y desperdiciar energías haciendo algo que no iba a funcionar en cuanto me diera la vuelta. Mis hijos tenían el conocimiento y yo confiaba en que regresarían a la buena comida cuando terminaran de rebelarse. En lugar de destruir mi relación con ellos gritando por un plato de papas fritas, pensé que habría otros aspectos en los que realmente me necesitaban. No fue nada fácil, me sentí un fracaso cuando empezaron a comer comida chatarra. A veces pensaba, "Cielos, no aprendieron nada y yo me esforcé tanto. Es obvio que todas mis habilidades educativas fueron inútiles" Me sentí defraudada, desilusionada, infeliz, asustada y preocupada. Era muy incómodo, pero mantuve mis metas a largo plazo en mente. Era un proceso racional, y si hubiese actuado dejándome llevar por mis sentimientos, me habría vuelto loca y los hubiera vuelto locos a ellos también. Agradezco todo lo que he aprendido, y me alegro de haber mantenido la confianza en ellos y en mí misma. Ahora que son adultos, mi hijo es un entusiasta de la comida saludable y mi hija se alimenta bien porque está consciente de su cuerpo.

Es probable que esté usted pensando, "Yo no me preocupo por pequeñeces como la nutrición. Me preocupan el sexo, las drogas y el fracaso escolar". Pero el área de interés

> Ser un buen padre no significa salvar a sus hijos de todo dolor, de todo error, de la vida. Si puede usted arreglárselas para salvarlo de todas estas cosas, entonces ellos no serán capaces de funcionar como adultos en el mundo real.

no es el punto. Los métodos efectivos para manejar diversos asuntos son similares, no importa qué grado de importancia les dé usted. Ser un buen padre no significa salvar a sus hijos de todo dolor, de todo error, de la vida. Si puede usted arreglárselas para salvarlo de todas estas cosas, entonces ellos no serán capaces de funcionar como adultos en el mundo real.

Preparese para que su Hijo Adolescente se Resista a su Cambio

LOS PADRES NO SON los únicos que se resisten al cambio. A menudo los jóvenes no desean que sus padres cambien. Aun cuando se quejan y se rebelan en contra de su dominio, podrían sentir temor cuando usted deje de controlar. Si usted ha sido un padre extremadamente controlador, váyase con calma, porque sus hijos no tienen la práctica de ser responsables. Será más fácil para ellos malinterpretar que la libertad y la responsabilidad van de la mano. Los jóvenes que han sido excesivamente controlados acogen bien la libertad cuando usted se las va dando mediante pasos pequeños. Por otro lado, si sus hijos han sido mimados y rescatados y de repente deja de protegerlos, lo resentirán y desearán que regrese al método anterior. Es probable que lo critiquen por no "hacer su trabajo."

> Establecer reglas para los adolescentes sin involucrarlos es inútil. Cuando las reglas son arbitrarias, les pertenecen a los reyes. Es posible que actuaras como rey o reina, y eso no va con los adolescentes".

Susan trataba de controlar a su hijo Kent, poniendo restricciones para que tuviera su propio automóvil. Hizo una lista de reglas arbitrarias sin discutirlas con su hijo y le informó que podría usar su automóvil hasta que obtuviera una A o B en su boleta de calificaciones, tuviera un empleo, llegara a casa a buena hora y no bebiera. Kent se rebeló, obtuvo una cuantas D y F, llegaba tarde a casa y bebía. Aunque conservó su trabajo, las otras áreas eran una constante zona de batalla. Cuando Susan le quitó el carro, Kent simplemente se rebeló más.

Un miembro del grupo de estudio ayudó a Susan a darse cuenta de lo absurdo de sus esfuerzos, "Elaboraste todo un manojo de reglas que Kent tenía que haber discutido y acordado primero contigo, pero sin su intervención, le parecieron ridículas. Cuando alguien establece una regla, ni voy a acceder a ella sin pensarlo lo cual no es útil para mí ni voy a rebelarme en su contra lo cual no es útil para nadie. Establecer reglas para los adolescentes sin involucrarlos es inútil. Cuando las reglas son arbitrarias, les pertenecen a los reyes. Es posible que actuaras como rey o reina, y eso no va con los adolescentes".

Susan tuvo que admitir que darle a su hijo un automóvil con tantas restricciones no produjo los resultados deseados. También se dio cuenta que había sido permisiva al darle el automóvil en principio sin que él tuviera qué ganárselo, o cuando menos gran parte del mismo, por sus propios esfuerzos. En un intento de prevenir problemas por el uso del automóvil, Susan adoptó el estilo controlador, y aunque era demasiado tarde para deshacer dichos errores, pudo avanzar y tomar la oportunidad para ella y su hijo de aprender de ellos. Su primer paso fue olvidarse del castigo, ya que de todas formas no había funcionado, y trató entonces de hacer algo diferente.

Informe a su Hijo Adolescente
Cuando cambie se Estilo Educativo

CUANDO DECIDA EMPLEAR un método educativo afectuoso y firme para cambiar la relación con su hijo o hija adolescente, adviértalo. Estará cambiando su papel dramáticamente, y sus hijos necesitan saber qué esperar. Dejar a un lado los castigos significa hacer un cambio importante, por lo tanto asegúrese de explicárselo a sus hijos. Reconozca que cometió errores, que el castigo no funciona, y que planea hacer un cambio. Dado que, probablemente usted hizo en el pasado varios pronunciamientos que no cumplió, es muy probable que sus hijos lo observen para ver si realmente *hace* algo diferente.

Ya que Susan no sabía cómo decirle a Kent que estaba cambiando, se ofreció de voluntaria para participar en un ejercicio de dramatización con un miembro de su grupo de estudio de padres de familia. El siguiente diálogo es una trascripción de dicha dramatización. El diálogo entre paréntesis representa lo que cada persona más tarde compartió sobre lo que estaba pensando y sintiendo en el papel, y no lo que pensaba que un adolescente diría.

Susan: Kent, cometí un error al quitarte el automóvil.

Kent: ¿Cuál fue el error? ¿Crees que cometiste un error al comprarlo? Yo no creo que fuera un error.

Susan: Creo que habría sido mejor si te hubiese ayudado a idear cómo podías comprar tú el automóvil, o al menos tener en parte la responsabilidad financiera. Pero no es de eso de lo que quiero hablarte en este momento. El error al que me refiero son todas las restricciones que adjunté a la idea de que tuvieras un automóvil lo cual solo mostró cuánto he tratado de controlar tu vida.

Kent: (Trataré de no desmayarme justo ahora. Espero que esto sea tan bueno como parece).

Susan: Yo he actuado siempre "por tu propio bien"

¿Por qué es tan Difícil Cambiar su Estilo de Educación?

Kent: Por favor mamá, no seas tan dura contigo.

Susan: Gracias. Probablemente va a ser difícil para mí, pero quiero aprender a no hacerlo.

Kent: Está bien, no importa.

Susan: ¿Qué es lo que no importa?

Kent: (Empiezo a asustarme. ¿Y si cometo errores? Mientras sigas controlándome, podré culparte a ti. Pero si me dejas solo y cometo un error, será mi culpa. Mejor sigue tomando el control. Ser castigado sin salir es un precio muy bajo para los beneficios de no ser responsable). Está bien, tienes que controlarme, eres la madre.

Susan: Pero ya no me siento bien de hacerlo y no lo haré más. Quiero librarte de tener que vivir de acuerdo a mis expectativas, para que puedas continuar con tu vida y logres descifrar lo que está bien para ti. Deseo ayudarte a determinarlo si quieres que te ayude.

Kent: ¿Y qué significa eso exactamente?

Susan: Significa que estoy retirando las restricciones del automóvil y comenzaremos de cero para llegar a acuerdos con los que ambos podamos vivir.

Kent: Pero, podría tener un accidente.

Susan: También eso me asusta a mí. Lo que necesitamos discutir es lo que debemos hacer en caso que tuvieras un accidente, no qué castigo te impondría.

Kent: (Me estoy sintiendo realmente nervioso con esto. Si no me dices que no beba, podría irme, beber y después manejar): Quizá podríamos decir que si bebo y manejo, no podré usar el automóvil durante una semana.

Susan: Eso sería una posibilidad. Lo podemos poner a prueba esta semana y reevaluamos tu sugerencia al final de ésta. Tú sabes que si bebes y manejas y te atrapan en este estado, perderás tu licencia por un buen rato. Creo que es hasta que cumplas 18 años. Tal vez quieras revisar tu manual de conductor para investigar cuales serían las consecuencias. Me gusta la idea de que empieces a pensar sobre lo que estás haciendo y a tomar responsabilidad. Conforme me vaya retirando y deje de controlar toda tu vida, espero que tendrás muchas más oportunidades para pensar sobre tu comportamiento.

Kent: (Esto parece un milagro. Espero que nadie te haya golpeado la cabeza o algo por el estilo): está bien mamá.

Susan comentó que lo que hizo en la dramatización la hizo sentir mucho mejor que su usual intento de controlar y sus ataques verbales cuando el control no funcionaba. Sintió que había obtenido suficiente habilidad y valor para hacer el mismo ejercicio con Kent.

La semana siguiente, compartió con el grupo que difícilmente podía creer lo similar que aconteció el diálogo real con el de la dramatización.

Cuando le dije a Kent que quería retirar todas las restricciones del automóvil, dijo: "Pero, ¿y si tengo un accidente?"
Le dije que con gusto hablaríamos sobre las cosas que podría hacer para reducir las probabilidades de

un accidente. Por momentos me salía del camino y regresaba a mi modo de "buena madre" hablando sobre lo que yo pensaba que él debía hacer, pero después me daba cuenta y me mostraba interesada el mundo de Kent: "¿Temes tener un accidente si retiro las restricciones? ¿Qué quieres decir con eso?"
Kent dijo: "Bueno, tu trabajo es obligarme a hacer lo correcto. Se supone que las madres castigan a sus hijos."
Recordé ser curiosa: "¿quieres decir que deseas que siga tratando de controlarte porque si no lo hago puedes meterte en más problemas e incluso tener un accidente?" Kent sonrió tímidamente y dijo: "Si"
Entonces continué diciendo, "entonces odias mis regaños pero también sientes que te ayudo al hacerlo" Otra vez Kent estuvo de acuerdo.
Finalmente, le pregunté: "¿te gustaría saber como me siento al respecto?"
Kent dijo cautelosamente: "Supongo que sí." Entonces le dije: "También me asusta. Durante mucho tiempo he sentido que mi trabajo era controlarte para evitar que te metieras en problemas, pero ahora sé que ese no es mi trabajo. Sé que es importante para ambos ir más allá de eso, y me asusta porque no estoy segura de cómo hacerlo. Pero ¿sabes una cosa?, tengo confianza en ti y en mí misma de que podremos descubrirlo, aunque nos asuste."
Kent dijo, "Quizá debamos mantener solo por un tiempo algunas de esas reglas que ideaste. Yo no creo que esté bien beber y manejar, pero tampoco creo que sea justo que me quites el automóvil si no llego a tiempo a casa. Y si me atraso en la escuela porque pierdo demasiado tiempo vagando, entonces

tal vez podamos hacer el trato de que solamente puedo usar el automóvil para el trabajo y la escuela durante la semana."

Es probable que esté usted pensando que esto suena como un cuento de hadas, pero cuando retrocede y da espacio para que sus hijos se involucren en las decisiones, a menudo quieren seguir exactamente los puntos que usted había señalado. La diferencia es que dichos puntos, ahora son sus ideas.

No Permita que su Adolescente Utilice su Necesidad de Control como Baston

JANET, OTRA MADRE en el mismo grupo de estudio, tenía un hijo llamado Stan, que había estado preso dos veces por robo. Cuando Janet le dijo a Stan que ya no lo sacaría de la prisión juvenil, él se aterrorizó diciendo muy enojado: "¡Me tienes harto!"

Janet le preguntó, "¿Lo que quieres decir es que quieres que te deje en la libertad para decidir robar, pero si te atrapan no quieres que te deje en libertad para experimentar las consecuencias de tu decisión?" Stan, que era tan creativo como Kent, respondió con una tímida sonrisa: "Sí"

Janet le dijo: "Te amo y no te rescataré más. Si vas a prisión, te llevaré galletas, pero no te sacaré de ahí. Confío en que aprenderás a mantenerte fuera de prisión o que aprenderás lo que necesites aprender si tienes tal experiencia."

A menudo los adolescentes sienten temor; su falta de confianza los lleva a buscar un bastón para apoyarse. Los padres pueden facilitarles dicho bastón si no les permiten experimentar las consecuencias de sus decisiones y de su conducta. Stan es un buen ejemplo de esto. Quería que su madre lo salvara de las consecuencias de sus actos. Su comportamiento decía: "Quiero ser tan malo como pueda y hacer todo lo que quiera y nunca tener que pensar en las consecuencias. Si algo sale mal, quiero saber que tu serás la responsable y me sacarás del aprieto." Este papel es perfecto para una madre que desea ser "buena" madre. Pero en realidad está siendo ineficiente. El comportamiento de Stan y las subsecuentes consecuencias se empeorarían, sin mencionar que la confianza en sí mismo para manejar su vida empezaría a deslizarse.

Si les pregunta, muchos niños dirán que quieren que sus padres los protejan. Quieren ser castigados y vigilados, pero ¿qué tipo de gente estarían formando sus padres? Gente que no maduraría hasta la edad de cuarenta o cincuenta, si acaso. La gente que gasta mucho dinero, no puede pagar sus deudas a tiempo, no puede mantener el empleo, se vuelve adicto, se vuelve materialista porque fueron sobreprotegidos todo el tiempo.

> A menudo los adolescentes sienten temor; su falta de confianza los lleva a buscar un bastón para apoyarse. Los padres pueden facilitarles dicho bastón si no les permiten experimentar las consecuencias de sus decisiones y de su conducta.

No Sobreproteja y Luego Abandone a sus Hijos

MUCHOS PADRES SOBREPROTEGEN a sus hijos adolescentes y después no lo soportan más y los abandonan. Estos padres echan a sus hijos de casa, diciéndoles que no regresen hasta que aprendan a "comportarse". Esto pone a los chicos en un gran dilema. Se les pide a los jóvenes que aprendan a comportarse sin ningún sistema de apoyo que los enseñe las habilidades necesarias. Apoyar a los adolescentes significa permitirles aprender de sus errores en un ambiente seguro en el que puedan explorar las consecuencias de sus decisiones en lugar de ser juzgados y criticados. Lo que los jóvenes aprendan eventualmente les permitirá controlar sus propias vidas. Desde luego, es fácil apoyar a los adolescentes cuando toman decisiones que a usted le agradan, pero es mucho más difícil cuando sus decisiones parecen ser inútiles para su futuro. En el siguiente ejemplo, observe cómo los padres de Shelly practicaron su nuevo estilo educativo y cuáles fueron los resultados.

Shelly estaba reprobando varias materias. Se negaba a hacer sus deberes escolares porque pensaba que era un trabajo ajetreado y que sus maestros eran "estúpidos" por insistir en que los niños tuvieran deberes escolares en casa aun cuando aprobaran los exámenes sin ellas.

Los padres de Shelly escucharon sus ideas sobre los deberes escolares y le pidieron hacer sus deberes de todos modos, porque sería aún más "estúpido" que perdiera la oportunidad de ir a la universidad debido a sus deficientes calificaciones. Shelly insistía en que no trabajaría para los maestros que no respetan a los niños y no le importaba perder créditos, porque ella siempre los podía componer.

Cuando la maestra de Shelly llamó a sus padres para que hablaran sobre el bajo desempeño de su hija, la madre dijo que confiaba en que Shelly lo resolvería y que le transmitiría el mensaje. Más tarde, la madre de Shelly le dijo: "Has decidido cómo manejar estas materias. Nosotros deseamos que tomaras una decisión diferente porque pensamos que sería mejor para ti a largo plazo, pero te concedemos el derecho de decidir lo que para ti sea correcto. Confiamos en que, si la universidad es importante, encontrarás la manera de componer esos créditos. Agradecemos el deseo de compartir con nosotros lo que está pasando en la escuela y también creemos que esto es entre tu maestra y tú. Decide si hablas primero con ella. Si para la próxima semana no has resuelto este asunto con la maestra, nosotros llamaremos para concertar una cita y entonces vamos a intervenir."

Shelly concertó una cita al día siguiente para hablar con la maestra. Le explicó lo que sentía con respecto a los deberes escolares y le dijo que sus padres no estaban contentos con esas decisiones pero creían que dependía de ella hacer que su vida funcionara y que el trabajo escolar era su responsabilidad. Shelly dijo que los padres irían si fuese necesario pero que preferían que ella resolviera sus asuntos con la maestra si era posible. La maestra respondió que su política sobre los deberes escolares permanecía y que si Shelly elegía no cumplir con ellos, reprobaría la materia. Shelly dijo a su maestra: "Depende de mí si apruebo o no. Si no apruebo, no será su culpa ni tampoco la de mis padres. Lo siento, no podemos resolver esto, pero me alegra que pudiéramos hablar de ello."

Confie en Usted y en sus Hijos

LOS PADRES DE SHELLY demostraron su confianza en ella, y valió la pena. Con el tiempo, Shelly asistió a la universidad y fue muy ingeniosa para descubrir cómo obtener buenas calificaciones mientras trabajaba para pagar la mayor parte sus gastos. En el siguiente ejemplo, usted podrá ver cómo los padres de Billy pudieron salvar su vida teniendo confianza en su hijo desde una temprana edad.

En un campamento, Billy de nueve años de edad se acercó demasiado a la orilla de una cascada de cincuenta pies de altura y cayó. Desde lo alto de la cascada, los excursionistas observaron consternados cómo descendía Billy de cabeza. Pero al ir cayendo, se empujó con la mano sobre la cara de una roca, enderezándose y aterrizando con los pies en un

pequeño estanque de agua convirtiendo la muerte en una hazaña. Cuando su padre escuchó sobre la caída de Billy dijo, "Todo lo que se me ocurre es agradecerle a Dios por todas aquellas ocasiones en las que no me apresuré a rescatarlo. Sigo confiando en él, aún cuando siento morir de miedo, por lo tanto él confía en sí mismo. Le he dado muchas oportunidades para que aprenda a solucionar los problemas en lugar de solucionarlos yo por él. Uno de los resultados, a largo plazo, de no controlarlo o rescatarlo es probablemente que pudo salvar su vida. No fui yo quien lo salvó sino él mismo gracias a que pude dichas oportunidades"

Este tipo de confianza pueden llevarla nuestros hijos en sus años de adolescencia.

Muchos padres temen que la confianza en sus hijos adolescentes obstaculice la enseñanza de los valores; por lo tanto atestan a sus hijos con valores. Pero como parte de la confianza, está saber que la adolescencia es el punto medio de una transición, no el final de la historia. Al final, es muy probable que los adolescentes se conviertan en adultos a quienes sus padres van a disfrutar y admirar. Recordar esto puede ayudar a los padres a mantener la perspectiva mientras apoyan a sus hijos adolescentes para que sean lo que son. Una forma de mantener la perspectiva es dejar de enfocar la atención en los diez niños que tuvieron una sobredosis, y ponerla en los diez mil que no la tuvieron. Muchos padres eligen un estilo educativo de control que se basa en su deseo de prevenir probabilidades poco realistas.

Scott dio a su grupo de estudio para padres, un ejemplo de qué tan fácil es comprender, en retrospectiva, la importancia de mantener las cosas en perspectiva y tener confianza en los jóvenes.

Mi hijo Stewart se graduó de la universidad, se casó, tiene dos niños y tiene un exitoso negocio. Cuando me dijo las cosas que había hecho de adolescente incluso vendió marihuana ¡Yo no lo podía creer!

Ahora que esos años han pasado, es fácil ver que habría tenido sentido tenerle fe todo el tiempo. Pero no estoy seguro de haber podido mantenerla en ese entonces si hubiese sabido lo que estaba pasando. ¿Cómo puedes tener fe cuando te encuentras en medio de un problema?

Pero cuando se está en medio de un problema, es precisamente cuando la fe y la perspectiva son más valiosas.

Cambiar los Estilos Educativos no Significa Cambiar los Valores

EL EJEMPLO es la única forma de enseñar valores. Desde el momento en que nació su hijo, usted le ha estado enseñando valores mediante el ejemplo. A decir verdad, gran parte de los valores de sus hijos ya estaban formados para la edad de cinco años. Aunque parezca que ellos, ahora adolescentes, están desechando sus valores, en realidad no lo están haciendo. Simplemente están experimentando y descubriendo lo que les funciona. Si usted trata de atiborrar de valores a sus hijos dándoles discursos y adulándolos, terminarán por desechar completamente los valores familiares más profundos. Si en lugar de esto, usted continúa dando el ejemplo de esos valores, sus hijos serán capaces de observar su comportamiento sin sentirse forzados a comportarse de la misma manera. Es probable que piense que no están absorbiendo sus valores porque no los aceptan inmediatamente siempre hay un intervalo de tiempo. Quizá sienta temor de que los cambios que está usted haciendo estén produciendo a jóvenes sin valores. Es posible que se sienta tentado a reincidir para forzar a sus adolescentes a que acepten dichos valores, cueste lo que cueste. Pero si se abstiene y continúa dándoles ese ejemplo, conforme vayan creciendo, lo más probable es que adopten varios de esos valores.

Fijese en sus Motivos para Perpetuar el Control

EXISTEN TANTOS ASUNTOS DIFERENTES, detrás de la necesidad de controlar, como padres diferentes, así es que mencionaremos unas cuantas de las categorías generales y daremos algunos ejemplos.

MOTIVOS PARA PERPETUAR EL CONTROL

1. Temor a lo que otros piensen: Si usted no controla a sus hijos, los demás lo verán como un mal padre.

2. Temor a perderlos: Si usted no controla a sus hijos, ellos se harán daño permanentemente (por ejemplo, embarazarse, ir a prisión, dejar la escuela, no ir a la universidad, abusar de las drogas u otras substancias, morir accidentalmente, suicidarse). Aunque es verdad que estas cosas ocurren a muchos adolescentes, les suceden más a los jóvenes que tienen padres controladores, que a jóvenes cuyos padres no los controlan.

3. Temor a la incapacidad: Si no tiene el control, entonces usted no pertenece a ningún sitio ni tiene importancia.

4. Temor a la incompetencia: Si no tiene el control, es incompetente.

5. Sobreprotección: Si usted no controla a sus hijos, sus adolescentes pueden ser emocionalmente lastimados por otras personas.

6. Ignorancia: Sencillamente carece de habilidades educativas alternativas.

7. Asuntos personales sin resolver: Generalmente esto es la base de la necesidad de control. Cuando usted se siente intenso sobre algo e intenta controlar a su hijo con respecto a ese algo, es probable que se trate de un asunto personal que no haya resuelto.

Aunque dedicamos un capítulo entero para ayudarle con sus asuntos de adolescente sin resolver (capítulo 13), queremos mostrarle aquí cómo una madre, Marissa, logró superar la necesidad de controlar a su hija, Charise, una vez que comprendió su propio asunto sin resolver.

Durante una sesión con la psicóloga, Charise le preguntó a su madre si podía ir a una fiesta. Marissa se molestó porque su hija había esperado hasta la sesión para pedir permiso, y entonces surgieron muchas cuestiones. Marissa estaba celosa y enojada porque sentía que Charise pensaba que la psicóloga era mejor madre que ella, creía que Charise y la psicóloga conspiraban en su contra; y que la psicóloga decía lo que Charise quería escuchar.

Charise explicó que no le preguntó en casa porque su madre siempre dice: "Lo voy a pensar", y después no le da ninguna respuesta. Marissa dice que quiere pensarlo porque le preocupa lo que según su religión debe hacer; y le preocupa lo que pensarán los vecinos y amigos. Además Marissa teme que su esposo quien no es de la misma religión de ella le llame hipócrita si no sigue los dictámenes de su religión.

Charise le dijo a su madre, "Me siento relegada cuando dices que hablarás después conmigo, nunca sé dónde estoy parada respecto a tí. Finalmente Marissa dijo: "Te dejaré ir, pero tengo muchas reservas". Ayudada por la psicóloga para llegar al fondo de sus reservas, Marissa terminó por darse cuenta de que el asunto real era su temor de que alguien rompiera el corazón de Charise. A elle se lo rompieron cuando tenía dieciocho años. Al comprender su miedo largamente reprimido, Marissa fue capaz de apoyar a su hija para que viviera su propia vida, en vez de tratar de controlarla y protegerla.

El Temor a Decir No le Impide Cambiar su Estilo Educativo

Una de las lecciones más difíciles de aprender para usted es decir no y sostenerlo, cuando cambia su estilo educativo. Sus temores o evasivas de decir no pueden llevarlo de regreso al viejo camino, más rápido que cualquier otra cosa. Si su estilo de personalidad es ser un *complaciente crónico*, es posible que tenga miedo de decir no, debido al temor de ser rechazado. Si su estilo de personalidad es ser *controlador*, es posible que diga no con demasiada frecuencia, debido a su temor a ser débil y humillado. Este "no" raras veces se basa en un entendimiento razonable del mundo de su hijo adolescente o en su sabiduría paternal, y crea adolescentes rebeldes o adictos a la aprobación con poca confianza en sí mismos. Si su estilo educativo es buscar constantemente *importancia*, es posible que sea usted impredecible porque el "no" está basado más en su necesidad de estar en lo "correcto" que en el asunto en cuestión y las consecuencias directas para su hijo. Si la *comodidad* es su estilo de personalidad, es posible que usted no diga no, aún cuando fuera adecuado, simplemente para evitar la tensión de llegar hasta el final con dignidad y respeto.

Decir No de una Manera Afectuosa y Firme

Mientras aprende a pensar antes de abrir la boca, mientras reflexiona la conveniencia de decir no y las consecuencias de tener que llegar hasta el final, y mientras descubre la manera de hacer otros sonidos que no sea solamente "si", su habilidad de decir "no" de una manera afectuosa y firme, se incrementará.

Pensemos en el adolescente que le pide prestado dinero para ir al cine y cuyos amigos permanecen cerca de él mientras hace su petición. Él necesita el dinero porque gastó su sueldo en un nuevo juego para el ordenador y ahora no quiere perderse una tarde divertida con sus amigos. ¿Está listo para lo que siga si dice usted que no? Piense primero, porque aunque es muy adecuado que usted diga que no, estará a punto de presenciar una escena, si es que usted no manejó las cosas en el pasado con afecto y firmeza.

Le sugerimos que elija sus enfrentamientos, especialmente cuando esté empezando con su nuevo estilo de afecto y firmeza. No enfrente una situación con firmeza, a menos que esté preparado para recorrer la distancia. En el ejemplo anterior, espere reproches sobre la manera en que usted ha dirigido la vida de su hijo. No se sorprenda de que se muestre irrespetuoso con usted enfrente de sus amigos  al tiempo que azota la puerta susurrando palabras que en realidad no desea escuchar sobre la clase de persona que es usted. No acceda, porque permitiendo que experimente las consecuencias de su elección, le ayudará a desarrollar la autodisciplina para administrar su dinero en el futuro. En una mayor escala, es probable que empiece a comprender que sus elecciones afectan su *propia* vida y que es responsable tanto de sus decisiones como de las consecuencias.

En esta situación, si usted reacciona dándole un discurso sobre responsabilidad, piense en lo que su hijo va a aprender. Volverse sordo a sus discursos es un precio muy bajo que su hijo tiene que pagar con tal de tener un pastel y podérselo comer.

De igual manera, si usted se retracta de decir no, no solo lo estará privando de la oportunidad de convertirse en una persona más capaz, sino que también le permitirá sentir que tiene éxito al manipularlo evitando las consecuencias de sus decisiones. Aprenderá una vez más, que está usted dispuesto a comprar su aprobación, lo cual probablemente no sea la lección que espera enseñar.

Si usted se desvía del asunto real y reacciona ante la mala actitud, insistiendo en que lo trate con respeto y cosas por el estilo, le estará privando de una maravillosa oportunidad para tomar responsabilidad de sus elecciones y aprender de sus errores. Incluso es posible que la situación llegue a un nivel más fuerte de lo cual ambos podrían arrepentirse más tarde.

> Volverse sordo a sus discursos es un precio muy bajo que su hijo tiene que pagar con tal de tener un pastel y podérselo comer.

En vez de todo esto, le sugerimos que diga: "Realmente, quisiera ayudarte. Así que en nuestra próxima junta familiar, cuando ambos estemos más relajados, ¿por qué no hablamos sobre las posibles soluciones?" O podría decir: "Siento mucho que estés en este aprieto y me gustaría ayudarte, pero no esta vez" O: "Si tu problema es la administración, me encantaría sentarme contigo y enseñarte algunos trucos que he aprendido al paso de los años. Hazme saber si deseas mi ayuda." Cuando la verdadera intención es ayudar a su hijo para que tome la responsabilidad y aprenda de sus errores, su actitud será de cariño e interés, y no de vergüenza y culpa.

Piense Primero

Los jóvenes se quejan de que sus padres dicen arbitrariamente que no todo el tiempo. Pero los jóvenes pueden ser muy demandantes y persuasivos cuando insisten en que quieren una respuesta inmediata. Presionan hasta arrinconarlo con toda la intensidad de la que son capaces. Es fácil reaccionar con un "no" inmediato y más tarde sentir la necesidad de retractarse.

Para evitar el problema de reaccionar y después retractarse, Puede usted hacer tiempo: De una manera afectuosa y firme, dígale a su hijo que necesita pensarlo por unos minutos antes de responder. Muchos niños pueden resentir esta estrategia, porque quizá usted la haya utilizado antes para evadir las cosas. Por lo tanto, para ser respetuoso, debe usted establecer un tiempo límite a sus decisiones. Entonces deberá dar seguimiento y tomar una decisión para el momento prometido.

A Veces es Necesario que Usted *Suene* Como el Antiguo Padre o Madre

Julian era un padre comprensivo que discutía a fondo la mayoría de los asuntos con su hijo e hija adolescentes. Notó que gran parte del tiempo, sus dos hijos tomaban muy buenas decisiones, pero de vez en cuando abusaban de su salud, terminaban completamente exhaustos y dejaban de hacer el trabajo para el cual eran normalmente responsables. En esos momentos, su padre les decía que no si pedían permiso para salir las dos noches del fin de semana. Sus hijos llamaban a esto la "teoría de la diversión excesiva", diciendo que los padres debían tener un pacto en contra los adolescentes para que sus hijos no se divirtieran demasiado. Odiaban escuchar el "no", pero sabían que su padre era generalmente razonable, por lo que no hacían mayor aspaviento.

Otra madre decidió cambiar su estilo educativo paso a paso y creó una justificación razonada que le complacía y funcionaba con su hijo. Cuando su hijo estrenó su aparato de ortodoncia, en lugar de entrometerse y tomar el control de inmediato, se mantuvo al margen y observó durante varias semanas. No le tomó mucho tiempo darse cuenta que su hijo no estaba haciendo ninguna de las cosas que debía hacer para cuidar su aparato, tal como se lo especificó la ortodoncista. Así que la madre lo sentó y le dijo: "Sé que es tu responsabilidad, sé que dije que esto era entre la ortodoncista y tú, pero te he fastidiado por tanto tiempo para que hagas las cosas, que pienso que necesitamos un tipo de transición afín de evitar arruinar el tratamiento. He decidido fastidiarte durante un mes hasta que yo considere que has creado un nuevo hábito. Después retrocederé para ver qué pasa. Si para entonces has creado el buen hábito y puedes mantenerlo solo, no volveré a entrometerme en ese asunto." Su hijo la miró con alivio, pero guardó las apariencias y actuó como si le estuviera haciendo un favor, entonces dijo con voz de actitud adolescente: "Bueno, está bien."

Cambie su Estilo Educativo para Aprender y Crecer con su Hijo

CUANDO CAMBIE su estilo educativo, empezará a notar la parte en la que ha contribuido para crear problemas en la relación con sus hijos. En el pasado, cuando sus hijos no querían hablar con usted: ¿en qué contribuyó usted para esto? Cuando se rebelaban más allá de lo normal para su edad, ¿qué tanto lo provocó usted?

No importa cómo lo vea, descubrirá que no solo sus hijos adolescentes son los que necesitan crecer. Es de vital importancia que usted continúe su propio proceso de crecimiento. Es muy fácil ver los errores de los demás y ser ciego ante los propios. Una madre lo resumió brillantemente cuando compartió con su grupo lo que había aprendido de otro participante después de una dramatización en un taller.

¿Por qué es tan Difícil Cambiar su Estilo de Educación?

Cuando trabajaba con Sharla, era tan fácil darse cuenta lo tensa, rígida y controladora que era con su hija y lo sofocante que debía ser para la chica y lo miserable que eran las cosas para ella misma. Fue muy fácil pensar, "¿Por qué no puede relajarse y confiar en el buen corazón de su hija y la deja en paz? ¿Qué tan grave es que su hija reprueba en la escuela? Quizá es exactamente lo que la chica necesita para aprender a convertirse en la flor que se supone que es".

Más tarde me di cuenta lo tensa, rígida y controladora que era yo con mi hijo, porque temo que cometa errores que puedan arruinar su vida. Siento que relajarme, confiar en su buen corazón y dejarlo en paz significa ser demasiado permisiva e irresponsable. Aún cuando sé lo devastador que fue para mí que mi propia madre me controlara, ha sido fácil justificar el control que ejerzo sobre mi hijo porque lo que está haciendo es mucho más peligroso que lo que yo hacía. Ahora entiendo lo fácil que ha sido justificar el profundo daño que le he hecho en mi esfuerzo por evitar que se lastime a sí mismo.

Tener confianza en el buen corazón de mi hijo es algo realmente difícil cuando pienso en la forma que parece estar creciendo aún cuando yo he experimentado los maravillosos resultados de dejarlos libres y proporcionarles únicamente alimentación.

> No importa cómo lo vea, descubrirá que no solo sus hijos adolescentes son los que necesitan crecer. Es de vital importancia que usted continúe su propio proceso de crecimiento.

Usted lo ha escuchado antes, y lo decimos tantas veces porque parece tan difícil para los padres comprenderlo: Usted no puede salvar a sus hijos de todo el dolor y todos los errores, pero puede enseñarles habilidades y nutrir su fortaleza que les ayudará a superarlos. El control y el castigo no les enseñan las habilidades que necesitan, el afecto y la firmeza sí lo hace.

HERRAMIENTAS QUE DEBE RECORDAR PARA UNA EDUCACIÓN AFECTUOSA Y FIRME

1. Cuando comprenda por qué es una buena idea cambiar su estilo educativo, cuando reemplace las técnicas obsoletas por unas más efectivas, y cuando acepte que dejar el control es algo que asusta, entonces estará en el camino correcto para lograr más de lo que desea con su adolescente.

2. ¿Está haciendo las preguntas equivocadas? Renuévese con las preguntas correctas.

3. Cuando sus hijos quieran que usted continúe controlándolo todo para que ellos no tengan que tomar la responsabilidad, felicítese por ser afectuoso y firme y no caiga en la tentación.

4. Sus hijos adolescentes necesitan saber cómo piensa usted, cómo siente y qué desea. No dude en decírselo sin discursos.

5. El hecho que su hijo se esté moviendo al lado contrario de sus valores no significa que no quieran volver a dichos valores más adelante. No se aterrorice ni reacción fuertemente durante ese tiempo.

6. Es apropiado y necesario decir "no" cuando esté usted controlando sus propios límites y lo que desea hacer. Un "no" es más efectivo cuando se dice con poca frecuencia, cuando realmente está convencido de ello, cuando es congruente con lo que dijo y da seguimiento.

7. Cuando piense que no es suficiente tener confianza en sus hijos, piense cómo se siente y cómo se comporta cuando alguien confía en usted.

ACTIVIDAD DE APLICACIÓN PRÁCTICA

Dar y Recibir

En muchas familias, ya sea que los padres "dirijan el baile" o los hijos "controlen la acción". Aprender la habilidad de dar y recibir fomenta consideración, igualdad, dignidad y respeto para uno mismo y para los demás.

1. Piense en las áreas en las que usted crea que tiene que hacer todo ya sea a su modo o al de sus hijos.

Programas de TV

Películas

Música

Vacaciones

Restaurantes

Comidas

Uso del teléfono

Elección de ropa

Pedir prestada o prestar ropa

2. Describa una escena típica que muestre la situación más común de "a tu modo o al mío" en su hogar. Incluya:

a. Lo que usualmente dice o hace usted

b. Lo que usualmente dice o hace su hijo

c. Los resultados de esta interacción

3. Discuta con su hijo o hija lo que escribió, o presente la situación en una junta familiar. Trabaje con su familia para encontrar una solución en donde se dé y se reciba.

4. Una semana más tarde, evalúe cómo funcionó dicha solución.

MI PLAN PARA LA SEMANA

Esta semana me enfocaré en...
_____
_____

Trabajaré para cambiar mi actitud pensando...
_____
_____
_____

Cambiaré mi comportamiento haciendo...
_____
_____
_____

5

¿Es Realmente Posible Aprender de los Errores?

LOS ERRORES SON una parte natural del crecimiento y el aprendizaje. Piense en un bebé aprendiendo a caminar. No empieza con un balance y una habilidad perfectas. Se cae mucho y si se lastima, es posible que llore pero no piensa: "Cielos, fracasé otra vez. ¿Qué pensará la gente?, soy tan deficiente, que mejor no me arriesgo a la humillación de nuevo. No puedo hacerlo bien, así que debo ser una mala persona y rendirme."

¿Cuándo empieza a sentirse consciente de sus errores este mismo individuo? ¿Cuándo empieza a escuchar que los errores significan que es débil y deficiente en lugar de descubrir que los errores son parte del proceso de aprendizaje? Su percepción sobre los errores es moldeada en gran parte por los mensajes que recibe de los adultos.

A veces los mensajes negativos sobre los errores son abiertos: "Chica mala. No debiste tocar ese jarrón." La verdad es que no es "mala" por tocar el jarrón, no sería normal que no hubiese querido tocarlo.

A veces los mensajes son más sutiles. ¿Cuánto daño hacemos a la confianza personal y a la alegría de aprender cuando manda a sus hijos a la escuela o a jugar diciendo, "ten cuidado" o "pórtate bien"? Diciendo estas cosas, implicamos la connotación negativa sobre los errores. Imagine el mensaje tan diferente que se daría diciendo: "Disfruta tus aventuras de hoy y observa cuánto puedes aprender de tus errores". Esto crearía un clima de libertad en el que se aprende y se crece sin perder la autoestima por los numerosos errores que siempre son parte de la vida. Los niños que son criados con ese tipo de estímulos, tienen la capacidad de sentirse bien mientras aprenden de sus errores.

Es inevitable: sus hijos cometerán errores, y usted también. Será difícil ver que ellos se equivoquen, especialmente los mayores. Su temor de cometer errores podría ser la causa de los mismos. Sus esfuerzos para sobreproteger o querer controlar todo pueden cambiar a un niño naturalmente curioso y audaz en un niño miedoso o rebelde, en un niño descuidado que quiere probar que usted está demasiado preocupado de que no tome riesgos innecesarios. Pero recuerde, la libertad de cometer errores y aprender de ellos es esencial para la individualización y el crecimiento. Y sí, es muy posible que sus hijos adolescentes aprendan de sus errores especialmente si usted cree en el concepto y practica sus habilidades de copiloto.

> Es inevitable: Sus hijos cometerán errores, y usted también.

Ser Entusiasta en los Momentos Difíciles

NO SIEMPRE ES FÁCIL comprender cómo mantener esa actitud de: *"¡Vamos, tu puedes hacerlo! ¡Bravo, es maravilloso!"* cuando sus hijos están cometiendo un error tras otro. ¿Corre a escribir en el libro del bebé la primera vez que su hija o hijo llega ebrio a casa? ¿Qué tan animado se siente cuando ha gastado una

¿Es Realmente Posible Aprender de los Errores?

fortuna en un aparato de ortodoncia y su adolescente no lo usa? Cuando su hija reprueba una materia porque pasó todo el tiempo pegada al teléfono en lugar de hacer sus deberes escolares, es probable que usted no se sienta con ánimo de llamar a los abuelos para hacer alarde de ello como lo hizo cuando de pequeña dejó caer su comida para que se la comiera el perro. En aquel entonces, en lugar de regañarla por una conducta apropiada a su edad, probablemente decidió poner un pedazo de plástico debajo de su silla y, tan pronto como era posible, usted corría al teléfono para contarle a todos lo simpática que era. No parece tan simpática cuando su hija, ahora adolescente desea pasar todo el tiempo hablando con sus amigos, aún cuando esto es también una conducta apropiada a su edad.

Su trabajo en esta etapa de la vida de los hijos adolescentes es ayudarlos a aprender de sus errores con estímulos y apoyo pero no con bofetadas y castigos. Aunque se sienta tentado a poner los "barandales del puente" (vea la introducción) más juntos, hacerlo podría revertir inadvertidamente el  proceso de individualización y crear jóvenes que sientan que deben rebelarse, complacer o permanecer inútiles. Como lo hemos mencionado en el capítulo 1, los jóvenes extremadamente rebeldes ponen la mayor parte de su energía en encubrimientos, luchas de poderes y manipulaciones en vez de ponerla en la individualización y el desarrollo de todos sus potenciales. Los jóvenes extremadamente dóciles se convierten en adictos a la aprobación, cuya principal tarea en la vida es tratar de cumplir con las expectativas de los demás y nunca dejan de hacerlo. Los jóvenes extremadamente desprotegidos crecen para ser adultos extremadamente indefensos. Algunos adolescentes pueden tomar incluso medidas desesperadas como el suicidio, el abuso de las drogas, el abandono o la evasión para aliviar la frustración o el dolor de no ser capaz de hacer algo que sea natural y necesario para su desarrollo.

Durante el proceso de individualización, los chicos desean y necesitan descifrar las cosas por sí mismos no pueden tener padres que lo hagan por ellos. Sus hijos adolescentes piensan: "El tipo de ayuda que quiero es saber que estás ahí, que no me abandonarás, y que me amas. Aparte de esto, me gustaría resolver esto yo mismo. Si quiero decirte algo, lo haré, pero no quiero que me preguntes cómo me siento y qué está pasando."

Dar el Ejemplo de Cómo Aprender de los Errores

ES IMPOSIBLE SUPERARSE e incrementar su conciencia sin descubrir que muchas cosas que usted ha hecho en el pasado fueron ineficientes e incluso perjudiciales para sus hijos. Sus hijos adolescentes no son los únicos que pueden aprender de sus errores, usted también puede hacerlo. Sus hijos hacen lo mejor que pueden, dada su experiencia, sus conocimientos, sus sistemas de apoyo y su proceso de desarrollo, al igual que usted. Una de las mejores maneras de enseñar a sus hijos que los errores son maravillosas oportunidades para aprender, es practicar este principio usted mismo. Cuando comete errores, tiene dos alternativas: puede sentirse deficiente, humillado, y pensar que es un fracaso, o puede buscar las oportunidades para aprender. Las Cuatro Erres para Recuperarse de los Errores pueden ayudarle cuando sus errores involucren a otras personas.

¿Es Realmente Posible Aprender de los Errores?

**LAS CUATRO Rs PARA RECUPERARSE
DE LOS ERRORES**

1. Reconocimiento   3. Reconciliación

2. Responsabilidad   4. Resolución

Reconocimiento
Reconocer significa no verse a sí mismo como un fracaso porque cometió un error, sino simplemente ver que lo que hizo fue ineficaz.

Responsabilidad
Responsabilidad significa ver en qué parte contribuyó usted para causar el error (sin añadirse culpa ni a usted ni a nadie más) y tener la disposición de hacer algo al respecto.

Reconciliación
Reconciliación significa decir a las otras personas involucradas que lo siente, si los trató irrespetuosamente o los lastimó en el camino.

Resolución
Resolución significa trabajar con los otros involucrados para acordar una solución que sea satisfactoria para todos. Una vez que reconoce su error, se hace responsable de él y se disculpa, en realidad ha creado una atmósfera conducente para resolver el problema.

Jane Practica las Cuatro R´s para Recuperarse de los Errores

Un día mi hija me estaba fastidiando mientras yo me peinaba en el salón de belleza. Seguía pidiéndome dinero, preguntando cuánto tiempo me faltaba para salir de ahí, e interrumpiendo mi conversación con la estilista cada cinco minutos.

Cuando finalmente llegamos a casa, yo estaba tan enojada que la llamé niña malcriada. Ella replicó: "¡Bueno, más tarde no me digas que lo sientes!" (ella estaba familiarizada con las Cuatro R´s para Recuperarse de los Errores)

Como yo estaba en estado de cerebro de reptil dije: "¡No te preocupes, no lo haré!"

Ella corrió a su habitación y dio un portazo. Entonces me di cuenta que había cometido un error llamándola niña malcriada. (Había cometido muchos errores durante este episodio, pero fue este con el que comencé). Fui a su habitación para disculparme, pero entonces ella se encontraba en su estado de cerebro de reptil y no estaba lista para escucharme, estaba ocupada subrayando frases del libro de Disciplina Positiva.

Cuando traté de hablar con ella, dijo: "¡Eres una farsante! Enseñas a otros padres a ser respetuosos con sus hijos y tu me faltas el respeto a mí."

Ella tenía razón, me sentí tan culpable y en silencio abandoné su habitación. Al principio, no vi mi error como una oportunidad para aprender, pensaba que debía abandonar mi carrera porque no había sido capaz de poner en práctica lo que predicaba.

Después de cinco minutos, mi hija se acercó, me dio un abrazo y dijo: "Lo siento mami"

Entonces dije: "Cariño, yo también lo siento. Cuando te llamé niña malcriada, yo misma estaba siendo malcriada. Estaba tan enojada por la forma en que te comportaste en el salón de belleza que perdí el control de mi comportamiento."

Ella respondió: "Está bien, realmente me estaba portando como una niña malcriada." "Si", dije, "pero me doy cuento cómo provoqué tu conducta al ser irrespetuosa contigo."

Entonces ella dijo: "Sí, pero te interrumpí y te molesté."

Esta es la forma en que las cosas a menudo resultan cuando estamos dispuestos a hacernos responsables de nuestra contribución al crear un problema: Nuestros hijos aprenden de nuestro ejemplo y se hacen responsables de su parte. Mi hija y yo resolvimos el problema decidiendo que la próxima vez haríamos un plan antes de ir al salón de belleza. Yo le diría cuánto tiempo aproximado estaría ahí, y ella decidiría qué hacer durante ese tiempo, y nos encontraríamos cuando las dos hubiéramos terminado.

Puede haberme revolcado en la culpabilidad por no practicar lo que predicaba, pero en lugar de eso, tanto mi hija como yo aprendimos una valiosa lección. Ahora predico sobre el valor de los errores.

No Permita que la Culpa sea una Barrera para la Relaciones

CUANDO SE SIENTE CULPABLE, es posible que cree todo tipo de desmanes tratando de evitar que sus hijos cometan los mismos errores que usted. O puede estar demasiado ocupado tratando de esconder sus sentimientos de culpa, que también ocultan sus sentimientos de amor y alegría. Quizá usted trate de hacer que sus hijos se sientan culpables para lograr que se comporten "correctamente". Y si ellos no se conforman, se siente usted culpable por no ser un padre lo suficientemente bueno.

Existen muchas formas de sentir culpa, pero todas ellas obstaculizan las relaciones. Perdonarse a sí mismo es esencial para estar de su propio lado, le permite continuar con su vida y tener una relación cercana con sus seres queridos. Cuando se deshaga de las culpas de su vida, no sentirá la necesidad de hacer sentir culpables a sus hijos. Cuando se dé cuenta de que está haciendo lo mejor que puede, podrá dejar de tomar la conducta de sus hijos adolescentes como algo personal.

¿Qué Significan los Errores para Usted?

ANTES DE PODER AYUDAR a sus hijos a aprender el valor de los errores, es posible que tenga que trabajar en los suyos primero. Muchos adultos cargan pesados e inútiles equipajes de la infancia con relación a sus errores. Si bien este equipaje no ha servido eficazmente a los adultos es más, los ha lastimado demasiado lo pasan a los hijos como si fuera una preciosa reliquia familiar.

Thomas Edison transmitió su entendimiento del valor de los errores durante una entrevista. Cuando se le preguntó: "¿Cómo se siente sobre los 10,000 fracasos que tuvo antes de que finalmente inventara la bombilla?" Edison respondió: "No tuve ningún fracaso, aprendí 10,000 cosas que no funcionan. Cada uno de esos descubrimientos me aportó una valiosa información que eventualmente me llevó al éxito".

¿Está usted de acuerdo con Thomas Edison, o es como muchos padres que, con buena intención, tratan de salvar a sus hijos de cometer errores? ¿Quiere proteger a sus hijos del dolor, la decepción y la vergüenza? ¿Teme que sus hijos adolescentes cometan el tipo de errores que pueden "arruinar" sus vidas? Argumenta: "Pero no puedo permitir que mi hijo cometa un error que pueda realmente lastimarlo" Desde luego, debe usted utilizar el sentido común. Usted no desea que sus hijos aprendan de una sobredosis de droga. Pero demasiados padres usan la excusa de "necesitar proteger" y terminan haciendo más daño que beneficio.

Las buenas intenciones son contraproducentes cuando usted produce dolor al desaprobarlos. Cuando los protege del dolor de los errores, termina por privarlos de la confianza en sí mismos, de una actitud positiva ante los errores, y de las habilidades que pueden

¿Es Realmente Posible Aprender de los Errores?

aprenderse a partir de los errores. Cuando sus hijos eran pequeños, usted mantenía los "barandales del puente" muy cercanos, observaba cada movimiento, creando un espacio seguro en el que pudieran crecer. Pero si trata de mantener los muros del puente demasiado cerrados, ahora que son adolescentes, lo más probable es que fracase. No importa que tan buenas sean sus intenciones, no puede vigilar cada movimiento que hagan. Y aunque pudiera hacerlo, se arriesga a avivar las llamas de la rebeldía o de crear adictos a la aprobación y a la enfermedad del perfeccionismo.

> Muchos adultos cargan pesados e inútiles equipajes de la infancia con relación a sus errores. Si bien este equipaje no ha servido eficazmente a los adultos es más, los ha lastimado demasiado lo pasan a los hijos como si fuera una preciosa reliquia familiar.

¿Le interesa más su reputación que el desarrollo de sus hijos? ¿Tiene miedo de que los errores de sus hijos se reflejen en usted? Se ha oído diciendo: "Me siento tan avergonzado de lo que hiciste. Qué va a pensar la gente" Nunca sabremos lo que la gente piensa, pero sí podemos saber que sus hijos se sienten condicionados para ser amados en tales situaciones. Su confianza disminuye, y es muy probable que más que nunca compliquen sus errores, en lugar de aprender de ellos. Sin embargo, si sus hijos son más importantes que lo que la gente piense, debería preguntar: "¿Qué te pareció esta experiencia"?

Muchas Decisiones No Tienen que Ver con lo Correcto o lo Incorrecto

A VECES LOS ADULTOS están menos interesados en su reputación y más interesados en la cuestión filosófica de lo correcto y lo

incorrecto. El comentario, "supongo que solo tengo que confiar en que mi hijo tome la decisión correcta" puede parecer como un progreso hacia la educación afectuosa y firme. Pero qué carga, tanto para los padres como para los jóvenes, sentir que siempre deben tomar la decisión "correcta". Es mucho mejor saber que si el joven toma una decisión "incorrecta", puede hacer su mejor esfuerzo por corregirla y aprender de su error.

Leslie, participante en uno de nuestros talleres sobre estímulos para adolescentes, se ofreció de voluntaria para advertir sus miedos en cuanto a las decisiones correctas e incorrectas. El siguiente diálogo muestra lo que aprendió.

Facilitador: ¿Qué te parecería tener un hijo adolescente perfecto?

Leslie: No me gustaría

Facilitador: Bueno, a la mayoría de la gente le gustaría. Pero sigamos contigo, que no quieres tener un adolescente perfecto. ¿Por qué no?

Leslie: Porque quiero que mis hijos sean lo que son

Facilitador: Eres una madre extraordinariamente comprensiva. Escribamos esto. Podemos aprender algo de esto. ¿Pueden nuestros hijos ser quienes son si nunca pueden equivocarse? Si nunca pueden cometer un error, ¿para quién están viviendo?

¿Es Realmente Posible Aprender de los Errores?

Leslie: Bueno, no quiero que mis hijos sean perfectos, pero no me gusta que cometan errores.

Facilitador: Así que la clave aquí es que pueden cometer errores que para usted sean adecuados, pero se siente incómoda con los errores que según usted no lo son. Así que usted todavía tiene algunas cuestiones relacionadas con lo correcto, lo incorrecto y el control. ¿Qué pasa cuando usted se siente bien con respecto a que sus hijos cometan errores? ¿Puede darnos un ejemplo de un error que cometan y que la haga sentirse bien?

Leslie: Mi hija fue a dos fiestas con gente que no le caía bien y gastó mucho dinero en ropa y otros artículos para asistir a las fiestas. Los dos chicos con los que fue a cada una de las fiestas se comportaron completamente odiosos. Uno de ellos vomitó en el carro de mi hija porque estaba ebrio. Pero ella sintió que era importante asistir a las fiestas. Yo pensé que era un error que fuera con alguien que no le caía bien para nada, pero decidió que eso era lo que tenía que hacer. Antes del último baile de graduación me dijo: "No quiero seguir gastando más dinero para ir a fiestas con gente que no me agrada y en este momento no existe nadie que me agrade de verdad, así que no iré al baile".

Facilitador: ¿Qué hizo usted para apoyar la decisión que tomó?

Leslie: Escuché, no interferí, no le dije lo que pensaba, no le di ningún discurso, y no la juzgué ni le dije que era estúpido lo que hacía. Simplemente me mantuve al margen y observé lo que ocurría.

Facilitador: ¿Qué supone que ella sintió de su parte?

Leslie: Apoyo, libertad para explorar, seguridad, que su privacidad fue respetada. Tuvo espacio para estallar sin nadie que estuviera mirando sobre su hombro y experimentó el amor incondicional.

Facilitador: ¿Qué cree que haya aprendido de esto?

Leslie: Aprendió que es mejor hacer las cosas para disfrutarlas y no para impresionar a otros. Aprendió que es mejor respetarse a sí misma.

Facilitador: Así que ella aprendió todas esas cosas gracias a esta experiencia.

Leslie: Sí, creo que así fue.

Facilitador: ¿Cree que habría aprendido todo esto si usted hubiese tratado de prevenirla de cometer el error? ¿Lo habría aprendido gracias a sus discursos, sobreprotección, etcétera?

Leslie: No. Creo que aprendió a confiar en su propio juicio. Si yo hubiese tratado de controlarla o sobreprotegerla, probablemente habría aprendido que para obtener mi aprobación tenía que memorizar todas las cosas de las que tengo un prejuicio y se habría asegurado de no compartirlas conmigo. Hubiese aprendido a reprimirlas y habría concluido equivocadamente en que mi aprobación está condicionada, lo cual no es cierto, pero ello no lo sabría.

Facilitador: Ahora deme un ejemplo de algún error que no haya querido que sus hijos cometieran.

Leslie: Mmm, qué interesante. Son más los errores que temo que ella podría cometer.

Facilitador: ¿Que tan frecuente es cierto que nos asusta más que nuestros hijos pudieran cometer ciertos errores?

Leslie: Es muy difícil, porque tengo tanta confianza en ella que incluso cuando hace cosas que no me gustan, pienso que todo va a salir bien.

Facilitador: Veamos alguno de los errores que usted tema que cometa.

Leslie: Creo que ella podría cometer un error con respecto a la universidad. Incluso no estoy segura cual sería específicamente ese error, pero no fue aceptada en Harvard y era realmente importante para ella. Podría ser que piense que si desea ser cantante profesional, de todos modos no tiene que ir a la universidad a su edad y que crea que solo debe buscar un agente representante para promoverla. Pero creo que mi miedo es que esto pueda ser una excusa de ella; que en lugar de buscar otra universidad, sencillamente desista de asistir a cualquier otra.

Facilitador: Cuando usted teme que ella cometa un error, ¿qué tipo de cosas hace usted?

Leslie: Podría decirle lo que siento. Es interesante que en el otro caso nunca le dije cómo me sentía. La escuché cuando me dijo cómo se sentía ella y no le dije lo que tenía que hacer. Fui muy respetuosa. Pero con respecto a este asunto de la universidad, le diría lo que yo siento para ayudarla a tomar la decisión "correcta" y lo haría solo con la buena intención de ayudarla.

Facilitador: ¿Le gustaría ayudarla?

Leslie: ¡Santo cielo! ¡Es increíble! Ahora veo que eso sería manipular las cosas para obligarla a hacer lo que yo creo que es lo mejor.

Facilitador: Tenemos que terminar el proceso para que todos puedan aprender. Si usted desea ayudarla diciéndole cómo se siente, ¿qué aprendería ella de eso?

Leslie: ¡Nada! Ella sentiría una justa indignación y estaría enojada conmigo, por lo que seguramente se rebelaría. Sería como aventar leña al fuego.

Facilitador: ¿Qué aprendería ella de esto?

Leslie: Cualquier cosa que ella aprendiera, no tendría nada que ver con la universidad, eso es seguro. Aprendería que su madre es un obstáculo. Yo perdería la confianza que me tiene y ella perdería la confianza en sí misma para tomar decisiones. Y... no me gustaría que eso sucediera. Prefiero que cometa errores pero que se sienta segura con lo que aprende de ellos.

Facilitador: ¿Qué aprendió usted a través de este proceso?

Leslie: Volví a aprender que pase lo que pase, todo estará bien. Y que soy más feliz cuando escucho que cuando hablo.

Facilitador: ¿Y cómo cree que ella se siente cuando la escucha en lugar de hablarle?

Leslie: A veces leo todas esas cosas sobre hablar de los sentimientos y me siento culpable de no ser "auténtica" con mis hijos y no decirles cómo me siento o lo que pienso. Utilizo este asunto equivocadamente creyendo que debo ser más abierta con ellos. Pero he aprendido que esto es falso, que a veces mi "apertura" es apropiada, y a veces es manipulación. Cuando comparto mis sentimientos inadecuadamente, cuando mis hijos no están listos para escucharlos, me doy cuenta que se sienten criticados y juzgados y sería muy útil estar más conciente de la diferencia. En este caso, sería adecuado simplemente escucharla. Entonces, pienso que se sentirá incondicionalmente valorada y amada. Si no asiste a la universidad, estoy segura que no será el fin del mundo y siempre tendrá la oportunidad de decidir ir más adelante si lo desea.

Utilizando los Errores para Comprender las Consecuencias y la Responsabilidad

EN LUGAR DE PERPETUAR los sentimientos de juicio y culpa enfocándose en el error, usted enseñará mucho más a sus hijos, si los ayuda a evaluar sus sentimientos con respecto a los resultados de sus decisiones, a comprender qué causó tal resultado y determinar lo que deben hacer para lograr un resultado diferente la próxima vez. Puede usted utilizar este mismo proceso para evaluar sus propios errores.

Recientemente, Becky, una madre de uno de los talleres preguntó:

¿Qué podía haber hecho? Sé que cometí un error. Mi hijo de catorce años quería tomar su cena frente a la televisión y yo no le di permiso, le dije que tenía que comer en la mesa con nosotros. Él se enojó mucho y dijo: "Es estúpido, odio comer siempre en la mesa."

Entonces yo le dije: "No te hagas el listo conmigo jovencito. Te sentarás a la mesa y serás respetuoso o no irás a la práctica de soccer". Mi hijo se sentó en la mesa pero se negó a comer y fue muy hosco. Todos la pasamos muy mal. Más tarde, me dejó una nota que decía: "No siento ningún amor por ti."

Yo sé que hice todo mal, me doy cuenta que ciertamente no utilicé un método afectuoso y firme amenazándolo con no ir a la práctica, pero no sabía qué más podía hacer.

> Usted enseñará mucho más a sus hijos, si los ayuda a evaluar sus sentimientos con respecto a los resultados de sus decisiones, a comprender qué causó tal resultado y determinar lo que deben hacer para lograr un resultado diferente la próxima vez.

El facilitador respondió:

Recuerde que los errores son maravillosas oportunidades para aprender, así que no pensemos en esta situación como algo "incorrecto". En lugar de eso, véalo como una oportunidad de descubrir lo que realmente quería que sucediera, lo que su-

cedió, lo que causó que sucediera y lo que puede hacer la próxima vez para que el resultado sea diferente.

Becky y el facilitador se adentraron en las siguientes preguntas para revisar la situación para una mejor solución.

Facilitador: ¿Por qué quiere que su hijo se siente a la mesa con la familia?

Becky: Es importante para mí. Me gusta tener a toda mi familia reunida a la hora de la cena.

Facilitador: ¿Cree que él recibió el mensaje, especialmente que usted lo extrañaría si no estuviera?

Becky: Bueno, creo que no.

Facilitador: Está bien, guardemos esa información para más adelante, regresaremos a ella cuando lleguemos a las sugerencias. ¿Por qué piensa que él quería comer frente a la televisión?

Becky: Creo que quería ver un programa que le entusiasmaba.

Facilitador: ¿Alguna vez ha sentido lo mismo por algo que haya querido ver?

Becky: Sí. Ahora lo entiendo.

Facilitador: ¿Se da cuenta que pasó por alto las cosas que eran importantes para usted y su hijo, entrando en una lucha de poderes que los llevó a un ciclo de venganza?

Becky: Sí. Me sentí mal después de haberlo amenazado con no llevarlo a su práctica de soccer, pero no podía permitir que se saliera con la suya al hablarme de esa manera. Así que yo gané esa partida, pero él me ganó la siguiente porque me sentí muy herida y frustrada cuando recibí su nota.

Facilitador: Basándonos en los elementos que hemos expuesto, ¿puede usted pensar en algunos principios y estrategias que hayamos discutido en el taller que pudieran ser aplicados a esta situación?

Becky: No. Me siento realmente atorada, no puedo imaginar qué consecuencia lógica podría haber utilizado.

Facilitador: ¡Fabuloso! Si no puede pensar en ninguna, probablemente signifique que una consecuencia lógica no es apropiada en este caso. Como lo he mencionado antes, la mayoría de nosotros estamos tan apasionados con la idea de las consecuencias que a menudo tratamos de aplicarlas cuando no es adecuado. ¿Qué le parece asegurarse de hacer llegar el mensaje de amor, compartiendo con su hijo lo que usted desea, entrando en su mundo para descubrir lo que él desea, y entonces elaborar un plan en el que ambos ganen? ¿Le gustaría que hagamos una dramatización de esta situación para ver cómo se siente?

Becky: Sí, por supuesto.

Facilitador: Está bien, yo haré el papel de mamá y usted el de su hijo.

Becky: Sí, eso sería más fácil para mí ahora.

Facilitador: Empiece con lo que su hijo le dijo desde el principio.

Becky / hijo: Mamá, ¿puedo tomar la cena en la otra habitación frente a la televisión?

Facilitador / mamá: Para mí es realmente importante que nos sentemos en familia a la hora de la cena, te extrañaría si no estuvieras con nosotros. ¿Hay algo especial en el programa que quieras ver?

Becky / hijo: Si, es algo que he estado esperando ver.

Facilitador / mamá: Bueno, entiendo. A veces espero ver ciertos programas también. ¿Estarías de acuerdo en que grabáramos el programa ahora y lo discutamos en la próxima junta familiar de tal manera que podamos elaborar un plan para que ambos cumplamos con nuestras metas?

Becky / hijo: Claro, gracias mamá.

Facilitador: ¿Cómo se siente ahora como hijo?

Becky: Me siento amado y respetado y dispuesto a elaborar un plan en la junta familiar.

Facilitador: ¿Qué le gustaría tratar en la junta familiar?

Becky: Me gustaría establecer un horario para la cena en el que todos estén de acuerdo y que todos se comprometan a estar ahí. También me gustaría discutir las excepciones de la regla y con qué frecuencia serían razonables dichas excepciones.

Facilitador: Me parece que ahora está usted en el camino que la desvía de la lucha de poderes y los ciclos de venganza. Y dicho camino es muy probable que conduzca a todos hacia lo que quieren mientras se enseñan percepciones y habilidades que serán útiles para su hijo.

La siguiente, es una lista de las percepciones y habilidades que ayudan a los padres a mejorar la comprensión y comunicación después de cometer el tipo de errores que llevan a la lucha de poderes, la rebeldía y la venganza:

Corrigiendo los errores que llevan a la lucha de poderes, la rebeldía y la venganza

1. Regrese al espíritu de la regla y no a la misiva de la regla. (El espíritu de comer juntos era disfrutar de estar juntos y compartir con los seres queridos. La misiva de la regla era estar ahí de cualquier modo.)

2. Trate a los niños como quiera ser tratado usted con comprensión, dignidad y respeto. (¿Qué le parecería si alguien le amenazara de privarlo de algo simplemente porque quiere ver un programa de televisión?)

3. Comente lo que es importante para usted y la razón de esto. (Asegúrese de hacer llegar el mensaje de amor.)

4. Averigüe lo que es importante para sus hijos y la razón de ello.

5. Sea flexible para hacer excepciones a las reglas. (Esto no es lo mismo que ser permisivo.)

6. Haga una cita (en una junta familiar o en cualquier otro momento) para elaborar un plan con el que se puedan cubrir las necesidades y deseos de todos los involucrados, sin formar un patrón de excepciones.

Para corregir los errores relacionados con la comunicación, cambie su actitud de miedo, ira, falta de respeto y control, hacia una actitud de amor y comprensión. Al hacerlo, puede usted recordar sus habilidades de una educación afectuosa y firme y demostrar interés en el punto de vista de sus hijos, y confiar en su buen corazón y capacidades. Cuando se descubra en un conflicto que esté creando distancia entre usted y su hijo o hija adolescente, pregúntese, "¿estoy actuando a partir de mis miedos e ira, o a partir de mi amor y confianza?"

Ideas Descabelladas Sobre los Errores

¿DE DÓNDE SACARON LOS PADRES la loca idea de que para que los hijos sean mejores, primero tienen que hacerlos sentir peor? La gente no puede sentirse mal y aprender algo positivo al mismo tiempo. El mejor aprendizaje se da cuando la gente se siente bien. Si usted recrimina a sus hijos por sus errores, simplemente se sentirán mal y no serán capaces de aprender de ellos. Pero si usted cambia su actitud y ve los errores como maravillosas oportunidades para aprender, sus hijos podrían enfocar las cosas de diferente manera en el futuro y tener más confianza en sí mismos.

> ¿De dónde sacaron los padres la loca idea de que para que los hijos sean mejores, primero tienen que hacerlos sentir peor?

Piense en todo el sufrimiento creado en el mundo debido al perfeccionismo. Los engañosos miedos sobre los errores lo incapacitan a usted y a sus hijos. Por otro lado, la capacidad de aprender de los errores es alentadora y enriquece la relación entre padres e hijos.

Los errores son un pequeño costo que debemos pagar por las valiosas lecciones que se pueden aprender de ellos. Dé un respiro a sus hijos, y a usted mismo, recordando que "los errores son magníficas oportunidades para aprender."

HERRAMIENTAS QUE DEBE RECORDAR PARA UNA EDUCACIÓN AFECTUOSA Y FIRME

1. A menudo dígales a sus hijos que los errores son magníficas oportunidades para aprender.

2. Tenga confianza de que sus hijos adolescentes tomarán decisiones y aprenderán de sus errores.

3. Ayude a sus hijos adolescentes a explorar las consecuencias de sus decisiones a través de afectuosas preguntas con "qué" y "cómo".

4. Los adolescentes son gente joven con sentimientos y deben ser tratados con comprensión, dignidad y respeto

5. Comente lo que es importante para usted y la razón de ello. (Asegúrese de hacer llegar el mensaje de amor)

6. Averigüe lo que es importante para sus hijos y por qué.

7. Esté dispuesto a hacer excepciones a las reglas. (Esto no es lo mismo que ser permisivo)

8. En lugar de tratar de educar al vuelo, haga una cita o espere a la junta familiar para elaborar un plan con el que todos puedan vivir.

ACTIVIDAD DE APLICACIÓN PRACTICA

EL EQUIPAJE DE LOS ERRORES
¿Con qué equipaje remanente de los errores de su infancia carga usted? La siguiente actividad lo llevará de regreso y le ayudará a sanar.

1. ¿Cuáles son los mensajes que escuchó de sus padres sobre los errores ya sean indicados o implícitos? Haga una lista de todos los que recuerde.

2. ¿Qué decisiones tomó sobre usted mismo basándose en dichos mensajes? ¿Qué reflejaban de usted esos errores?

3. Basándose en esas decisiones, ¿qué hacía usted ya sea para evitar cometer errores o para evitar que los demás supieran si los cometía?

4. ¿Qué mensajes les está dando a sus hijos sobre los errores?

5. ¿Qué cree que estén decidiendo sobre sí mismos cuando cometen errores?

6. Basándose en dichas decisiones, ¿qué tipo de conducta piensa usted que sus adolescentes tendrán ya sea para evitar cometer errores o para evitar que los demás se enteren si los cometieran?

7. ¿Qué nuevas decisiones le gustaría tomar sobre los errores?

8. ¿Qué tipo de decisiones sobre los errores le gustaría fomentar en sus hijos adolescentes?

9. Elabore un plan, incluyendo cosas específicas, que llevará a cabo para fomentar el tipo de legado que le gustaría dejar a sus hijos con respecto a los errores.

MI PLAN DE LA SEMANA

Esta semana me enfocaré en...
_____
_____

Trabajaré para cambiar mi actitud pensando...
_____
_____

Cambiaré mi comportamiento haciendo...
_____
_____

6

¿Cómo Lograr que los Adolescentes Cumplan con sus Acuerdos?
DAR SEGUIMIENTO

LA IDEA DE ABANDONAR el control y el castigo puede ser realmente estresante hasta que se dé cuenta que existen alternativas afectuosas y firmes. No le estamos pidiendo que haga caso omiso de los acuerdos y promesas no cumplidas, ni de las consecuencias que se convierten en castigos o venganzas. Una vez que aprenda a dar seguimiento, será capaz de ayudar a sus hijos a aprender habilidades, aceptar responsabilidad y lograr una verdadera cooperación.

Dar seguimiento es un método de éxito seguro quizá el único método que realmente funciona para ayudar a sus hijos adolescentes a cumplir con sus acuerdos. Dar seguimiento es una excelente alternativa ante los métodos autoritarios o permisivos. Con el seguimiento, usted puede cubrir las necesidades de la situación mientras resguarda la dignidad y el respeto para todos los involucrados. Dar seguimiento es también una manera de ayudar a los jóvenes a aprender las habilidades de la vida que necesitan para sentirse satisfechos de sí mismos mientras aprenden a ser miembros colaboradores de la sociedad.

Sin embargo, antes de mostrar cómo dar seguimiento, trataremos de convencerlo para que deje de utilizar lo que no funciona

> Dar seguimiento es un método de éxito seguro (quizá el único método) que realmente funciona para ayudar a sus hijos adolescentes a cumplir sus acuerdos.

las consecuencias lógicas. Muchos padres piensan que los adolescentes deben experimentar las consecuencias lógicas cuando no cumplen con sus acuerdos.

Debido a que el uso de las consecuencias lógicas se ha convertido en uno de los métodos más populares de educación hoy en día, podría ser difícil aceptar lo que tenemos que decir con respecto a su uso con los adolescentes. Es probable que usted no quiera escuchar que las consecuencias lógicas son generalmente ineficientes con los adolescentes, especialmente si usted ha aprendido lo efectivas que pueden ser con los niños. Incluso bajo la mejor de las circunstancias, emplear las consecuencias lógicas eficientemente, es todo un arte, porque es muy fácil cruzar la línea entre las consecuencias y el castigo. La mayoría de los padres tratan de disfrazar el castigo llamándolo consecuencia lógica pero los adolescentes ven a través del disfraz. Debido a que las principales tareas en la vida para los adolescentes tienen que ver con el poder, ellos contemplan las consecuencias lógicas como un método para controlarlos. Una vez que usted se percate del punto de vista de los adolescentes con respecto a las consecuencias lógicas, verá que el concepto de dar seguimiento es más viable.

¿Qué Es Dar Seguimiento?

DAR SEGUIMIENTO es un respetuoso método de cuatro pasos para educar a los adolescentes y enseñarles cooperación, habilidades de vida, y responsabilidad a pesar de su resistencia. La clave está en que dar seguimiento lo involucra a *usted, porque usted es el único que da el seguimiento*. El resultado es que su hijo o hija adolescente también da un seguimiento pero rara vez lo hace sin su participación.

Los Cuatro Pasos para Dar Seguimiento Eficientemente

1. Discuta amistosamente *con* su hijo para recopilar información sobre lo que esté ocurriendo con relación al problema. (Escuche).
2. Idee soluciones *con* su hijo y elijan una en la que ambos estén de acuerdo. (Nosotros llamamos a esto: "Hagamos un Trato"). Encontrar una solución que a ambos les agrade podría implicar cierta negociación, porque su solución favorita puede ser diferente a la solución favorita de su hijo.
3. Acuerden una fecha y límite de tiempo. (Más adelante descubrirá por qué esto es imperativo).
4. En la fecha límite, simplemente lleve a cabo el acuerdo haciendo responsable a su hijo con dignidad y respeto.

Antes de proporcionar ejemplos de cómo dar seguimiento eficientemente, primero presentaremos las trampas que puede tener. El concepto de dar seguimiento es sencillo a menos que los padres cometan el error de caer en una o en todas las siguientes trampas.

Las Cuatro Trampas que Arruinan el Seguimiento

1. Creer que los jóvenes piensan de la misma manera que usted.
2. Querer que los jóvenes cambien su personalidad, no su conducta
3. No llegar a acuerdos específicos anticipadamente o hacer acuerdos que no analizó.
4. No mantener la dignidad y el respeto hacia usted y sus hijos.

Pensar que los Jóvenes Piensan de la Misma Manera que Usted

Esto significa pensar que su forma es la única forma correcta de pensar. Significa querer que sus hijos tengan las mismas prioridades que usted tiene. Querer que les entusiasme cumplir con sus acuerdos y que hagan las cosas que son importantes para usted. (¿Es novedad para usted que a ellos no les importa lo que los vecinos piensen sobre su desorden alrededor de la casa, y que lavar los platos que ensuciaron con los bocadillos es algo que no aparece en su lista de prioridades? Esto no significa que no deban hacer las cosas, solamente que no son prioridades para ellos.)

Querer que los Jóvenes Cambien su Personalidad, No su Conducta

Esto significa que usted critica, juzga y emplea insultos, en vez de enfocarse en la tarea o el asunto del momento. ("¿Cómo es posible que vivas como un cerdo? ¿Qué tipo de irresponsable eres? Nadie va a querer contratarte jamás." En lugar de: "Nuestro acuerdo era que lavarías tus platos después de tomar algún refrigerio.")

No Llegar a Acuerdos Específicos Anticipadamente, o Hacer Acuerdos que no Analizó

Esto significa tratar de controlar las cosas que no puede controlar o cosas que son lógicamente imposibles de darles seguimiento. (¿Cómo puede usted estar seguro que su hijo hizo sus deberes escolares solo porque él dice que los hizo? ¿Cómo puede darle seguimiento, si tiene el compromiso de estar en alguna otra parte en el momento que necesita estar con su hijo para dar seguimiento?)

¿Cómo Lograr que los Adolescentes Cumplan con sus Acuerdos?

No Mantener la Dignidad y el Respeto hacia Usted y sus Hijos

Esto ocurre cuando usted se desvía del tema con advertencias y críticas o cuando permite que su hijo adolescente lo distraiga con excusas, discusiones, manipulación y muestras de ira.

Pero, ¿Funciona Realmente?

EN NUESTROS TALLERES, para ayudar a los padres a aprender el arte de dar seguimiento y mostrarles que realmente funciona, a menudo pedimos la participación voluntaria de un padre para hacer el papel de un adolescente que no ha respetado el acuerdo de realizar una determinada tarea en un ejercicio de dramatización. Después pedimos a esa persona que suponga que ya hemos pasado por los Cuatro Pasos para Dar Seguimiento Eficientemente. La fecha límite ha llegado, pero la tarea no se realizó. Entonces hacemos la dramatización utilizando los Cuatro Consejos para Dar Seguimiento Eficientemente.

Cuatro Consejos para Dar Seguimiento Eficientemente

1. Trate de que sus comentarios sean sencillos, concisos y amistosos. ("Veo que no realizaste tu cometido. ¿Podrías hacerlo ahora por favor?")
2. En respuesta a las objeciones, pregunte: "¿Cuál era nuestro acuerdo?"
3. En respuesta a más objeciones, cierre la boca y emplee la comunicación no verbal. (Señale su reloj de mano después de cada alegato. Sonría deliberadamente. Dé un abrazo y vuelva a señalar su reloj). Esto ayuda a comprender el concepto de "entre menos

mejor". Entre menos diga, más eficiente será. Entre más diga, más armas dará a sus hijos para sus alegatos los cuales ganarán todo el tiempo.

4. Cuando su hijo haga un compromiso (a veces con gran disgusto), diga: "Gracias por cumplir con nuestro acuerdo".

Algo que le pedimos a los padres que voluntariamente juegan el papel del hijo en una dramatización es que se ubiquen en el presente. Al hacerlo queremos que respondan a lo que se está haciendo en el momento, y no que respondan de la manera en la que un adolescente reaccionaría a métodos irrespetuosos. Cuando el voluntario hace esto, es sorprendente lo rápido que el "adolescente" llega a un acuerdo con muy poca resistencia.

Muchos padres objetaron y diciendo: "Mi hijo no se cedería tan rápido". Pero nosotros no estamos de acuerdo y les mostramos la razón, haciendo referencia a las Cuatro Trampas que Arruinan el Seguimiento y haciéndole al voluntario las siguientes preguntas:

1. ¿En algún momento te sentiste criticado o juzgado?
2. ¿En algún momento sentiste que no mantuvimos la dignidad y el respeto?
3. ¿Qué diferencia hay al saber que has acordado una fecha límite específica?

El voluntario siempre contesta "No" a las primeras dos preguntas y responde que la fecha límite específica dificulta tener excusas para un retraso. El voluntario también comparte que es muy efectivo dejar de hablar y dar una de esas "miradas" (consejo 3 para un Seguimiento Eficiente) con una sonrisa y decir: "Buen intento, pero ambos tenemos un mejor criterio."

Otros padres objetan el dar seguimiento porque no creen que sea bueno estar recordándoles ios acuerdos a sus hijos. Quieren que sus hijos sean "responsables" sin recordatorios. He aquí cuatro preguntas para esos padres:

> 1. Cuando no se da tiempo para hacer un recordatorio con respeto y dignidad, ¿se lo da para regañar, dar discursos y castigar para que cumplan?
> 2. ¿Se ha dado cuenta de lo responsables que son sus hijos al cumplir los acuerdos que son importantes para ellos?
> 3. ¿Realmente cree que podar el césped y otras labores son importantes para sus hijos? (Aún cuando las labores domésticas no tienen una alta prioridad para los jóvenes, es importante que las realicen.)
> 4. ¿Recuerda usted, sin necesidad de recordatorios, terminar todo lo que ha prometido hacer especialmente cuando es algo que no quiere hacer?

Aunque dar seguimiento requiere de energía, es mucho más divertido y productivo que regañar, dar discursos y castigar.

Dar Seguimiento en la Vida Real

CUANDO USTED CAMBIE su comportamiento, sus hijos adolescentes cambiarán el suyo. Se sorprenderá de los resultados cundo siga los Cuatro Pasos y evite las Cuatro Trampas. Cuando los chicos han hecho un trato que incluye una fecha límite, se quedan con un sentimiento de justicia y responsabilidad cuando han sido responsabilizados.

Cory de trece años no estaba lavando su ropa ni cambiando las sábanas de su cama como lo había acordado. Su madre, Jamie le dijo: "Quisiera hablar contigo sobre tu ropa, nos reuniremos después de cenar". Cuando se sentaron, Jamie le preguntó a Cory cual era el problema con respecto a su ropa. Entonces descubrió

> Cuando usted cambie su comportamiento, sus hijos cambiarán el suyo.

que él no estaba muy seguro de saber manejar la lavadora y temía descomponerla. Jamie comentó con su hijo esa preocupación al respecto, le dijo que no le gustaba verlo usar ropa sucia para ir a la escuela y que durmiera sobre sábanas sucias.

Cory respondió que estaba dispuesto a lavar su ropa pero que necesitaba ayuda para aprender a manejar la lavadora. Jamie acordó: "Me gustaría que eligieras un día de esta semana a las 6:00 de la tarde para enseñarte y también que elijas el día de la semana que asignarás para lavar tu ropa y cambiar tus sábanas. Con una familia tan grande como la nuestra, lo mejor sería que cada uno tenga su propio día para lavar. En una hora regreso para que me digas el día que elegiste."

Una hora más tarde, Cory dijo que suponía que el jueves estaría bien para la lección de lavandería y que también elegía los jueves para lavar su ropa. Jamie respondió: "Bien, te veo el jueves a las 6:00 en el cuarto de lavado."

Pero el jueves, cuando Jamie fue al cuarto de lavado a la hora acordada, Cory no estaba ahí. Jamie encontró a Cory instalado frente al televisor y le dijo:

"¿recuerdas tu decisión sobre el mejor momento para la lección de lavandería?"

Cory respondió, "Ay, mamá, no quiero hacerlo ahora, estoy viendo esto."

Jamie fue muy cordial pero persistente: "Tu te comprometiste a hacerlo hoy a las 6:00."

Cory replicó: "lo haré más tarde, mamá". Jamie simplemente permaneció frente a él con una mirada cordial pero expectante y finalmente Cory dijo: "¡Está bien!, esto es ridículo."

¿Cómo Lograr que los Adolescentes Cumplan con sus Acuerdos?

En lugar de responder al comentario sarcástico, Jamie simplemente dijo: "Gracias por cumplir con tu acuerdo."

Cada jueves, Cory y su madre siguieron una rutina similar a la anterior, en la que Jamie decía: "¿Recuerdas el día que elegiste para lavar tu ropa y cambiar tus sabanas?" Sin importar qué tipo de argumentos o excusas inventara Cory, Jamie simplemente daba seguimiento de una manera cordial evitando discursos e insultos. Sabía que era absolutamente anormal que Cory estuviera emocionado con la idea de lavar su ropa y cambiar sus sábanas. Pero para ella, era importante que su hijo ayudara en la casa y que además aprendiera dichas habilidades. Ella evitó para ambos muchas molestias con el sencillo hecho de llegar a acuerdos y después darles seguimiento.

Jamie olvidó la idea de que Cory fuera a recordar hacer su trabajo sin la necesidad de ningún recordatorio. Se daba cuenta de que a los trece años, Cory pensaba más en comprar una nueva patineta o en cómo decirle a su papá que obtuvo una mala calificación en su boleta, en lugar de pensar en lavar la ropa. Jamie decidió que dar seguimiento al acuerdo una vez a la semana, valía la pena mientras no se convirtiera en una lucha de poderes. (Se sintió gratamente sorprendida cuando, con el tiempo, Cory comenzó a recordar hacerse cargo de su ropa sin tener que recordárselo.)

Este ejemplo ilustra cómo Jamie decidió actuar como si Cory intentara cumplir su acuerdo. Cada jueves, lo encontraba y simplemente se lo recordaba. Y como algo típico de un chico de su edad, sus acciones no coincidían con sus buenas intenciones, sin embargo, eso no importaba porque Jamie se responsabilizaba de su propio comportamiento, no del de Cory.

Jamie se encargaba de sí misma y decidió cuáles eran sus límites y lo que haría al respecto no lo que obligaría a Cory hacer. Mostró respeto por su hijo y mantuvo abiertas la comunicación siendo curiosa sobre los puntos de vista de su hijo y compartiendo con él sus sentimientos. Ella y Cory llegaron a un acuerdo con el que ambos se sentían bien y entonces Jamie lo hizo fácil dándole seguimiento de una manera afectuosa, firme y práctica.

LA LLAVE MAGICA

La llave mágica que muchos padres omiten sobre dar seguimiento es que son ellos quienes necesitan dar el seguimiento, no los jóvenes. El dar seguimiento no funciona si no está usted presente para hacer responsables a sus hijos esperando que cumplan con sus acuerdos y respeten las fechas establecidas. Cuando los padres dan seguimiento haciéndose presentes en el momento acordado, buscando a sus hijos e insistiendo de una manera tranquila que el acuerdo debe ser cumplido, el resultado final es que el chico también dará seguimiento. A esto le llamamos la llave mágica, porque hace que todo funcione, y es muy sencillo, aunque no sea tan obvio para la mayoría de los padres.

Las Variadas Formas de Dar Seguimiento

APRENDER A DAR SEGUIMIENTO es una importante habilidad de la vida para los padres. El ingrediente principal es una actitud de respeto. Asimismo, es importante emplear la menor cantidad de palabras posible para facilitar enfocarse en la tarea a realizar y no en las personalidades. Observe cómo los padres, en los siguientes ejemplos utilizan la llave mágica para asegurarse de que la tarea sea cumplida. Trate de practicar la habilidad de dar seguimiento utilizando uno de los métodos que se describen a continuación.

¿Cómo Lograr que los Adolescentes Cumplan con sus Acuerdos?

Use Una Sóla Palabra

El método de una sóla palabra aporta resultados siempre y cuando permanezca la dignidad y el respeto un excelente modelo para que sus hijos sigan cuando lleguen al proceso de individualización.

Andrew había acordado podar el césped a las 4:00 de la tarde cada viernes. El primer viernes después del acuerdo, lo hizo, dio seguimiento y podó el césped. El segundo viernes, lo olvidó y a las 4:05, Martín, su padre lo encontró lavando su auto y respetuosamente le dijo: "El césped."

Andrew dijo: "Estoy lavando mi auto papá, más tarde lo hago."

El padre de Andrew continuó con una actitud positiva y dijo: "El acuerdo"

Entonces Andrew contestó: "Lo sé, pero no pasa nada si lo hago más tarde."

Martín repitió: "El acuerdo."

En total disgusto, Andrew cerró la llave del agua y fue a podar el césped, refunfuñando en voz baja: "No puedo creer que no puedas esperar unos minutos."

La mayoría de los padres han experimentado los resultados de esperar unos minutos. A la siguiente vez, serán otros tantos y después unos más, y posteriormente otra técnica de manipulación para posponerlo. Al no caer en grandes discusiones y dando seguimiento con dignidad y respeto, Martín enseñó a Andrew a cumplir con sus acuerdos aunque no le gustara.

Los padres a menudo argumentan que sus hijos no responderían tan rápidamente como Andrew lo hizo con el método de una sola palabra. Estos padres se basan en su creencia de respuestas estereotipadas que obtienen de sus adolescentes cuando éstos se enfrentan con métodos de castigo. ¿Cómo respondería usted si al olvidar cumplir un acuerdo alguien lo castiga, le retira el privilegio de usar el auto, el teléfono o el televisor, le retira el amor, el dinero o utiliza el abuso físico o emocional? Por supuesto que con estos métodos los adolescentes no cederán, ni tampoco los trabajos quedarán hechos, lo cual, desde el principio, era el punto central del asunto.

No Utilice Palabras

Otra manera de emplear la llave mágica del seguimiento es utilizar una mirada, una sonrisa, una ceja levantada, señalar con un dedo o poner las manos en las caderas. Estas señales no verbales pueden ser más efectivas que cualquier palabra. Este tipo de comunicación no verbal es extremadamente efectiva cuando se hace con una actitud cordial y un guiño de ojo para transmitir sentido del humor como lo ilustra el siguiente ejemplo:

Mary dejó la aspiradora en medio del piso de la sala de televisión. Su madre encontró a Mary en su habitación, la tomó de la mano, la llevó hasta la sala de televisión y le señaló la aspiradora.

Mary dijo con exasperación:"Ay mamá". Entonces guardó la aspiradora y regresó airadamente a su habitación.

Confíe en que ayudar a sus hijos a cumplir con sus compromisos, aún cuando no sea prioritario para ellos, es el tipo de educación que les enseñará buenos hábitos los cuales les servirán toda su vida.

De Seguimiento al Seguimiento

Dar seguimiento no será completamente efectivo si usted no continúa hasta el final. Continuando con el ejemplo anterior de Andrew y su padre, Martín le dijo a su hijo más tarde esa noche: "Andrew, gracias por cumplir con nuestro acuerdo de podar el césped, aún cuando no era conveniente para ti en ese momento."

Andrew contestó, "No veo por qué no pudiste esperar a que terminara de lavar mi auto."

Martín le respondió: "Entiendo que puede parecerte poco razonable. Pero para mí, nuestros acuerdos son muy importantes.

Y realmente te agradezco que hayas cumplido aunque estuvieras molesto."

En este encuentro, Martín hizo un excelente trabajo enfocándose y reforzando únicamente los aspectos positivos.

Decida lo Que Hará y lo que No Hará

USTED PODRÍA DECIDIR que estará disponible para ayudar con los deberes escolares, los martes de 6:00 a 7:00 de la tarde. Para dar seguimiento, es necesario que usted se encuentre en el área correspondiente en ese día y a esa hora, aparezca o no su hijo. Cuando su hijo le suplique que lo ayude en jueves o viernes porque tiene un examen, diga, "Confío en podrás manejarlo solo. Sin embargo, recuerdo que estoy disponible los martes." Evite dar discursos sobre el problema de esperar hasta el último momento.

Si usted decide que está disponible como chofer de sus hijos tres días a la semana, dé seguimiento a su decisión negándose a llevarlos cualquier otro día. Esto no significa que no pueda ser flexible, pero solamente con un respetuoso aviso previo.

Propiedad, Dignidad y Respeto

EXISTEN TRES CONCEPTOS clave que son esenciales para un eficiente seguimiento: propiedad, dignidad y respeto.

Será más fácil dar seguimiento a lo que dice si es apropiado no sólo en la etapa de desarrollo de sus hijos sino también para las necesidades de la situación. Tratar de mantener el control sobre los adolescentes no es apropiado. Llegar a acuerdos a través de un proceso para solucionar problemas que involucre a sus hijos, sí es apropiado. Las absurdas amenazas de humillación y castigo no son apropiadas. No hay necesidad de humillación y castigo cuando usted da seguimiento con dignidad y respeto.

> Una vez que una consecuencia, una solución o un plan hayan sido mutuamente acordados, usted perjudicará a sus hijos si no da seguimiento con dignidad y respeto.

Mantener la dignidad y el respeto significa comprender que los adolescentes normales se resistirán a sus prioridades. Pero también significa evitar la manipulación. Una vez que una consecuencia, una solución o un plan hayan sido mutuamente acordados, usted perjudicará a sus hijos si no da seguimiento con dignidad y respeto. También es necesario que mantenga la dignidad y el respeto para usted mismo como padre, lo cual significa desempeñar su responsabilidad para enseñarles determinadas habilidades de vida, aunque ellos no las quieran aprender. También significa respetar el derecho que sus hijos tienen de no sentirse entusiasmados con las cosas que usted trata de enseñarles y comprender que, debido al proceso de individualización, es adecuado que se resistan. Finalmente, significa enfocarse en lo que se necesita hacer, y no en las personalidades. Por ejemplo, diga: "Entiendo que no quieras hacerlo ahora, pero nuestro acuerdo era que lo harías en este momento", en lugar de decir: "¿Cómo que no lo quieres hacer ahora? Eres un desconsiderado e irresponsable por no cumplir con tus acuerdos. ¿Qué tipo de persona eres?"

No Dar Seguimiento

ES UNA FALTA DE RESPETO para usted y para sus hijos si dice que va a hacer algo y después no le da seguimiento. Al dejar de darle seguimiento, les manda un mensaje equivocado a sus hijos.

LECCIONES QUE SUS HIJOS APRENDEN CUANDO USTED NO DA SEGUIMIENTO

1. No tienen que cumplir con sus acuerdos. Si usted no lo hace ¿por qué tendrían que hacerlo ellos?

2. Su palabra no significa nada, es como humo que sale de su boca y se extingue. Ellos podrían seguir su ejemplo.

3. La manipulación funciona para evadir la responsabilidad.

4. Ellos pueden salirse con la suya con todo tipo de conductas porque usted no les permite ser responsables al no dar seguimiento.

5. *Amar significa hacer que la gente "se rinda."*

Evite la Manipulación

DOTTIE HABÍA CAÍDO en un patrón de manipulación con su hija Dani. Ni la madre ni la hija sabían cómo tratarse sin intentar controlar respectivamente su conducta.

Era típico que Dottie hiciera amenazas y aseveraciones pero no les daba seguimiento. Dani conocía bien este patrón de conducta y sabía cómo convencer o disuadir a su madre de casi todo.

Cuando Dani cumplió dieciocho años y quiso un auto, Dottie decidió dar seguimiento al procedimiento. Estableció una hora para discutir la compra del auto e ir a comprarlo junto con su hija. Como Dottie estaba consciente de que a menudo sucumbía ante las manipulaciones de su hija, hizo algunos preparativos por anticipado.

Prepararse con Anticipación

Dottie sabía que sería difícil establecer claramente sus límites una vez que su hija estuviera involucrada, por lo que decidió hacer una lista antes de sentarse a hablar con Dani.

1. No quiero que saquemos ventaja una de la otra.

2. Quiero dar cuando sienta que es bueno hacerlo. Pero cuando no lo sienta así, no deseo sentirme culpable.

3. Quiero dar cuando lo desee, no porque lo demandes y me manipules.

4. Cuando doy, tiene que ser sin restricciones.

5. Quiero que las dos nos sintamos libres de perseguir nuestros propios intereses siempre y cuando no nos hagamos daño.

6. Sin tratar de arreglar las cosas o de cambiar la mentalidad de Dani, quiero permitirle que experimente cualquier sentimiento que tenga en respuesta a mi conducta.

7. Quiero sentirme libre de dar mis opiniones e información sin sentir que Dani debe estar de acuerdo conmigo.

8. Quiero un plan que incluya lo que ambas deseamos hacer, de tal manera que cada una haga lo propio.

Con sus límites claramente definidos, Dottie se acercó a su hija con confianza. Durante la reunión, Dani le pidió a su madre que solicitara el crédito para la compra del auto asegurándole que ella podía hacer los pagos. Antes de aceptar, Dottie le pidió a Dani que hiciera un presupuesto que incluyera pago de seguro, mantenimiento y reparaciones del auto. Basándose en este presupuesto, Dottie dijo a Dani que confiaba en que podía pagar el crédito aunque ello significaba que Dani tuviera que trabajar cuando menos treinta horas a la semana y gran parte de su dinero se iría en el pago del auto. Dani estuvo de acuerdo.

Dottie y Dani encontraron un auto dentro del rango de precios que se ajustaba al presupuesto y Dottie firmó el crédito. Durante los primeros dos meses, Dani pagó puntualmente, pero después empezó a faltar al trabajo regularmente. Aunque se quejaba de su empleo, Dani no buscó otro y finalmente renunció y por lo tanto dejó de hacer los pagos.

En el pasado, Dottie hubiera dado un discurso y hubiera criticado a su hija pero habría terminado haciendo los pagos diciendo: "Solo por esta única vez". Pero en esta ocasión Dottie dijo: "Dani, por favor dame las llaves del auto. Mientras tú hagas los pagos el auto es tuyo, pero si yo tengo que hacerlos para mantener mi crédito, el auto es mío. Cuando te pongas al corriente con los pagos, entonces podrás intentarlo nuevamente."

Dani hizo un berrinche. Suplicó por otra oportunidad, le dijo a Dottie que la odiaba, trató de hacerla sentir mal hablando de lo infeliz que había sido cuando su madre se divorció de su padre y finalmente, se negó a entregarle las llaves del auto.

Dottie permaneció sorprendentemente tranquila y dijo: "Sé lo molesta y alterada que estás. No voy a arrancarte las llaves de la mano, pero agradecería tu cooperación." Aventándole las llaves a su madre, Dani salió de su casa dando un portazo.

Dar Seguimiento Puede ser Doloroso al Principio

CUANDO NO SE ESTÁ acostumbrado a dar seguimiento con los hijos adolescentes, puede ser algo doloroso. Un signo de que está usted dando seguimiento eficientemente, es que se siente tan mal o peor que sus hijos. En el ejemplo anterior, Dottie se sintió como una bruja malvada. Pero aunque quería retractarse para hacer feliz a Dani, sabía desde el fondo de su corazón que haberse rendido en el pasado, fue exactamente lo que ayudó a crear ese "monstruo" que ahora educaba. Por lo tanto permaneció firme.

Cuando Dani pudo darse cuenta de que la manipulación no iba a funcionar, rápidamente encontró otro empleo y se puso al corriente con sus pagos. Dottie y Dani hicieron entonces un nuevo trato: Dani podía tener las llaves del auto siempre y cuando estuviera de acuerdo en dárselas a su madre cada vez que no hiciera un pago. Después de esto, parecía que Dani tuvo más respeto por su madre y por sí misma. Incrementar la autoestima es uno de los principales beneficios de dar seguimiento.

Haga Acuerdos

EN OTRA FAMILIA, la madre de un chico de diecisiete años compartió lo siguiente:

> *Recuerdo un día que Carl dijo que estaría de regreso en casa a la 1:00 AM. le dije que estaba bien y me fui a la cama a las 10:00 de la noche. Por alguna mágica razón, me levanté al baño a la 1:00 y cuando entré a la habitación de Carl, me di cuenta de que su cama estaba vacía, no había llegado.*
> *Carl es el tipo de chico que cumple lo que dice y yo siempre he confiado en él. Así que empecé a preocuparme de que hubiese tenido un accidente.*
> *Me senté en el sofá esperando a que la policía me llamara. Cuando Carl entró en la casa a las 2:30 AM., yo estaba todavía sentada en el sofá y dijo asombrado: "¿Qué haces despierta?"*

Le dije: "Estaba esperando que llamara la policía, pensé que habías tenido un accidente"
Carl dijo: "Estás loca."
Yo repliqué: "¿Por qué estaría loca? ¿Que razón podría tener para no creer lo que dices?"
"¿Qué es lo que se supone que debo hacer, llamarte a la 1:00 de la madrugada si mis planes cambian?"
"Por supuesto"
"Pero te despertaría"
Entonces dije: "No me importa, eso sería mejor que imaginarte tendido en la camilla de una ambulancia."
Carl respondió: "Siempre te preocupas demasiado, ¿por qué no simplemente dejas de preocuparte?"
"Bueno, me encantaría, pero no puedo. Si me dices que vas a llegar a las 3:00 de la mañana, y me levanto al baño a la 1:00 y no estás en casa, entonces no me preocupo, pero si a las 3:00 no estás, empezaré a preocuparme. Así soy yo."
Era importante para mí demostrarle que su comportamiento me afectaba. Entonces dependía de él decidir qué hacer al respecto. Y lo hizo, pues dijo: "Ya que no vas a dejar de preocuparte, por qué no establecemos un rango para mi "toque de queda" Cuando vaya a salir, te diré que estaré en casa entre las 11:00 y las 3:00". Yo estuve de acuerdo y me pareció interesante que él empezó a llegar a casa a media noche después de nuestra discusión.

Es probable que esté usted temblando al leer esta historia con respecto al "toque de queda". Nosotros no estamos recomendando que las 3:00 de la mañana sea la hora de llegada. Sabemos que todos los muchachos son diferentes y que algunos, como Carl, pueden manejar esa libertad adicional sin ser irresponsables.

Carl y su madre hicieron un acuerdo verbal informal que dejó a Carl en libertad para tomar sus propias decisiones. Cuando muchos padres alcanzan este punto, sienten que deben hacer un acuerdo por escrito como un contrato con sus hijos. Pero estos padres no actuarían de esa forma si estuviesen tratando con un amigo, pues no sería respetuoso ni necesario. Cada vez que usted haga más o menos de lo necesario en una situación, creará una confusión de daños.

Un Acuerdo por Escrito es Un Recordatorio, No un Contrato

Si un acuerdo se pone por escrito, debe ser en forma de registro, no de contrato. Algunas familias toman decisiones en sus juntas familiares y registran sus acuerdos en una libreta. Otras ponen una nota en el calendario o en el refrigerador, hasta que los nuevos planes se vuelvan parte del itinerario normal. Algunos acuerdos escritos toman la forma de plan de trabajo. El énfasis de poner los acuerdos por escrito es ayudar a la gente a recordar sus compromisos no es el compromiso en sí, porque eso ya se hizo verbalmente. Dar seguimiento es la manera más efectiva de ayudar a los chicos a cumplir con sus compromisos.

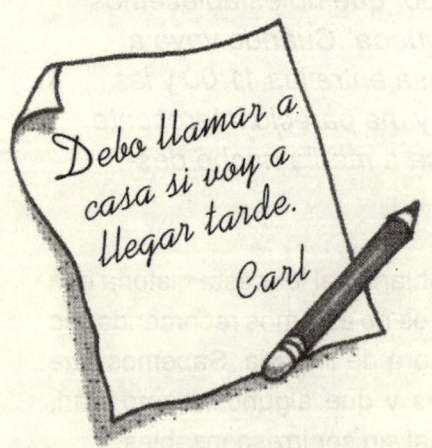

En el ejemplo anterior, si Carl continuaba llegando a casa más tarde de lo que había quedado, la respuesta de su madre podría haber sido continuar hablándole de sus sentimientos, le haría saber a Carl que su conducta la afectaba. Pero si Carl persistiera, entonces su madre tendría que reconocer que él dice una cosa y hace otra. Llegado este punto, la madre de Carl tendría que decidir qué sería lo que ella haría al respecto, pues podría concluir en que Carl se siente insultado cuando ella se preocupa por él. Si esto resultara ser cierto y si Carl piensa que su madre no cambiará, él podría decidir llegar a la hora que le plazca. En ese momento, su madre tendría que decidir reevaluar su propio comportamiento y aprender a irse a la cama estuviera o no su hijo en casa. O podría decirle a Carl: "No estás siendo responsable con tu libertad, así que vamos a regresar a una hora de llegada exacta más temprana y hagamos el intento de nuevo. Yo podría vivir con un horario de las 11:30 o las 12:00. Tu decides cual es mejor para ti."

> Si un acuerdo se pone por escrito, debe ser en forma de registro, no de contrato.

Qué Funciona, qué no Funciona

ALGUNAS DE LAS HERRAMIENTAS educativas más inútiles incluyen dar discursos, reaccionar fuertemente, acondicionar, rescatar, vender culpas, avergonzar y tratar de controlar con el pretexto de que es por el bien de los jóvenes. Si usted ha empleado cualquiera de estas herramientas para hacer que sus hijos adolescentes estén de acuerdo con usted, probablemente sabe que no funcionan. Y aún así, muchos padres persisten, pensando que si emplean estos métodos el tiempo suficiente, sus hijos captarán el mensaje. (¡La locura, alguna vez se describió como hacer la misma cosa una y otra vez esperando resultados diferentes!)

Cuando usted practica el seguimiento, se está moviendo en una dirección positiva y productiva, comunicando sus sentimientos, compartiendo sus valores, escuchando lo que para sus hijos es importante, averiguando lo que ellos quieren hacer, y respetando sus puntos de vista. Esto significa hacer lo necesario para alcanzar una meta, sin esperar que sus hijos estén tan interesados como usted en alcanzarla.

Dar seguimiento lo alienta a usted para tener confianza en sus hijos. Puede mantenerse al margen dándoles espacio para que decidan lo que harán por sí mismos. Dar seguimiento permite enseñar las habilidades, hacer las cosas con y no para los hijos, enfocarse en soluciones y ser curioso y escuchar.

Algunos Consejos Finales

ES MÁS FÁCIL dar seguimiento si usted se entrena, y entrena a sus hijos anticipadamente. Si pasa algún tiempo con sus hijos adolescentes en los pasos necesarios para lograr las metas acordadas, puede dar el seguimiento más suavemente. No negocie un nuevo acuerdo en lugar de dar seguimiento al original. Es necesario que empiece y termine el mismo plan.

Muchas veces los jóvenes no dan seguimiento porque sus padres no les dan la oportunidad. Los jóvenes odian que los padres no demuestren confianza en ellos. Es mucho mejor que los padres pregunten a sus hijos si ya hicieron algo que acordaron hacer, en lugar de asumir que lo olvidaron.

Los adultos no utilizan su sentido común cuando esperan que sus hijos sigan las prioridades de los adultos. Dar seguimiento es una manera respetuosa de ayudar a los hijos a vivir de acuerdo con las expectativas y prioridades de los adultos.

Dar seguimiento nunca debe incluir amenazas, pues le permite mantener su propio poder mientras ofrece la oportunidad a sus hijos de que mantengan el suyo. Es bueno para todos, una vez que tenga el hábito de dar seguimiento, podrá mantener el sentido del humor cuando las cosas no salgan de acuerdo a lo planeado. Dar seguimiento puede ser una magnífica forma de enriquecer su relación con sus hijos.

Dar seguimiento ayuda a los padres a ser precavidos y considerados más no impulsivos y desconsiderados. Una vez que comprenda que sus hijos adolescentes tienen sus propias prioridades, aún cuando necesiten cumplir con algunas de usted, podrá percibir su resistencia como algo fascinante y normal en lugar de verlo como flojera, desconsideración e irresponsabilidad. Dar seguimiento puede hacer de la paternidad algo placentero, mágico y divertido.

HERRAMIENTAS QUE DEBE RECORDAR PARA UNA EDUCACIÓN AFETUOSA Y FIRME

1. Existe una forma de éxito seguro para hacer que sus hijos cumplan con sus acuerdos, y se llama dar seguimiento. Puede implicar mucho trabajo para usted al principio, pero valdrá la pena cada minuto que dedique para entrenarse usted y entrenar a sus hijos a emplear buenos hábitos.

2. Lea una y otra vez los cuatro pasos, las cuatro trampas y los cuatro consejos para un exitoso seguimiento, porque son muy diferentes de lo que usted normalmente respondería como padre y como humano.

3. Debe usted estar en la primera fecha límite para dar seguimiento. No funcionaría a largo plazo si no se hace presente desde el principio.

4. Si usted se lamenta y se queja de que dar seguimiento implica demasiado trabajo, observe cuánto tiempo pasa recordando y regañando a sus hijos. Observe el efecto que el regaño tiene sobre usted y

sobre sus hijos. Haga un registro de las veces que en realidad se lleva a cabo la tarea por la que está regañando. Nosotros llamamos a esto un registro de la realidad.

5. Dar seguimiento le ayudará a utilizar menos palabras y sus hijos lo escucharán mejor.

6. No dude en prepararse por anticipado y hasta practicar con un amigo.

7. No recomendamos hacer contratos con sus hijos. Si necesita escribir la información como un recordatorio para ambas partes, eso es respetuoso y afectivo. Establecer un contrato significa estar tratando a su hijo como a un cliente o un adversario. Si llegara a firmar un contrato, no me sorprendería la actitud de su hijo.

ACTIVIDADES DE APLICACIÓN PRÁCTICA

1. Piense en una situación en la que regañó a su hijo. (Trastes sucios en su habitación; ropa, zapatos, libros por toda la casa; jaulas de animales sucias; etcétera)

2. Observe los cuatro pasos, las cuatro trampas y los cuatro consejos para un seguimiento exitoso, y trabaje con sus hijos para establecer una situación en la que practicarán durante una semana.

3. Vuelva a leer este capítulo cada vez que sienta el deseo de regañar. (Es probable que termine usando el libro adecuadamente.)

MI PLAN DE LA SEMANA

Esta semana me enfocaré en....

_____

_____

Trabajaré en cambiar mi actitud pensando....

_____

_____

_____

Cambiaré mi comportamiento haciendo....

_____

_____

_____

7

¿Su Hijo Adolescente Escucha Cualquier cosa que Usted Diga?

HABILIDADES DE COMUNICACIÓN

¿USTED Y SU ADOLESCENTE se escuchan realmente? ¿Qué pasa con todas esas palabras que usted dice? ¿Por qué su hijo no utiliza más palabras y habla con usted? ¿Hablaría más su hijo con usted si se sintiera escuchado, comprendido y tomado en serio? En este capítulo le mostraremos cómo comunicarse de una manera en que ambos se sientan escuchados y comprendidos.

Aunque escuchar es el principal ingrediente de la comunicación, es la habilidad menos desarrollada. Cuando los padres preguntan: "¿Por qué mis hijos no me escuchan?", nosotros les preguntamos: "¿Ustedes les ponen el ejemplo de lo que es escuchar?, en otras palabras, ¿los escuchan primero a ellos?"

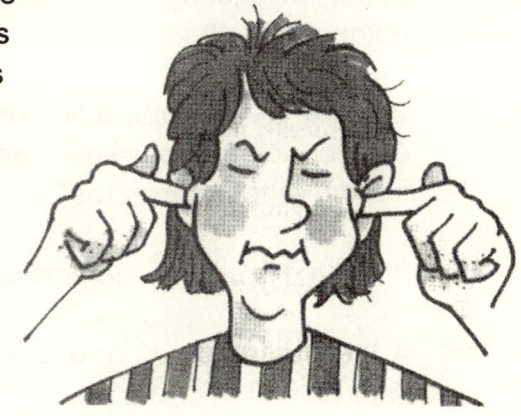

Tanto se ha escrito y dicho sobre escuchar, que la mayoría de la gente está consciente de lo que se

> Cuando los padres preguntan: "¿Por qué mis hijos no me escuchan?", nosotros les preguntamos: "¿Ustedes les ponen el ejemplo de lo que es escuchar?, en otras palabras, ¿los escuchan primero a ellos?"

requiere para escuchar bien, sin embargo, la mayoría no sabe por qué escuchar es tan difícil. Puesto de una manera sencilla, escuchar es difícil porque los asuntos continúan interponiéndose. Generalmente la gente toma todo lo que oye de una manera personal, quieren defender sus posiciones, explican, corrigen, se desquitan, o cuentan una mejor historia. Los padres, especialmente, quedan extremadamente "involucrados en su ego" con sus hijos es decir, toman las cosas de una manera muy personal, porque sienten que no pueden ser padres lo suficientemente buenos. Podría usted pegar una copia de la siguiente lista en el espejo de su baño y leerla todos los días hasta que logre superar las diferentes formas en que interrumpe el proceso de escuchar:

Barreras para Escuchar

1. Intervenir para componer o rescatar y así ser un buen padre, en lugar de escuchar mientras sus hijos tratan de entender las cosas por sí mismos.

2. Tratar de disuadir a sus hijos de sus sentimientos o percepciones para que tengan las percepciones y sentimientos "correctos".

3. Dar explicaciones defensivas sobre su punto de vista.

4. Interrumpir para dar una lección sobre moralidad o valores.

5. Tomar como algo personal lo que sus hijos dicen y dejar que sus propios asuntos sin resolver obstaculicen la comunicación.

6. Utilizar lo que sus hijos dicen en su contra para castigar, criticar, ofender y sermonear.

Una de las principales claves para escuchar, es estar en silencio. Guarde silencio cuando escuche, porque no se puede hablar y escuchar al mismo tiempo. Sabemos lo difícil que es estar en silencio mientras escucha, pues requiere de una gran disciplina. Significa no ceder ante la tentación de emplear alguna de las seis barreras para escuchar, especialmente la primera. Es muy difícil darse cuenta que a menudo sus hijos no necesitan soluciones simplemente necesitan ser escuchados, comprendidos y tomados en serio. ¡Eso es todo!

Un grupo de adolescentes fue invitado a crear una lista de los diez mejores consejos para ayudar a los padres a comunicarse mejor. Ellos sugirieron más de 25 consejos. He aquí nuestros favoritos:

> Una de las principales claves para escuchar, es estar en silencio. Guarde silencio cuando escuche, porque no se puede hablar y escuchar al mismo tiempo.

CONSEJOS DE ADOLESCENTES PARA PADRES SOBRE COMO MEJORAR LA COMUMINACION

1. Nada de discursos

2. Sean breves y dulces

3. Discutan todo con honestidad

4. Sean transigentes

5. No nos hagan callar.

6. Escúchenos no hablen.

7. No hablen repetitivamente.

8. Si tenemos las agallas para decirles lo que hicimos mal, no se enojen ni reaccionen con violencia.

9. No nos fisgoneen o subestimen.

10. Omitan las 20 preguntas.

11. No nos griten desde otra habitación y esperen que vayamos corriendo.

12. No traten de hacernos sentir culpables diciendo cosas como: "Lo hice yo porque tu no tuviste tiempo."

13. No hagan promesas que no puedan cumplir.

14. No nos comparen con nuestros hermanos o amigos.

15. No hablen de nosotros con nuestros amigos.

Por supuesto que hay momentos en que es adecuado trabajar en soluciones con sus hijos. Más adelante en este capítulo, le daremos sugerencias sobre la comunicación para encontrar soluciones. Pero primero cubriremos simplemente algunos puntos sobre el proceso de escuchar a sus hijos para comprenderlos.

Habilidades que le Ayudan a Guardar Silencio y Escuchar para Comprender.

LAS SIGUIENTES HABILIDADES son efectivas únicamente cuando usted está sinceramente interesado en comprender el mundo de sus hijos adolescentes y está dispuesto a respetar su realidad.

1. El sentimiento que está detrás de lo que usted hace es más importante que lo que hace. Guardar silencio y leer un papel o pensar en algo más no cuenta. Escuchar eficientemente requiere un lenguaje corporal totalmente abierto para indicar su interés.

2. Respete las realidades separadas. Manténgase abierto al hecho de que existe más de una forma de ver las cosas.

3. Muestre empatía. ("Entiendo por qué te sientes así o lo ves de esa forma").

4. Sea lo suficientemente curioso para tratar de comprender el punto de vista de su hijo o hija.

Ser curioso significa que si abre usted la boca es para hacer una pregunta que generará mayor información por parte de su hijo. Por ejemplo: "¿Cómo te sentiste? ¿Qué era importante para ti? ¿Puedes darme un ejemplo de algo que yo haga que te hace enojar?" Y la última pregunta ("¿Hay algo más que te esté molestando?") es la que merece mayor exploración. Muchos padres nos han comentado que al recordar hacer esta pregunta en particular una y otra vez les ha ayudado para entrar en el mundo de sus hijos y comprender el fondo de las cosas más que cualquier otra cosa que hayan hecho.

"¿Alguna Otra Cosa?" Trabajando en su Actitud de Curiosidad

UNA HABILIDAD IMPORTANTE para demostrar interés es preguntar constantemente: "¿Hay alguna otra cosa?" Con demasiada frecuencia, los padres reaccionan a la primera fracción de información que obtienen, aún cuando generalmente ni siquiera están cerca del asunto clave. Usted podrá descubrir el fondo de las cosas y los sentimientos cuando evite la tentación de responder a la información superficial y haga la pregunta clave. Existen muchas maneras de preguntar: "¿Hay alguna otra cosa sobre esto que te esté molestando? ¿Hay alguna otra cosa que quieras decir al respecto? ¿Existe alguna otra razón para esto? ¿Hay alguna otra información que puedas darme que me ayude a comprender?"

Emplee su creatividad, pero manténgase lo suficientemente interesado para evocar más y más información. Puede parecer embarazoso y fingido al principio, pero siga practicando. Una vez que supere el sentirse torpe, será más espontáneo y se descubrirá siendo realmente curioso e interesado.

Adele nos compartió la siguiente historia sobre su hija de trece años. Cuando ambas visitaban a una amiga, Adele ofreció que su hija ayudaría a cuidar al bebé de su amiga. Sin embargo, tuvo el descuido de consultarlo primero con su hija, un asunto que ésta había planteado en numerosas ocasiones. Adele tenía la intención de ser más comprensiva en cuanto a las necesidades de su hija, pero a veces lo olvidaba. En el camino de regreso a casa, notó que ella estaba resentida y temperamental, así que le preguntó:

"¿Qué pasa?" su hija contestó: "Nada. Simplemente eres como sueles ser. Ofreciste mis servicios sin preguntarme."

Aunque Adele se percató de que había cometido un error, percibió que su hija necesitaba espacio, antes de escuchar cualquier disculpa. Por lo tanto Adele decidió esperar y continuar la conversación más tarde. Esa tarde Adele le preguntó a su hija si podía sentarse en su cama un momento. Ella contestó: "no me importa." Entonces Adele se sentó y empezó a acariciar el cabello de su hija. Por las mejillas de la chica comenzaron a correr lágrimas y Adele dijo, "A veces la vida puede ser tan difícil y otras veces uno no se siente comprendido." Unos minutos después agregó: "Siento mucho haberte faltado al respeto ofreciendo tus servicios como niñera sin preguntarte primero. Cometí un error."

"No es solo eso, mamá." Añadió la chica

"¿Entonces que es?" preguntó Adele

"Me sentí muy avergonzada al decir que no."

"Hay algo más"

"No sé cómo voy a hacer mis deberes escolares si trabajo de niñera después de la escuela."

"¿Alguna otra cosa?"

"No me gustaría cuidar a esos niños porque son muy difíciles y nunca escuchan"

Adele asintió con la cabeza y dijo: "Gracias por hacerme saber tus sentimientos, estoy dispuesta a llamar y decirles que cometí un error si así lo deseas. ¿Quieres consultarlo con tu almohada?"

Su hija respondió: "Está bien, pero quizá sea bueno, te lo diré en la mañana. Te quiero mamá."

Adele demostró varias ideas importantes sobre la comunicación. En lugar de complicar la molestia de su hija diciendo: "Tenemos que hablar de lo que ocurrió", ella esperó hasta que la situación se había enfriado. Después "persistió" sentándose en la cama de su hija. Si Adele hubiese exigido que hablaran, su hija habría tomado esto como una señal de que se acercaba un sermón o un castigo. Adele entendió que es mucho más efectivo poner en práctica lo que creía que solamente predicarlo. Ella deseaba tener una buena comunicación con su hija, así que tuvo que trabajar mucho para convertirse en una mejor comunicadora. A largo plazo, emplear este método significa que los adolescentes estarán mucho más dispuestos a "escuchar" las acciones de sus padres que a "escuchar" sus discursos. Aunque parezca que al principio se rebelan contra su ejemplo por algún tiempo, cuando usted practique tranquila y respetuosamente lo que cree, se sorprenderá de ver cuántos de sus valores adoptarán sus hijos cuando crezcan. Adele dio el ejemplo de esperar por el momento adecuado para hablar, disculparse por su error y escuchar los sentimientos de su hija sin hacer juicios o tratar de corregirla o cambiarla.

Sin embargo, hay momentos en que no es adecuado comunicar sus sentimientos y deseos directamente, sino con el ejemplo. Hay veces que la única forma de resolver problemas es con la comunicación verbal. Para ser un buen comunicador verbal, debe usted recurrir a diferentes recursos. Las siguientes, son varias opciones a considerar:

RECURSOS PARA UNA COMUNICACIÓN EFECTIVA

1. Comuníquese desde su corazón a fin de desarrollar un vocabulario para expresar sus sentimientos.

2. Resuelvan los problemas de manera conjunta para encontrar soluciones con las que todos estén de acuerdo durante un corto periodo.

3. Aprenda el lenguaje de la comunicación.

4. Practique los consejos prácticos para la comunicación.

Desarrolle un Vocabulario para Expresar sus Sentimientos

En lugar de esconder los sentimientos, ayude a sus hijos a identificar y compartir sus sentimientos. Ya que muchos adultos no saben cómo expresar sus sentimientos, no pueden ayudar a sus hijos, que son un manojo de sentimientos esperando para ser expresados.

Es necesario que usted aprenda a comunicarse desde el fondo de su corazón utilizando un vocabulario adecuado para expresar sus sentimientos. Los discursos, las discusiones, las racionalizaciones, las distracciones, las exageraciones y las predicciones del futuro, todas, vienen de su cabeza. La tristeza, la desolación, el amor, la compasión, la empatía y la comprensión son sentimientos que vienen de su corazón. La honestidad, el miedo, la ira, el valor son sentimientos que vienen de sus entrañas. Cuando se trata de comunicarse, ninguna de estas es la solución permanente. Hay momentos en los que el juicio y el análisis, que vienen de su cabeza, son lo más adecuado. Otras veces requerirá de escuchar al amor, la compasión o la tristeza de su corazón. Algunas otras ocasiones será necesario que sea honesto o escuche a sus miedos, ira o valor desde sus entrañas. La solución a muchos problemas de comunicación es encontrar el balance apropiado.

Después del divorcio de Joyce, ella se percató de que se había creado un enorme abismo entre ella y su hija, Julia. Cuando Joyce aprendió las habilidades de comunicación desde su cabeza, su corazón y sus entrañas, fue capaz de construir un puente sobre ese abismo. Ella nos compartió el siguiente resumen de su diario:

Hace como seis meses, Julia me invitó al cine. Antes de la película estábamos conversando y yo empecé a escuchar lo que iba diciendo, en lugar de discutir. No me di cuenta de que estaba escuchándola hasta que empecé a hacerlo. Y comprendí que en el pasado, yo iba directo a mi cabeza y trataba de explicar mi punto de vista en lugar de escucharla desde el corazón. Requerí de mucha disciplina para poder morder mi lengua y permanecer callada. Cuando la conversación terminó, tuve ese ansioso sentimiento de que nada se había resuelto. No hice nada de lo que solía hacer, como aconsejarla o decirle la "forma correcta" (según yo) de ver las cosas. Sin embargo, al cabo de algunas semanas, noté que nuestra relación mejoraba, aunque la ansiedad persistía. Aproximadamente un mes después de esa primera experiencia de "escuchar", íbamos camino a casa después de una cena familiar. Creo que quería decirme algo, pero estaba muy nerviosa. Por lo tanto decidí hablarle desde el fondo de mi corazón y le dije, "Me siento tan mal de que haya este abismo en nuestra relación. Tenemos una relación muy superficial. Te amo, y creo que tu también me amas, y cuando pasamos el tiempo juntas es muy agradable y cordial, pero se siente tan superficial. Solo deseo que haya algo que pudiéramos hacer para cerrar este abismo." Julia respondió: "Ya no voy a hablar más de esto. Ya he tenido suficiente y no me volveré a meter en esas cosas otra vez."

Yo seguí insistiendo: "Creo que ya sé escuchar mejor, he aprendido mucho. Solía pensar que sabía cómo escuchar, pero en realidad no sabía. Por favor, dame otra oportunidad. Quiero saber por qué cosas has pasado." Entonces Julia empezó a hablarme. Fue muy doloroso escuchar lo que decía, sencillamente me rompía el corazón porque me explicó que sentía que la persona que siempre le había ayudado a enfrentar su dolor, la había abandonado cuando sufrió el dolor más fuerte de su vida. Se preguntaba cómo podía yo amarla de verdad y hacerle esto. Se dio cuenta que muchas de las cosas en las que había creído solo eran mitos que su madre era solo una persona, pero no la persona que ella creía que era.

Julia dijo, "En cierto modo, tengo que agradecerte, ahora soy una mejor persona por pasar por todo esto, porque me dejaste sola en la vida y aún así la pasé bien. Antes, todo lo que pensaba era en dónde sería la próxima fiesta. En realidad no tomaba nada en serio y pensaba que la vida era sólo un juego. Pero cuando todo esto pasó, descubrí que era diferente. La vida es muy seria, y soy la única que tiene el control de mi vida. Gracias a esto, tomé muchas decisiones como no abusar de las drogas, en qué voy a ocupar mi tiempo, qué es lo importante para mí, qué tan importante es la escuela. No creo que sea tan malo, pero nunca podrá ser lo mismo ahora porque tú eres diferente de cómo pensé que eras. Tú eras mi madre, y ahora eres esta persona."

Yo estaba sentada, llorando mucho porque realmente estaba escuchando a Julia con el corazón. Mi corazón estaba roto, y seguí diciendo: "Siento tanto que hayas tenido que pasar por todo esto. Siento tanto que no pude escucharte. Sentía todo lo que tu decías como una crítica y no pude escuchar lo que había detrás. Me porté tan a la defensiva, me imagino lo desesperante que debió haber sido para ti. Qué ofensivo debió haber sido. Tú sabes que te amo, y para mí es tan difícil ver que pases por tanto dolor que solo quisiera haberlo sabido, haberlo comprendido. Tú pensabas que me veías feliz, pero también atravesaba por mucho dolor. Tú nunca viste el dolor, viste otra cosa y algún día, cuando estés lista, me gus-

taría decirte qué sucedía conmigo entonces. No creo que este sea un buen momento, pero hay muchas cosas que no sabes y no comprendes. Espero que algún día quieras saberlas."
Todo esto pasó en el auto, en la carretera. Ambas sollozábamos, y yo la tenía abrazada y le dije: "Te amo mucho, y me siento muy mal por todo esto."
Ella respondió: "Yo también te amo."
Esa enorme barrera que había entre nosotras, cayó en pedazos. Fue muy doloroso escucharla desde mi corazón, pero valió la pena. Sentí que tenía a mi hija de regreso.

Comunique sus Sentimientos

La herencia de nuestra sociedad es descontar o ignorar los sentimientos especialmente aquellos que vienen de sus entrañas. Se le ha enseñado a no sentir ira y a no ser honesto si esto hiere los sentimientos de alguien más. (¿No le parece paradójico? Puede estar bien para otras personas tener sentimientos, por que se supone que usted no debe herirlos, pero se supone que usted debe suprimir los suyos.) Aunque se dicen muchas cosas superfluas en cuanto al desarrollo individual, usted será juzgado si no se ajusta a las normas, y la única forma de ajustarse es descontando los sentimientos que lo hacen diferente.

Si usted no aprende a admitir sus sentimientos, a escuchar lo que tienen que enseñarle, y a expresarlos de una manera respetuosa para sí mismo y los demás, su vida será superficial, sin sustancia.[1] Si usted es capaz de hacer estas cosas por sí mismo, entonces será capaz de enseñárselas a sus hijos.

---

[1] Vea *Terapia Hágalo Usted Mismo: Cómo Pensar, Sentir y Actuar como Una Nueva Persona en Solo 8 Semanas* para mayor información para aprender sobre los sentimientos y como mostrarlos.

¿Su Hijo Adolescente Escucha Cualquier cosa que Usted Diga?

Parte de su trabajo como padre afectuoso y firme es ayudar a sus hijos a reconocer y comprender sus sentimientos, sentirse cómodos al expresarlos de una manera respetuosa, expresar los sentimientos como información y no como algo irrebatible, y ayudarlos a levantarse por sí solos. Los niños necesitan comprender las realidades separadas, darse cuenta de que la gente siente y piensa de diferente manera, Además los adolescentes necesitan saber que está bien tener sentimientos, no importa cuáles sean, y que no tienen que hacer nada al respecto. Tener "malos" sentimientos no hace mala a una persona; todos tenemos este tipo de sentimientos. De hecho, no hay sentimientos buenos ni malos, simplemente hay sentimientos y emociones. No importa qué tan intensos son esos sentimientos, no lo matarán, especialmente si los expresa respetuosamente.

> Parte de su trabajo como padre afectuoso y firme es ayudar a sus hijos a reconocer y comprender sus sentimientos, sentirse cómodos al expresarlos de una manera respetuosa, expresar los sentimientos como información y no como algo irrebatible, y ayudarlos a levantarse por sí solos.

Usted puede enseñar a sus hijos cómo comunicar sus sentimientos cuando los escucha y les da valor y cuando comparte los propios empleando las habilidades de escuchar enseñadas en este capítulo. Es necesario que escuche sin pensar que debe "corregir" alguna cosa, sin ponerse a la defensiva y sin explicar su posición. Es mucho más respetuoso cuando sencillamente escucha o emplea las habilidades de curiosidad.

Además de escuchar, una de las mejores formas de alentar a los chicos a expresar sus sentimientos es poner el ejemplo expresando los suyos con total honestidad.

Honestidad: Una Herramienta para Desarrollar un Vocabulario de Sentimientos

Ser honesto con sus hijos sobre lo que siente ahora y lo que sintió e hizo cuando era adolescente, es algo extremadamente importante. A menudo, los padres tienen miedo de hablar sobre lo que hicieron cuando eran jóvenes porque piensan que sus hijos lo tomarán como ejemplo para hacer lo mismo. Pero muchos adolescentes nos han dicho que en realidad es lo contrario. No tema ser honesto con sus hijos es una excelente manera de motivar la comunicación.

Cuando su hija Erin, de catorce años, empezó a estabilizarse, Linda resolvió ser honesta con ella. Le dijo, "Quiero contarte algunas cosas que me ocurrieron cuando era adolescente... pero tengo que decirte, ¡me da miedo! Hice algunas cosas que no fueron buenas para mí, y algunas cosas que yo sabía que a mis padres no les gustarían nada y me da miedo que si te enteras que hice eso, quieras hacerlo también. Pero no prestaré atención a mis temores, porque creo que lo que pueda decirte te será útil."

Linda respiró profundamente y comenzó:

> A menudo, los padres tienen miedo de hablar sobre lo que hicieron cuando eran jóvenes porque piensan que sus hijos lo tomarán como ejemplo para hacer lo mismo. Pero muchos adolescentes nos han dicho que en realidad es lo contrario.

Empecé mi vida sexual cuando estaba en 10° grado. Tuve mucha suerte de no embarazarme. Y tenía sexo porque buscaba amor... yo no sabía que esa no era la manera de encontrarlo. También era una cuestión de moral para mí, porque me habían enseñado que era pecado tener relaciones sexuales antes

del matrimonio. Así que me sentía como una pecadora, me sentía culpable, y después continué haciéndolo de todos modos – lo cual me hacía sentir aún peor. Nunca me atreví a pedirle información a nadie o a preguntar sobre los métodos anticonceptivos. De hecho, vivía prometiéndome a mí misma que nunca más lo volvería a hacer, pero después no lo cumplía y entonces volvía a sentirme culpable.
Me pregunto qué habría hecho si me hubiese sentido amada,... si hubiera tenido información e incluso permiso de usar anticonceptivos,... si me hubiese sentido aceptada aún cuando hubiera tomado esa decisión. Creo que podría haber sido más sabia en mis decisiones. No sé si me habría abstenido, pero hay muchas probabilidades de que lo hubiera hecho en la mayoría de los casos en los momentos en que estaba más preocupada por no ser rechazada que por lo que era correcto para mí. Sé que me habría amado mucho más a mí misma, y no habría tenido que buscar el amor y aprobación de esa manera. Es por eso que quiero decirte lo que me habría gustado que mis padres me dijeran.
Me dio miedo de que te involucraras en el sexo antes de haber desarrollado el suficiente juicio para entender los resultados a largo plazo en cuanto al embarazo, tu reputación y las enfermedades. Me pregunto si te respetas lo suficiente a ti misma para sentirte bien de decir no, si así lo sientes en lugar de sentir que tienes que complacer las demandas de los demás. Me gustaría poder protegerte de ser herida por cualquier error que pudieras cometer, pero sé que tienes que cometer tus propios errores y aprender lo que tengas

que aprender al vivir tu vida de la manera que elijas vivirla. Solo quiero que sepas que yo siempre estaré aquí para amarte y aceptarte incondicionalmente, y con gusto te daré toda la información que quieras.

Linda utilizó muchas palabras lo cual está bien cuando se trata de compartir sus sentimientos desde su corazón y sus entrañas. Estaba sorprendida de lo efectivo que fue compartir con Erin sus sentimientos, pues ella le habló sobre los chicos en su escuela quienes todos sabían que ya lo "estaban haciendo". Erin le dijo a su madre que ella no tenía ningún problema de decir que no, porque se había dado cuenta que en la escuela todos se enteraban de "todo" muy pronto; ella no quería que los demás hablaran de ella de ese modo.

Linda no sabía qué hubiera sucedido con Erin si no hubiese decidido ser honesta con ella. Consciente de que Erin podría cambiar su mentalidad con respecto al sexo conforme iba creciendo, Linda planeó mantener las líneas de comunicación abiertas para que Erin pudiera sentirse libre de utilizar a su madre como un recurso en cualquier momento.

Se requiere de honestidad y valor para ponerse en contacto con sus propios sentimientos, con la fuente de esos sentimientos, y con lo que quiera hacer con ellos. Cuando se comunican honestamente los sentimientos, es fácil desviarse en explicaciones, racionalizaciones, ataques, defensivas y otras reacciones. La formula de "Yo siento" Yo siento _____ porque_____ y quiero _____, le ayudará a centrarse en sus sentimientos, y posibles soluciones. Nótese la palabra posibles. Decir lo que desea no significa forzosamente

> Se requiere de honestidad y valor para ponerse en contacto con sus propios sentimientos, con la fuente de esos sentimientos, y con lo que quiera hacer con ellos.

que alguien más tenga la responsabilidad de dárselo. Ni tampoco usted debe esperar que alguien más esté de acuerdo con usted o sienta lo mismo. En cambio, la formula de "Yo siento" es un procedimiento efectivo de aceptarse, respetarse y expresarse de una manera respetuosa para los demás. (Utilice la Gráfica de las Caras de Sentimientos de la página 150 para que le ayude a identificar sus sentimientos.)

La Formula "Yo Siento"

Los siguientes son ejemplos de la formula "Yo siento". Observe cómo las palabras en cursiva se emplean en las siguientes variaciones. "Yo me *siento* molesta cuando los trastes no se han lavado *porque* me gusta ver la cocina limpia y cocinar en un lugar limpio y *quisiera* que los lavaras antes de que yo empiece a cocinar."

"Me siento contenta cuando cumples con tu acuerdo de lavar los trastes porque la cocina luce bien. Ahora puedo preparar la cena de buen humor." Como puede ver, la última parte de la formula se cambió de "Yo quisiera" a "Ahora puedo". Esto no significa que las otras personas son responsables de su buen o mal humor. Algunas personas pueden preparar la cena con la cocina desordenada y aún así permanecer de buen humor. Significa que usted ha expresado cómo se siente.

"Me siento herido cuando me denigras, y quisiera que no lo hicieras." En este caso, la frase *porque hieres mis sentimientos* fue omitida ya que está perfectamente entendida. La formula es flexible; proporciona pautas, no reglas. Cuando es adecuado, es conveniente incluir la palabra *porque* y *quisiera* porque nos ayudan a permanecer en contacto con la situación completa dando a los demás tanta información como sea posible.

"Me siento feliz de que hayas obtenido una A en tu boleta de calificaciones porque sé lo mucho que trabajaste por ella." Este comentario termina con el objetivo al que pertenece el esfuerzo y no la persona. Decir: "Me siento muy orgulloso de ti por haber obtenido una A," da el mensaje a su hijo de que usted no estaría orgulloso de él si no hubiese obtenido la A. Sus hijos necesitan sentir que usted está orgulloso de ellos pase lo que pase.

GRÁFICO DE CARAS EXPRESANDO SENTIMIENTOS

"Me siento molesta por la F que tienes en tus calificaciones porque temo que estés desaprovechando algo que podría beneficiarte. Quisiera que pensaras en lo que significa una buena educación para ti." En lugar de hacer alusión al carácter, comentarios como éste invitan a sus hijos a observar cómo su comportamiento afecta sus vidas.

"Me siento realmente molesto cuando golpeas a tu hermano porque me disgusta la violencia. Me gustaría que consideraras otras maneras de expresar tus sentimientos y otra forma de obtener lo que deseas." Este comentario muestra a sus hijos que está bien sentir enojo pero que no está bien ser irrespetuoso con los demás. También otorga espacio para dar seguimiento a los asuntos de violencia, lo cual puede ser discutido en una junta familiar o en cualquier otro momento cuando ambos padres y el hijo se encuentran de buen humor. En ese momento, se puede hacer una lista de las posibles formas no violentas de manejar la ira y para obtener lo que se desea.

La Fórmula "Tu Sientes"

En raras ocasiones cuando sus hijos se abren ante usted y expresan sus sentimientos (a veces de una manera irrespetuosa), es posible que usted reaccione negativamente (con una respuesta irrespetuosa). Si le dice a su hijo que no debe sentirse de esa manera o que debe ser más respetuoso, o si usted lo ataca de alguna manera, no se sorprenda si crece con la idea de que tener sentimientos es inadecuado o que debe suprimirlos.

Cuando usted da ejemplo de la formula "Yo siento", ayuda a sus hijos a aprender cómo aceptar y expresar sus sentimientos de una manera respetuosa. Es útil valorar sus sentimientos con la formula "tú sientes" la palabra tú distingue esta fórmula de la otra. En ocasiones es fácil reflexionar lo que han dicho porque está muy claro, y es importante que usted no suene como perico. Su objetivo – escuchar lo que sus hijos dicen tiene éxito si valora los sentimientos detrás de las palabras en lugar de simplemente repetirlas.

DJ estaba viendo la televisión cuando su padre entró en la habitación y le pidió que sacara la basura. DJ ignoró a su padre; cinco minutos después, el padre regresó a la habitación y dijo: "Apaga el televisor ahora mismo y saca la basura."

DJ respondió: "¿Por qué tengo que hacer todo lo que quieras ahora mismo? ¿Qué te parecería si yo te dijera que apagaras el televisor e hicieras algo por mí ahora mismo?"

El padre comprendió que había creado resistencia y una actitud defensiva con su demanda. Afortunadamente, recordó la formula "yo siento" y dijo: "Tú odias cuando te digo que hagas algo en ese momento y te sientes molesto porque no respeto tu tiempo y tus intereses. ¿Te gustaría que te diera más avisos o más alternativas para que hagas las cosas cuando más te convenga?"

DJ contestó: "Sí"

El padre dijo, "Tienes razón, te falté al respeto. ¿Cuándo te parece bien sacar la basura?"

DJ respondió: "En el próximo corte comercial"

El padre dijo: "Me parece bien."

Cuando el padre compartió este ejemplo con su grupo de estudio, añadió: "Antes, hubiera complicado el problema diciéndole a mi hijo que no se pasara de listo conmigo, en lugar de aceptar que había sido irrespetuoso con él."

Una madre en el mismo grupo nos compartió lo siguiente:

Cuando mi hija solía hablarme sobre sus discusiones con sus amigas, yo le decía: "Cariño, estoy segura que para mañana todo estará bien. Tú sabes que siempre tienen estas discusiones y nunca duran mucho." Ella corría a su habitación y azotaba la puerta.

Ahora, pregunto: "¿Te sientes muy mal cuando te peleas con tu amiga porque no estas segura de ser capaz de solucionarlo, y entonces puedes perder a tu mejor amiga?" Puedo ver el alivio en su cara de sentirse escuchada y comprendida. Entonces dice: "Si, pero estoy segura que mañana lo arreglaré." En lugar de tratar de solucionar los problemas o hacerlos irse, en realidad es mucho más fácil reflexionar los sentimientos con comprensión. También es reconfortante saber que ahora se siente valorada y no denigrada.

Reflexionar Sobre los Sentimientos de sus Hijos No Siempre es Facil

EN OCASIONES LOS SENTIMIENTOS de sus hijos no son claros. Esto significa escuchar con un "tercer oído" lo que debe estar por debajo del arrebato y reflexionar lo que ha escuchado. Su reflexión puede no ser exacta, pero si la presenta de una manera cordial, con una verdadera intención de comprender, sus hijos le ayudarán a corregir su percepción.

Resolver los Problemas de Manera Conjunta es Algo que Funciona con los Adolescentes

WILLIE AHORRÓ todo su dinero de cumpleaños y navidad desde que tenía cinco años, diciéndole a todos que un día se compraría un hermoso auto. Cuando Willie obtuvo su licencia de manejo, les dijo a sus amigos que iba a comprar un auto. Sus padres se opusieron y dijeron: "De ninguna manera, apenas obtuviste tu licencia, y no estás listo para tener tu propio auto." "Pero he estado ahorrando toda mi vida y ustedes nunca me dijeron esto antes," se quejó Willie. "No es justo y no pueden detenerme. Es mi dinero."

Qué perfecta oportunidad para Willie y sus amigos de sentarse y conjuntamente resolver el problema utilizando los cuatro pasos para resolver problemas.

CUATRO PASOS PARA LA SOLUCION COMPARTIDA DE PROBLEMAS

1. El adolescente plantea sus puntos y metas

2. El padre plantea sus puntos y metas

3. Si las metas del adolescente y las del padre son diferentes, deberán participar juntos para encontrar opciones.

4. El adolescente y el padre eligen una opción con la que ambos estén de acuerdo y la ponen a prueba durante corto periodo.

Cuando Willie y sus amigos siguieron el procedimiento, los puntos de Willie eran que había esperado toda su vida para tener su propio auto y ahora quería experimentar los resultados de todos esos años de esfuerzo. Quería lucir y manejar de determinada manera, y lo tenía perfectamente planeado. No quería compartirlo. Sus amigos estaban preocupados de que si Willie tenía su propio auto se sentiría con derecho de ir a donde quisiera sin consultar previamente con ellos. También les preocupaba que descuidara la escuela por dedicarle demasiado tiempo, manejando su auto, cuidando su auto y trabajando para poder mantener su auto. Después de deliberar un buen rato, decidieron que estaba bien que Willie comprara su auto siempre y cuando estuviera de acuerdo en seguir tomando en cuenta la opinión de sus amigos, en cuanto a los lugares que iban y la frecuencia con la que utilizaría el auto. Si descuidaba el trabajo escolar, estuvo de acuerdo en entregarles las llaves a sus amigos hasta que se pusiera al corriente.

Un chico de catorce años escribió lo siguiente para un trabajo escolar titulado "Los Padres y las Reglas". Es evidente que sus padres adoptaban definitivamente las ideas de la solución conjunta de problemas.

Cuando pienso en mis padres, pienso que no son demasiado estrictos, pienso que son más como amigos para mí. Me permiten hacer muchas de las cosas que quiero, pero a veces toman el control y hacen lo que ellos llaman "la decisión correcta." En una escala de "lo estricto" al "descuido total", yo pondría a mis padres en la mitad del camino.

La razón por la que los pongo a la mitad es porque tengo una buena relación con ellos. Cuando creamos reglas que tengo que seguir, podemos sentarnos y hablar de ellas. La mayoría del tiempo decidimos hacer un compromiso, lo cual significa ponernos a la mitad del camino. Algunos compromisos que hemos hecho en el pasado son cosas como la hora de llegada, usar mi casco para andar en bicicleta, no usar drogas, llamar y dejar mensajes para que ellos sepan dónde estoy y hacer ciertas cosas de la casa para ayudar. Aunque algunas de las cosas que he mencionado son reglas que yo tengo que seguir, como no usar drogas, por ejemplo, son reglas con las que estoy de acuerdo. Después de todas las cosas que he mencionado, creo que tener unas cuantas reglas, mismas que se pueden tolerar, no es tan malo. Pues me permite hacer cosas que quiero hacer y también permite que mis padres no se preocupen por mí. Eso es lo que creo sobre mis padres y las reglas.

Aprendiendo el Lenguaje de la Comunicación de Poder

HEMOS REPETIDO VARIAS veces en este libro que los adolescentes están luchando de alguna manera para sentir que tienen poder. Tener poder es una buena cualidad, siempre y cuando esté acompañado de respeto y responsabilidad. Conforme aprenda a comunicarse utilizando el lenguaje de la comunicación de poder, será capaz de ayudar a sus hijos a sentir poder sin terminar en una lucha de poderes. Debido a que los padres nos han preguntado: "¿Pero qué tengo qué decir? Dígame las palabras," le proporcionamos las siguientes frases que le ayudarán a comunicarles a sus hijos que tienen poder sobre usted; lo cual, simplemente significa que tienen poder y pueden impactar a su mundo.

COMUNICACIÓN DE PODER

¡Hagamos un trato!

Negociémoslo

Esto es lo que haremos.

¿Estás dispuesto a _____?

Comencemos por esto.

En nuestro hogar, nosotros_____

Los martes es el día de _____

Hora de _____

Cuando hayas hecho _____, yo podré _____

Esa es una forma, yo lo veo de diferente manera. ¿Quieres saber lo que pienso?

Podemos escucharnos sin tener que estar necesariamente de acuerdo.

Nos gustaría hacerlo de esta manera hasta que tengamos tiempo para elaborar un plan que nos agrade más. Probemos esto por un día, semana, mes y después lo reevaluaremos.

Comencemos con una hora de llegada establecido y la cambiaremos según lo vayamos necesitando.

Puedes manejar el auto, usar mi ropa, etc., siempre y cuando tu _____; de otra manera, tendré que decir "no" hasta que me sienta que es tiempo de volverlo a intentar.

Compare estas frases con su comunicación usual, que generalmente puede sonar más como: "Porque lo digo yo" o "Cuando tengas tu propia casa, podrás hacer lo que quieras, no antes" o "Haz esto y haz lo otro." ¡Qué diferencia!

Consejos Practicos para la Comunicación

EXISTEN MUCHAS facetas para comunicarse eficientemente. Los siguientes consejos le servirán como pautas adicionales que le ayudarán a mantener una relación respetuosa con sus hijos adolescentes.

1. Evite el juego de la culpa

2. Apéguese a las necesidades de la situación, no a las personalidades

3. Hágalo simple

4. Utilice una sola palabra

5. Emplee diez palabras o menos

6. Evite las palabras

7. Pida permiso antes de dar un consejo

8. Permita que sus hijos digan la última palabra

9. Permanezca presente

Evite el Juego de la Culpa

Una de las barreras más grandes para la comunicación efectiva es emplear el juego de la culpa. Si está buscando culpas, las encontrará. Y si está buscando soluciones, también las encontrará.

Alguna vez vimos una caricatura que ilustraba magníficamente el juego de la culpa. Describía a un padre corriendo detrás de su hijo con un palo en la mano. La madre gritaba: "Por favor, dale otra oportunidad" y el padre respondía a gritos: "¡pero no podría volverlo a hacer nunca más!"

¿Cuántas veces está usted más interesado en hacer pagar a sus hijos por algo que hicieron a través del castigo, o cuando menos a través de sentimientos de culpa, en lugar de buscar soluciones?

¿Su Hijo Adolescente Escucha Cualquier cosa que Usted Diga?

Un buen lema para cualquier familia (o cualquier organización) sería "Estamos interesados en las soluciones no en las culpas." Sin embargo, si usted adopta este lema familiar, sus hijos lo harán responsable. Cada vez que entre en una rutina de culpa, uno de sus hijos dirá: "¿Estás buscando culpas, o soluciones?" y es cuando usted debe tener la suficiente humildad para decir: "Lo siento. Gracias por recordármelo."

Apéguese a las Necesidades de la Situación, No a las Personalidades

Rudolph Dreikus enseñó repetidamente lo importante que es "apegarse a las necesidades de la situación", lo cual significa simplemente hacer lo que es adecuado para resolver el problema en lugar de predecir el futuro y hacer las cosas más grandes de lo que son. Si su hijo no ha cumplido con alguna labor doméstica, apéguese a las necesidades de la situación, lo que significa encontrar una forma de que la tarea se realice. No sería útil predecir que su hijo será un holgazán irresponsable el resto de su vida. Para una efectiva comunicación, enfóquese en lo que se necesita hacer y no en los ataques personales.

Janice regresó a casa y encontró a su hija, Dionne y cuatro amigas sentadas en el sofá viendo la televisión. Las chicas habían dejado la cocina hecha un desastre después de haber preparado pastelillos de chocolate y palomitas de maíz. En el pasado, Janice, habría criticado la personalidad de su hija en alguna situación similar. Hubiera dicho: "Dionne, ¡no puedo creer que seas tan irresponsable y dejes este desastre! Quiero que tus amigas se vayan a casa en este momento, ya que obviamente no puedes tener control de lo que ocurre cuando ellas están aquí."

En esta ocasión, decidió apegarse a la situación en lugar de enfocarse en las personalidades y dijo: "Chicas, en esta casa existe la regla de limpiar lo que hayamos ensuciado. ¿Cuándo planean limpiar, durante los comerciales o tan pronto termine el programa?"

Dionne dijo: "Sí mamá, lo haremos."

Entonces Janice dijo: "Sé que lo harán cariño, solo quisiera saber cuándo planean hacerlo."

Dionne preguntó a sus amigas: "¿Lo hacemos durante los cortes comerciales o después del programa?" Sus amigas entraron en el espíritu cooperativo y decidieron que podían trabajar todas rápidamente durante los comerciales para limpiar el desorden que habían hecho.

Hágalo Simple

Hemos hablado mucho sobre comprender y expresar los sentimientos, así como comprender su propio mundo y el de sus hijos adolescentes. Pero tenga cuidado es muy fácil excederse y comprometerse en "la parálisis del análisis". Nuevamente, regresamos a lo apropiado y al balance. Hay ocasiones en las que el proceso de comunicación es complejo porque las verdades están sepultadas. Pero hay otras, en las que la situación es franca y requiere que se tome literalmente.

Cuando observamos el lenguaje que los jóvenes han desarrollado para expresarse vía localizadores y cosas por el estilo, es asombroso e impresionante lo sencilla que mantienen su comunicación. He aquí algunos códigos comúnmente aceptados (tomados de un artículo escrito por Loren Doppenberg del periódico *Santa Rosa Press Democrat*).

Utilice una sola palabra

Aunque en el capítulo 6 se habla del método de "una sola palabra" para dar seguimiento, vale la pena repetirlo en el contexto de la comunicación.

Cuando su hijo adolescente haya dejado la toalla húmeda en el piso del baño, no es el momento de tratar de empatizar para descubrir

¿Su Hijo Adolescente Escucha Cualquier cosa que Usted Diga?

Códigos de Lenguaje para Localizadores

Código	Definición	Deducción
10	Perfecto	Puntuación de un 10 perfecto
13	Tener un mal día	Número de mala suerte
30	Se está volviendo obsoleto	30 va cuesta abajo
66	Salgamos en carro	Ruta 66
121	Necesito hablar	Uno a uno
226	Estoy enfermo	Muy, muy enfermo
811	Una semi-emergencia	Menos urgente que 911
1021	Ni lo pienses	Las probabilidades son de 10 a 1
1040	Me debes	Forma 1040 de IRS

qué sentimientos hay detrás de su conducta. Sus sentimientos son obvios, es un adolescente ¡no le importa que la toalla se quede en el piso del baño! A usted es a quien le importa y lo que necesita decidir es si quiere que la levante o si quiere hacerlo sentir mal, culpable, desconsiderado y un fracaso.

Si lo que usted quiere es que su hijo levante la toalla del suelo (con la esperanza que algún día aprenda a hacerlo), la suma total de su comunicación debe consistir en una sola palabra: "Toalla". Si por casualidad no captara el mensaje, podría usted añadir una palabra más: "Baño." Debido a que las toallas tiradas en el piso del baño no aparecen en su lista de prioridades, cabe la posibilidad que aún así no capte el mensaje. En este punto, debe usted utilizar pocas palabras, pero sólo si las dice juntas: "el piso del baño."

Esperamos que haya usted captado la idea de que usar una sola palabra es más útil para ayudarle a usted a aprender la autodisciplina y el respeto que para ayudar a su hijo adolescente a aprender la autodisciplina y el respeto. Es irónico que a menudo los padres tratan de enseñar a sus hijos a ser disciplinados y respetuosos utilizando métodos irrespetuosos que carecen de autodisciplina. El método de una sola palabra da resultado. ¿Busca usted culpas, o soluciones? Utilizar una sola palabra puede ser muy efectivo para comunicarse y para dar seguimiento.

Emplee Diez Palabras o Menos

Otra variación del método de comunicación *entre menos mejor*, es aprender a usar diez palabras o menos. Nuevamente, este es un ejercicio para la autodisciplina y el respeto.

Sharon es madre de dos niños. Cada vez que abría la boca para hablar, su hijo y su hija daban media vuelta y se marchaban, volteaban la mirada, empezaban a leer el periódico, o la miraban fijamente pero pensaban en cualquier otra cosa. Debido a que no soportaban escucharla hablar una y otra vez sobre lo que pensaba y sentía, su familia se había entrenado para ignorarla. Su hija Kerry, manifestaba más abiertamente su disgusto por la verbosidad de su madre, aunque su hijo Terry, y su marido no eran mucho más pacientes con ella.

Cuando Sharon escuchó sobre utilizar diez palabras o menos, sabía que era una buena candidata. Quería romper el patrón de ser ignorada a fin de que su familia la escuchara y la tomara en serio. Primero decidió mandar un mensaje por correo electrónico a cada miembro de su familia empleando la habilidad recientemente aprendida.

A Kerry le escribió: "Sube el bote de basura que está en la entrada." A Terry le escribió: "Usa casco y suéter hoy." (No estaba lista para dejar de regañar, pero sí para regañar con menos palabras.) Y finalmente le envió un correo electrónico a su marido diciendo: "Los niños irán al cine. Hagamos la cena. Te amo."

Esa tarde cuando los niños estaban listos para irse al cine, Kerry le preguntó a su madre si se sentía bien.

Sharon contestó: "Si" (una sola palabra)

"¿Qué es lo que quieres?" preguntó Kerry, sintiéndose confusa e incómoda.

Sharon respondió: "Hacerte saber que estoy practicando hablar menos" (siete palabras).

"¿Hablar de qué mamá?"

"De todo, Kerry, y me gustaría que me ayudaras" (nueve palabras)

Ahora Kerry se sentía más tranquila y se preparó para que su madre le diera su discurso sobre nunca nadie me ayuda. Pero después de divagar cinco minutos, Kerry se percató que su madre no estaba hablando. Impresionada, Kerry dijo: "¿Mamá, de qué hablas? ¿Qué tipo de ayuda quieres?"

"Que si me excedo al hablar, dime que me detenga" (diez palabras)

Kerry replicó: "Desde luego mamá, como quieras."

Conforme Sharon continuaba trabajando en la habilidad de utilizar diez palabras o menos, aprendía a organizar sus pensamientos claramente antes de empezar a hablar. También obtenía mayor atención por parte de su familia. Y lo más importante, experimentó el verdadero placer de la conversación con el dar y recibir que conlleva cuando la gente está realmente comprometida en una comunicación efectiva.

Evite las palabras

Todos hemos escuchado la expresión de que una imagen vale más que mil palabras. Lo mismo es igualmente verdad de una mirada. Por lo tanto, vale la pena repetir que usted puede comunicase muy eficientemente mediante una expresión facial o mediante el lenguaje corporal sin palabras, como se discutió en el capítulo 6.

Al volver a casa de la escuela, Steve acostumbraba dejar su mochila, su chamarra y otros tiraderos por toda la estancia. Hizo el trato con su madre de que los recogería después de refrescarse unos minutos, pero antes de salir de casa para encontrarse con sus amigos, Al día siguiente, sus amigos lo visitaron y querían que los acompañara al lago. Steve dijo a su madre, "¿Puedo ir al lago? Prometo recoger mis cosas tan pronto como regrese." Su madre se puso las manos sobre la cadera y lo miró con una sonrisa de incredulidad en su rostro.

Steve dijo: "Vamos, mamá. Lo prometo."

Su madre continuó mirándolo, agregando a la sonrisa una ceja levantada.

Steve se rindió y les dijo a sus amigos: "Ayúdenme a recoger mis cosas para que pueda ir."

Para que la comunicación no verbal sea efectiva, los padres deben confiar en su capacidad de enfocarse en las necesidades de la situación. No muerda el anzuelo que sus hijos le tirarán en forma de disgusto o persuasión. Tenga siempre en mente la educación a largo plazo y sus propios problemas fuera del camino. Esto requiere de madurez y autodisciplina características que esperamos que nuestros hijos aprendan algún día. Así es que qué mejor manera de enseñarles que poniendo el ejemplo.

Pida Permiso Antes de Dar un Consejo

La mayoría de la que gente comparte sus sentimientos no busca consejo; simplemente quieren que alguien los escuche y los comprenda. Por otro lado, la mayoría de la gente que se encuentra en la posición de escucha, cree que su deber es dar consejos. A menos que lo pidan, los adolescentes generalmente no quieren recibir sus consejos. Cada vez que se sienta tentado a dar un consejo, pregunte primero: "¿Te gustaría que te diera un consejo?" Los jóvenes generalmente responderán "no" pero ocasionalmente podrían decir que sí, o al menos: "Bueno, está bien, si tu insistes."

Permita que sus Hijos Digan la Última Palabra

Hemos oído hablar de las terribles confrontaciones entre padres e hijos adolescentes que han terminado con hoyos en las paredes, puertas pateadas, e incluso golpes entre los involucrados. Aunque puede sentirse como una tarea monumental, a menudo es mejor que los jóvenes digan la última palabra.

Cuando usted pelea con su hijo para determinar quién tiene la razón y quién está equivocado ¿tiene usted algún progreso? ¿Está obteniendo realmente el respeto que busca (o mostrándolo) cuando insiste en decir la última palabra? Usted tendrá la ventaja cuando se contenga, basta con mirar la cara de asombro de su hijo. Si empieza a discutir, las palabras de enojo empeorarán las cosas. En lugar de discutir, trate de comunicarse mediante una nota, un correo electrónico, una pausa para que se enfríen las cosas, o esperando hasta la siguiente junta familiar, lo cual debe mantenerse como un plan familiar en su hogar.

Permanezca Presente

Sus hijos adolescentes no pueden hablar con usted si no se encuentra presente. El hecho de que sus hijos ya no sean pequeños, no significa que ya no lo necesiten. En cierta forma, los adolescentes actúan como lo hicieron cuando tenían dos años de edad, que lo necesitaban justo en el momento que estaba usted más ocupado. Así es que decídase a hacerlo. Lea un libro en la mesa mientras su hija hace la tarea, ofrézcale voluntariamente llevarla en carro a algún lado o recogerla en casa de algún amigo. Trabaje en algún pasatiempo o lea el periódico mientras ella trabaja en el ordenador. Pregunte si puede entrar a su habitación para escuchar música con ella. Invítela a salir a comer pizza con algunas de sus amigas. Le aseguramos que terminará comunicándose con ella si simplemente permanece disponible.

Hemos discutido varios métodos de comunicación entre padres e hijos adolescentes. Algunos parecen complicados porque usted necesita cavar bajo la superficie para encontrar las verdades escondidas. Otros son sencillos, como el de utilizar una sola palabra, o diez palabras, o ninguna palabra. El punto es escuchar, solucionar los problemas juntos, comprender el punto de vista de sus hijos, valorarlos, y practicar la honestidad emocional por usted mismo.

Otra de nuestras herramientas favoritas de comunicación son las juntas familiares. Porque es tan importante e involucra tantas habilidades, que hemos desarrollado todo un capítulo (capítulo 8) para este importante proceso. No omita el capítulo, pensando que las juntas familiares son demasiado difíciles o que es demasiado tarde para empezarlas. Se sorprenderá al ver que con las juntas familiares se incrementa el bienestar de su familia.

HERRAMIENTAS QUE DEBE RECORDAR PARA UNA EDUCACIÓN AFECTUOSA Y FIRME

1. Observe las barreras de comunicación y descubra cuáles utiliza más usted. Trabaje para observarse y dejar de usarlas, aunque se encuentre en medio de la corriente.

2. Revise lo que los jóvenes tienen que decir sobre la manera de mejorar la comunicación y utilice todos los métodos que le sean posibles con sus hijos.

3. Pregunte "¿Alguna otra cosa?" hasta que sus hijos dejen de hablar y logre usted abrir sus ojos ante su realidad.

4. Los sentimientos no son buenos ni malos, nadie ha muerto por tenerlos, así que trabaje para desarrollar un

vocabulario de sentimientos que le ayude a usted y los suyos a expresar sus sentimientos respetuosamente.

5. Aunque es probable que usted haya crecido tratando de ser diplomático y preocupándose por no herir los sentimientos de los demás, usted puede comunicarse con mucha más honestidad sin ofender a nadie. De hecho, de esta manera podría sentirse más cerca de los demás.

6. De todas las herramientas de comunicación de este capítulo, las formulas "yo siento" y "tú sientes" son las más útiles una vez que aprenda a utilizarlas con las palabras adecuadas.

7. Los jóvenes se comunican mejor cuando usted está listo a escucharlos y cuando los incluye en las discusiones sobre asuntos que los afectan.

8. El lenguaje de la comunicación del poder puede ayudarle a evitar las luchas de poder, así que ponga la lista en un lugar donde tenga fácil acceso.

9. Utilizar pocas palabras, permanecer presente y pedir permiso para aconsejar son acciones que permiten hacer más efectiva la comunicación que tiene con sus hijos adolescentes.

ACTIVIDAD DE APLICACIÓN PRÁCTICA

El Proceso "Yo Siento"
1. Vuelva a leer las páginas en este capítulo sobre los procesos de "Yo siento" y "Tú sientes."

2. Analice la gráfica de las caras de sentimientos.

3. Piense en una situación en la que, sin importar cuántas veces haya tratado de comunicar algo a su hijo, no lo haya logrado. Vea la gráfica (en la página 150) y encuentre la cara y la palabra del sentimiento que mejor se ajuste a la manera en que se sintió en dicha circunstancia.

4. Escriba una frase utilizando la formula "Yo siento____porque____y quisiera____", asegúrese de utilizar la palabra del sentimiento de acuerdo a la gráfica después de la palabra "siento". Lea su frase a su hijo y observe los resultados.

MI PLAN DE LA SEMANA

Esta semana me enfocaré en....

_____

_____

Trabajaré en cambiar mi actitud pensando....

_____

_____

Cambiaré mi comportamiento haciendo....

_____

_____

8

¿Las Juntas Familiares Funcionan con los Adolescentes?

LAS JUNTAS FAMILIARES proporcionan un tiempo para que cada miembro de la familia tenga la oportunidad de tener un sentimiento de pertenencia y para experimentar la contribución. En una junta familiar bien llevada, usted puede ayudar a sus hijos a construir su carácter, ya que todos exploran los sentimientos, descubren las realidades separadas y trabajan juntos para encontrar soluciones a las problemáticas de la familia. Sus hijos mejorarán la comunicación y las habilidades

para resolver problemas mientras se crea una tra-dición familiar basada en dar y recibir elogios. Las juntas familiares pueden ser tan importantes para las familias como lo son las juntas regulares para una empresa bien manejada. Pueden ayudar a una familia a encontrar comprensión y cercanía.

Unos cuantos consejos básicos garantizarán que sus juntas sean lo que usted quiera que sean. Programe regularmente las juntas, alterne el trabajo de quien la dirige y quien lleva los registros, utilicen una agenda en la que cada miembro de la familia pueda añadir temas durante la semana, y busque acuerdos o decisiones provisionales temporales. Incluya cumplidos y agradecimientos al inicio de cada junta para enfatizar la idea de que el trabajo en equipo significa identificar los aspectos de la vida familiar y no simplemente enfocarse en los problemas[2].

Las juntas familiares son una extraordinaria manera de comunicarse con sus hijos e hijas adolescentes porque por lo general existe un periodo de enfriamiento antes de discutir los asuntos. Mucha gente dice que a los adolescentes no les gustan las juntas familiares, pero nuestra experiencia nos muestra que lo que no les gusta es ser criticados, sermoneados o mangoneados. Si eso es lo que ocurre en sus juntas familiares, entonces sus hijos no querrán asistir. Recuerde que a menudo los jóvenes tienen esa "actitud", así que no se deje desalentar si no parecen estar muy entusiasmados. Nosotros hemos visto jóvenes que parecen estar desinteresados por las juntas familiares, y posteriormente los escuchamos decir por teléfono a sus amigos que tienen juntas familiares. Mientras usted se enfoque en buscar soluciones y no en buscar culpas, es más probable que tenga éxito en la comunicación durante las juntas.

---

[2] Para un material más profundo sobre las juntas familiares y como puede usted utilizarlas para transformar el ambiente en su hogar, vea Labores Sin Guerras de Lynn Lott y Rikki Intner o Disciplina Positiva de la A a la Z, de Jane Nelsen, Lynn Lott y H.Stephen Glenn.

Utilice las Juntas Familiares
Para Abrir la Comunicación

EN LAS JUNTAS FAMILIARES, es probable que algunos asuntos no se resuelvan; simplemente son ventilados. Esto está bien. A menudo sus hijos estarán de acuerdo con usted en una conversación y después darán media vuelta y harán exactamente lo que usted les dijo que no hicieran. Debido a que los jóvenes e incluso los esposos, a menudo tienen realidades completamente diferentes, es importante tener un momento en el que todos puedan hablar y ser escuchados con respeto. Recuerde que escuchar no significa estar de acuerdo; significa simplemente aprender más sobre los pensamientos de cada miembro de la familia.

En la familia O'Brien, el padre sentía que todos debían sentarse juntos en las comidas. Él venía de una familia donde todos hacían las tres comidas juntos, y sentía que así debía ser que era la forma en que las familias demostraban su amor y que se sentía amado cuando la gente se sentaba a comer con él.

> Debido a que los jóvenes e incluso los esposos, a menudo tienen realidades completamente diferentes, es importante tener un momento en el que todos puedan hablar y ser escuchados con respeto.

En la familia de la madre, su padre trabajó en otra ciudad la mayor parte del tiempo. Su madre se cansó de lidiar con apetitos remilgosos y les permitió a sus hijos que se prepararan su propia comida, excepto los domingos, que cenaban asado o pollo. Por lo tanto, en la familia O'Brien, la madre sentía que las comidas no importaban, excepto en ocasiones especiales. Para ella, las horas de comida significaban libertad de comer lo que cada uno quisiera, cuando quisieran y como lo quisieran. Su definición de una familia era aquella en la que cada uno tiene libertad de ir y venir a placer.

Sin embargo, también tenía un vago sentimiento de que esto no era lo que una familia "debía" ser, porque sus experiencias no se ajustaban a su imagen de la familia ideal. Estaba subconscientemente confundida pues le gustaba como era, pero al mismo tiempo sentía que debía ser diferente.

Los dos adolescentes de esta familia, David y Cindy, estaban más interesados en hacer sus propias cosas que en sentarse juntos en familia a comer. El padre, sintiéndose como fuera de lugar, decidió que quería discutir en la junta familiar, su preocupación sobre las horas de comer. Los O'Brien, novatos en realizar juntas familiares, le pidieron a su consejera que actuara como moderador.

> **Papá:** Me siento realmente decepcionado de no tener más cooperación para algo tan simple como juntar a mi familia para que nos sentemos juntos a comer por lo menos dos veces a la semana (El tono de su voz expresaba juicio en lugar de sentimientos.)
> **David:** (defensivamente) Pero si comemos juntos más de dos veces a la semana.
> **Cindy:** Sí, papá
> **David:** ¡Está bien, concedido dos veces a la semana!
> **Consejera:** Qué les parece si escuchamos sin interrumpir y tratan de descubrir cómo y por qué la gente se siente como se siente. David, trata de averiguar por qué esto es importante para tu padre.
> **David:** No me importa por qué.
> **Consejera:** No te tiene que importar, esto es solo una tarea.
> **David:** Yo sé por qué.
> **Consejero:** Veamos si puedes darnos tres razones del por qué.
> **David:** Quiere pasar más tiempo con su familia.
> **Papá:** Sí

David: Porque nos ama.
Padre: Sí
David: Porque quiere que nos alimentemos bien.
Papá: Sí.
David: Porque quiere hablar con nosotros.
Cindy: ¡Porque quiere que aprendamos buenos modales!
Papá: No. Quiero que nos sentemos juntos porque quiero saber que me aman.
Cindy: Vamos, tú sabes que te amamos.
Papá: ¿Y cómo voy a saberlo?
Consejera: Analicen por qué esto hace sentir a su padre amado.
Papá: Porque crecí en una familia donde todos hacíamos las tres comidas juntos. Por eso tengo la percepción de que la gente que se ama hace eso.
Consejera: ¿Esa es la forma que imaginó que sería con su esposa e hijos?
Papá: Sí, aunque no conscientemente.
Consejera: ¿Y eso le da un sentimiento de amor?
Papá: Sí
Consejera: David, ¿qué significan las horas de comida para ti?
David: La hora de alimentarse
Cindy: Yo odio que cuando comemos, tenemos que estar sentados ahí hasta que todos hayan terminado.
Mamá: A mí en realidad no me importa. Mi madre se cansó de lidiar con nosotros a la hora de las comidas. Cada quien se preparaba lo que quería, excepto los domingos.
Consejera: ¿Hay alguna manera en que hagamos funcionar esto de tal forma que todos cubran sus necesidades?

David: Tengo un comentario, Creo que comemos juntos demasiadas veces.

Mamá: ¿Así es que tu percepción es que comes con nosotros más de lo que creemos?

David: Sí

Consejera: ¿Cómo sería una hora de comer normal en esta casa?

Papá: Yo solo.

David: Está exagerando.

Cindy: A mí me da mucho apetito porque no desayuno ni almuerzo, así es que llego a casa y como cualquier cosa, ¡pero él se come una vaca!

Consejera: Si quiere que su familia coma con usted, una de las cosas que tendrá que dejar de hacer, es insistir demasiado en lo que ellos comen. ¿Alguna vez, muchachos, han llevado el sistema de servirse solo aquello que se van a comer? Cuando mis hijos estaban creciendo, nuestra familia tenía la regla de que cada quien se servía lo que iba a comer y dejaba lo que no quería comer. Todos podían irse cuando terminaban, pero cuando menos empezábamos a comer todos juntos.

Mamá: Yo creo que esa es una de las razones por las que no queremos comer con Jim (papá). Tiene tantas reglas sobre la manera en que debe ser lo que debemos comer, cuánto tiempo debemos permanecer, etc., etc.

Papá: Me doy cuenta, nunca se me había ocurrido que las otras personas sintieran tan diferente en relación con las comidas. Estoy dispuesto a dejar de insistirles en lo que comen, y no los haré quedarse en la mesa cuando hayan terminado de comer. Bajo tales circunstancias, ¿cuántas veces están dispuestos a sentarse a comer conmigo?

David: A mí no me importaría empezar a cenar juntos la mayoría de las veces, cuando menos cuatro veces a la semana, si tu no nos molestas demasiado.
Cindy: A mí me parece bien.
Mamá: En realidad yo estoy dispuesta a considerar más lo que para ti es importante. Sólo que no sabía que fuese tan importante. También te agradecería que no fueras tan crítico cuando no nos sentemos juntos porque algunos días habrá cosas más importantes.
Papá: Me parece razonable. ¿Así que cuándo tendremos nuestra siguiente comida juntos?
Mamá: ¿Qué les parece mañana en la noche?
David: Ahí estaré.
Cindy: Yo también

Esta familia pudo haber continuado peleando durante años si no hubiesen aprendido a escuchar los sentimientos de los demás y sus realidades separadas. Con la ayuda de la consejera, siguieron teniendo juntas familiares en las que escuchaban los sentimientos y percepciones de cada uno y luego trabajaban en soluciones que eran respetuosas para todos. Usted puede crear este tipo de apertura y respeto en su hogar concentrándose en escuchar y averiguar.

Su familia funcionará más fácilmente cuando haga juntas semanales. Durante estas juntas, además de compartir apreciaciones mutuas y discutir los puntos de interés individuales o familiares, puede usted planear menús, calendarios, salidas de compras, paseos y otras actividades familiares. Si su familia es como la mayoría, necesitará discutir las reglas para el uso de televisiones, ordenadores y teléfonos. Las juntas familiares son un momento excelente para dar permisos, especialmente si es algo que fácilmente se olvida en su hogar.

LINEAMIENTOS PARA JUNTAS FAMILIARES EFECTIVAS

1. Comience con cumplidos y / o agradecimientos.

2. De prioridad a los asuntos de la agenda. Pregunte si hay algún asunto que pueda ser eliminado porque haya sido tratado previamente. Pregunte si alguno de los asuntos a tratar tiene mayor prioridad.

3. Establezca un horario para la junta. Utilice un reloj y una persona que verifique el tiempo. (Los jóvenes se sienten más cómodos cuando saben la hora en que la junta va a terminar.)

4. Discuta cada asunto y permita que todos den su opinión sin comentarios ni críticas por parte de los demás.

5. Si el problema requiere más que un debate, lo cual ocurre la mayoría de las veces, entonces piensen y propongan soluciones.

6. Elijan una solución en la que todos estén de acuerdo (consenso) y pónganla a prueba durante una semana.

7. Pospongan los asuntos difíciles para la siguiente junta familiar regularmente programada.

Entre más se apegue a estos lineamientos, mejores juntas tendrá. Esto no significa que cada junta será un gran suceso, pero con el tiempo, habrá incrementado la cooperación y el respeto en su familia. Si tiene problemas, recuerde que practicar y aprender las habilidades necesarias para que las juntas familiares sean efectivas, es algo que requiere de tiempo para todos. Tenga paciencia y sigan practicando. Cuando las familias no están acostumbradas a trabajar de este modo, se requiere tiempo y paciencia para ser eficiente y efectivo pero vale la pena el esfuerzo. También podría ver si cualquiera de los siguientes consejos pueden mejorar sus juntas familiares.

Consejos para Mejorar Juntas Familiares

1. Realice sus juntas a la misma hora cada semana, no sólo cuando haya una crisis.
2. Aunque las juntas familiares con chicos mayores pueden ser bastante gratificantes, también pueden ser difíciles de organizar debido a los horarios tan ocupados. Una familia resolvió este problema estableciendo la fecha de la siguiente junta al final de cada una.
3. Trabajar juntos requiere de tiempo y práctica, pero la meta es el progreso no la perfección. Todos los miembros de la familia deben tener la oportunidad de estar presentes. Algunos miembros pueden negarse a asistir, y es probable que los más pequeños se sientan inquietos y se vayan a mitad de la junta.
4. Asegúrese de que los niños sientan que son tomados en serio y tratados como importantes contribuyentes de la familia.
5. Cuando alguien habla en una junta familiar, todos los demás deben escuchar respetuosamente, sin discutir ni corregir.
6. Haga que cada miembro de la familia tenga la responsabilidad de guiar la junta o tomar notas de las decisiones.
7. Al trabajar en alguna solución para los asuntos de la agenda, el consenso es un ingrediente clave para el

éxito. Si no todos están de acuerdo con la decisión, los disidentes probablemente debilitarán cualquier progreso que se haya tenido.

8. A menudo es muy útil hablar de asuntos controversiales, sin tratar de decidir una solución. Para asuntos extremadamente controversiales, es probable que se lleven varias juntas para alcanzar cualquier tipo de consenso.

9. Está bien si su familia no logra alcanzar un acuerdo. Vivan con los resultados de la decisión, que generalmente significa mantener las cosas como estaban o hacer lo que los padres digan hasta que se pueda solucionar en una junta posterior.

10. Los discursos o las órdenes derrotan el propósito de las juntas familiares.

11. Concéntrese en los asuntos que son menos controversiales, como el tiempo para divertirse, los permisos, etcétera, hasta que los chicos crean que su participación es requerida y respetada.

Cuando asesoramos familias, a menudo es obvio para nosotros que pueden resolver muchos de sus problemas por sí mismos a través de juntas familiares. Pero las familias, generalmente no pasan mucho tiempo juntos. Los padres dejan listas de órdenes para los hijos las cuales los jóvenes se niegan a cumplir. Y los hijos nunca pueden encontrar un buen momento para pedirles ayuda a sus padres, por lo que se vuelven exigentes. Los miembros más responsables de la familia hacen más de lo que

> Aunque puede parecer más eficiente emitir órdenes y planear por sus hijos sin su participación, es menos efectivo que la educación a largo plazo, la cual les enseña a sus hijos las habilidades de vida.

les corresponde, y luego, con resentimientos, regañan y castigan a los otros miembros de la familia por ser perezosos.

Aunque puede parecer más eficiente emitir órdenes y planear por sus hijos sin su participación, es menos efectivo que la educación a largo plazo, la cual les enseña a sus hijos las habilidades de vida. La siguiente historia de Bryce y Barbara proporciona un excelente ejemplo.

Transcripción de una Junta Familiar

Bryce y Barbara habían estado casados durante cinco años. Como muchas otras familias, sus vidas estaban extremadamente ocupadas porque ambos padres trabajaban, por lo que manejaban todo al vuelo. Encima de esto, la hija del primer matrimonio de Bryce vivía con ellos los fines de semana, los días festivos y los veranos. Por lo tanto, cualquier itinerario que ellos establecían cambiaba cuando menos una vez a la semana. El consejero de su familia les sugirió que realizaran una junta familiar para reducir la confusión y el caos. Ellos empezaron a aprender las habilidades para las juntas familiares en la oficina de su consejero y estaban haciendo un excelente progreso. Lo siguiente es una trascripción de una de sus juntas. Todos estaban presentes: los dos hijos del primer matrimonio de Bárbara, Todd de diecisiete años y Laurie de catorce y la hija de Bryce, Ann de catorce años.

>**Bryce:** Quiero comenzar nuestra junta con agradecimientos. Quiero que Todd sepa que le agradezco que haya limpiado la cochera ayer. Ann, quiero agradecerte que hayas acordado no ver a tu novio para pasar el verano con nosotros.

>**Ann:** Quiero agradecer a Todd por haberse ofrecido a llevarme al centro comercial hoy. Agradezco a mamá que me haya traído mi golf miniatura.

Todd: Quiero agradecerle a mamá por dejarme dormir estos últimos días.

Barbara: Yo quiero agradecer a papá por haber preparado la cena anoche.

Laurie: Yo paso

(Imagine, solo por un minuto, cómo se sentirían los miembros de su familia al dar y recibir agradecimientos. Son tan pocas las veces que la gente se toma el tiempo para decirse cosas agradables. Estamos seguros de que usted y su familia disfrutarían las juntas aunque fueran solo para reforzar lo positivo.)

Todd: Como yo me ofrecí para hacerme cargo de la junta de hoy, quisiera ordenar la agenda. ¿Quién quiere poner algo en la lista?

Barbara: Yo quisiera resolver lo del transporte de Ann y Laurie a sus clases de tenis. También quisiera ayudar con las compras y la preparación de las comidas. Y he estado vaciando la lavadora de trastes dos veces al día y ya no lo quiero hacer.

Bryce: Yo quisiera tener tiempo esta semana para que todos salgamos a cenar juntos.

Laurie: Yo no quiero compartir mi habitación con Ann. No creo que sea justo.

Ann: Quizá deba quedarme en casa este verano.

Todd: Ann, ¿hay algo que quieras poner en la agenda?

Ann: No, pero no creo que Laurie quiera que yo esté aquí.

Todd: Podemos hablar de eso en un momento, ahora sólo quiero poner en orden la agenda.

Ann: Quisiera hablar sobre un trabajo de niñera, la Sra. Hansen me ofreció el empleo para este verano.

Todd: Yo quisiera hablar sobre nuestro viaje a Los Ángeles.

Consejero: Todd, has hecho un excelente trabajo poniendo en orden la agenda. Ya que tu tiempo es limitado, quizá puedas comenzar por el primer asunto en la lista y llevarte una lista de los que queden sin resolver para su próxima junta en casa. No hay problema de que no se termine con todo el día de hoy. Su familia tiene muchas cosas de qué hablar.

Todd: Quisiera empezar con la queja de Laurie, ya que parece ser lo más importante ahora.

Consejero: ¿Por qué no verificas eso con el resto de la familia para ver si todos están de acuerdo?

(La familia estuvo de acuerdo y la junta continuó)

Laurie: No creo que sea justo porque soy la única chica en la familia que tiene que compartir su habitación cuando Ann viene. Ann me cae bien, pero nadie me preguntó si estaba yo de acuerdo. Ann se levanta más temprano que yo, y hace tanto ruido que no me deja seguir durmiendo. Y no me gusta escuchar su música todo el tiempo.

Todd: ¿Alguien más tiene algo que decir al respecto?

Barbara: Lo siento Laurie, no tenía idea que te sintieras así. Tienes razón, simplemente asumimos que Ann se quedaría contigo y nunca te preguntamos. Pero no me imagino dónde más pudiera quedarse Ann si no fuese bienvenida en tu habitación.

Bryce: Laurie, ¿si tuvieras más alternativas y pudieras resolver la hora de levantarse y la música con Ann, estarías de acuerdo que se quedara en tu habitación?

Ann: Yo podría usar mis audífonos cuando escuche música y tratar de no hacer ruido en las mañanas. Quizá podría dejar mi ropa en el baño y arreglarme adentro.

Laurie: Ahora me siento como una malvada. (Laurie empezó a llorar)

Barbara: Laurie, me alegra que tengamos un espacio donde podamos decir lo que realmente sentimos sobre las cosas, y me alegra que hayas tenido el valor de decirnos lo molesta que estabas. No habíamos sido considerados contigo, y no nos habíamos dado cuenta, pero ahora lo sabemos y estoy segura que podremos resolverlo.

Bryce: He estado pensando cambiar mi oficina de la casa a la oficina del centro de la ciudad. Si hiciera eso, tendríamos otra habitación. Por lo pronto, Ann podría usar la cama plegable.

Laurie: ¡Yo quiero que Ann se quede conmigo! Sólo quería que me preguntaran. Y Ann, puedes arreglarte en nuestra habitación en las mañanas, realmente no haces tanto ruido. Pero sí te agradecería que usaras tus audífonos cuando escuches música.

Ann: Gracias Laurie, prefiero compartir la habitación contigo en lugar de quedarme sola en la oficina de papá.

Consejero: ¿Cuándo creen tener la próxima junta familiar en casa para que puedan terminar con el resto de los asuntos en la lista? También quisiera recomendarles que mantengan un block de notas a la mano en algún lugar de su casa, de tal manera que todos puedan anotar asuntos que quieran discutir en las juntas familiares. Su familia nos ha demostrado que es más agradable trabajar juntos que tener que averiguar solos las cosas. Gracias.

El resto de la sesión se fue en tratar de encontrar un momento en el que todos pudieran reunirse para la siguiente junta ¡una tarea nada fácil en la mayoría de las familias!

Utilice las Juntas Familiares para Implementar la Cooperación

RELATIVAMENTE HABLANDO, LOS ADOLESCENTES estarán más motivados a participar en las labores domésticas si son involucrados al trabajar en el plan. Decimos "relativamente hablando" porque, nuevamente, las labores domésticas son prioridad de los padres, no de los hijos. Como padre, su trabajo no es hacer que a sus hijos les gusten las tareas domésticas, sino obtener tanta cooperación como sea posible, lo cual es un beneficio a largo plazo para usted y sus hijos.

Cooperación en las Labores Domésticas a través de las Juntas Familiares

Una forma de mejorar la situación de las tareas domésticas en su hogar es utilizar la siguiente estrategia. Durante una junta familiar, la familia hace una lista de tareas que se necesiten realizar. La persona que se encarga de registrar, anota los acuerdos familiares en cuanto a la frecuencia en que se debe realizar esa tarea en particular y la fecha límite en que debe quedar hecha. Finalmente, cada miembro de la familia elige las labores que están dispuestos a realizar esa semana. Algunas de las tareas más detestadas, como limpiar los inodoros, por ejemplo, tendrán que ser sorteadas. Es bueno tener una persona que vigile la lista de tareas de cada día para verificar que se estén realizando en la fecha asignada. Si alguna tarea no se hace, el vigilante deberá encontrar al responsable y hacerle saber su falta para que la realice. En muchas familias, a los niños más pequeños les gusta esta tarea de vigilar y lo hacen muy bien. Los padres deben evitar vigilar si acostumbran regañar a los niños para que hagan las cosas.

> Algunas familias descubren que la cooperación, en labores domésticas, se incrementa cuando todos trabajan juntos. Quizá sea "Mal de muchos, consuelo de tontos", pero apartar una hora a la semana para los quehaceres domésticos, cuando todos están presentes para trabajar juntos, generalmente es mejor que esperar que las cosas se hagan en diferentes momentos de la semana.

¿Las Juntas Familiares Funcionan con los Adolescentes?

Cuando las familias emplean este tipo de rutina para las labores domésticas, encuentran que asignar una fecha límite funciona mejor si se establece en un momento en que todos los miembros se encuentren en casa, como por ejemplo temprano en la mañana, después de la escuela o del trabajo, antes de la cena o antes de dormir. Dar seguimiento (como lo vimos en el capítulo 6) es efectivo para responsabilizar a todos de sus acuerdos.

Algunas familias descubren que la cooperación, en labores domésticas, se incrementa cuando todos trabajan juntos. Quizá sea "Mal de muchos, consuelo de tontos", pero apartar una hora a la semana para los quehaceres domésticos, cuando todos están presentes para trabajar juntos, generalmente es mejor que esperar que las cosas se hagan en diferentes momentos de la semana. Desde luego, también existen las labores diarias que no pueden esperar, pero incluso esas resultan mejores cuando las familias tienen una hora designada, cuando todos hacen algo para cooperar con la familia.

Algunas familias se involucran en luchas de poder debido a los quehaceres domésticos. Si este es su caso, deberá dar pequeños pasos en las juntas familiares para progresar hacia la cooperación, como preguntar a cada miembro, qué tarea estaría dispuesto a realizar diariamente hasta la siguiente junta familiar. La idea es probar algo durante una semana y en la siguiente junta discutir y evaluar lo que cada uno haya aprendido. Sabemos que este es un proceso lento, pero inculcar la cooperación en la familia cuando la discordia ha sido la norma, a menudo es algo que comienza lentamente y después se convierte en algo maravilloso.

Ocuparse de la Televisión y Otras Distracciones

MUCHAS FAMILIAS PASAN MÁS TIEMPO viendo la televisión o sentadas frente a una pantalla de ordenador, que conviviendo juntos. Estas actividades pueden ser muy adictivas, y son capaces

de impedir que la familia conviva para tratar asuntos importantes para ellos. Una manera segura de probar qué tan adicta es su familia a la televisión, es anunciarles que no habrá televisión durante una semana. Observe la expresión de pánico que se refleja en la cara de cada miembro de su familia, al no poder imaginar cómo pasarán el tiempo, si no tienen la televisión o el ordenador.

Las juntas familiares aportan un excelente momento para afrontar el problema del exceso de televisión. Una buena manera de empezar, es empleando los siguientes pasos para poner el problema en la agenda de la junta familiar.

1. Durante la junta familiar, invite al debate sobre la opinión de cada uno con respecto al propósito de la televisión.

2. Pida a su familia que discutan sus temores sobre apagar la televisión. (Los miembros de la familia pueden negar que tengan algún miedo al respecto, por lo tanto pídales que piensen que harían si durante una semana no tuvieran energía eléctrica.)

3. Comparta su preocupación de que la televisión (u ordenador) esté siendo más importante que el tiempo familiar y otras valiosas misiones.

4. Piensen en ideas sobre el tiempo razonable para ver televisión. (Esto puede llevarse varias sesiones.)

¿Las Juntas Familiares Funcionan con los Adolescentes?

Si ustedes no pueden aceptar no tener televisión, le recomendamos ampliamente tener un sólo televisor, en lugar de tener uno en cada habitación.

5. Una vez que se haya acordado el tiempo, enseñe a sus hijos a programar su tiempo de ver televisión de una manera reflexiva. Tengan una Guía de TV en las juntas familiares cada semana, para que cada miembro de la familia elija los programas que son importantes para ellos. Digamos que decidieron una hora cada tarde por persona, por ejemplo, papá elige ver el noticiero de 6:00 a 7:00 PM. Hay un programa de media hora que los dos niños quieren ver juntos, y cada uno tiene otro programa en diferente horario. Ambos deciden hacer sus deberes escolares mientras el otro ve su programa. Mamá y papá acuerdan ver el programa que los dos niños quieren ver (en parte para compartir un momento pasivo en familia, y en parte para estar a tono con los intereses de sus hijos.) Aunque los padres estén leyendo o haciendo otras cosas durante los programas alternados, pueden estar al pendiente de lo que sucede. Y más tarde pueden utilizar algunos temas de los programas televisivos para discutirlos o para averiguar lo que sus hijos piensan sobre lo que están viendo.

6. Programe algún tiempo familiar (aunque sean solo cinco o diez minutos) para compartir intereses o eventos especiales del día. Se sorprenderá de lo mucho que sus hijos compartirán.

Vivimos en una sociedad muy "acelerada" y por lo tanto, es fácil desviarse de lo que es más importante para usted su familia. Hacer el esfuerzo y tomarse el tiempo para realizar regularmente juntas familiares, puede ayudarle a mantener el balance de las prioridades y todas las demás pequeñas cosas que necesitan hacerse. De hecho, las juntas familiares pueden involucrar a toda la familia en ayudar con todas esas cosas.

Una Palabra de Aliento: No Espere Perfeccion

> Vivimos en una sociedad muy "acelerada" y por lo tanto, es fácil desviarse de lo que es más importante para usted su familia.

UN CONSEJO FINAL con respecto a las juntas familiares: No espere perfección. Toma mucho tiempo que los miembros de la familia crean que sus pensamientos e ideas son importantes para los demás. Toma tiempo aprender las habilidades para tener juntas familiares exitosas. Adopte la percepción de que los errores son magníficas oportunidades para aprender. Muchas familias descubren que es más divertido leer sus antiguos diarios de las juntas familiares (listas de cumplidos, problemas y soluciones) que ver los álbumes de fotografías familiares.

HERRAMIENTAS QUE DEBE RECORDAR PARA UNA EDUCACIÓN AFECTUOSA Y FIRME

1. En lugar de enfrentar los asuntos en el calor del momento, utilice las juntas familiares para solucionarlos después de un periodo de enfriamiento. Poner los asuntos en una agenda, permite tener un periodo de enfriamiento antes de que la junta familiar tenga lugar.

2. Las juntas familiares valen el esfuerzo debido al alto grado de pertenencia e importancia que sus hijos adolescentes sienten como resultado de su participación.

3. Las juntas familiares son el mejor lugar para debatir asuntos sin preocuparse por las soluciones.

4. Las juntas familiares funcionan bien cuando se realizan regularmente y no en medio de una crisis o por capricho de uno de los padres.

5. A menos que pueda lograr consenso sobre un asunto específico, no inicie ningún nuevo procedimiento familiar. Apéguese a lo que actualmente se esté haciendo o, como padre, decida cómo va a ser temporalmente. Después, mantenga abierto el debate hasta que todos los miembros de la familia acuerden una solución que les agrade.

6. Utilice las juntas familiares para discutir cualquier tema, ya sea mundano o extraordinario.

ACTIVIDAD DE APLICACIÓN PRÁCTICA

Al principio los miembros de la familia podrían sentirse incómodos con los cumplidos o podrían pensar que es ridículo. Si usted confía en el proceso y les da la oportunidad de practicar al inicio de cada junta familiar, las habilidades se incrementarán al igual que los buenos sentimientos. Para iniciar a su familia en ello, utilice esta actividad en una junta familiar.

1. Pida a los miembros de su familia que piensen en algún momento en que alguien haya dicho algo que los

hiciera sentirse bien de sí mismos. Asigne turnos para que compartan ejemplos.

2. Pídales que piensen en algo por lo que les hubiese gustado recibir un cumplido. Recuérdeles a todos que a veces es muy útil pedir lo que se quiere a fin de que los demás sepamos lo que es realmente importante para cada quien.

3. Pídales que digan algo por lo que desean recibir un cumplido y después invite a los demás para que lo hagan. Por ejemplo, su hijo quiere un cumplido porque recordó regresar el auto con gasolina (aunque haya sido por solo un dólar). Papá dice: "gracias por ser considerado y regresar el auto con gasolina. Es bueno poder ir al trabajo sin tener que parar en la estación de gasolina". Observe que papá no mencionó nada sobre la poca cantidad de combustible en el tanque.

4. Recuérdeles que cuando reciban un cumplido es bueno decir "gracias", para que la persona que lo dio, sepa que fue escuchado.

5. En otra junta familiar, puede usted sugerir que los miembros de la familia tomen turnos para dar agradecimientos empezando la frase con "Gracias por...." o "Te agradezco..." o "Me facilitaste la vida porque..."

MI PLAN DE LA SEMANA

Esta semana me enfocaré en....
_____
_____

Trabajaré en cambiar mi actitud pensando....
_____
_____
_____

Cambiaré mi comportamiento haciendo....
_____
_____
_____

9

¿Cómo Dar Tiempo de Calidad?

DURANTE LOS AÑOS DE ADOLESCENCIA, cuando sus hijos pasan cada vez menos tiempo con usted, es más importante que nunca relacionarse de una manera que realmente sea significativa. Desafortunadamente, existen varias condiciones que hacen, del tiempo de calidad, algo especialmente difícil de lograr: itinerarios saturados, la preferencia de los adolescentes por estar con sus amigos, y tiempo invertido en sermonear, juzgar y castigar.

Brian decidió tratar de pasar tiempo de calidad con su hijo Ted. Los intentos de Brian de controlar el uso de drogas y alcohol de Ted, habían dañado su relación. Había castigado a Ted sin salir, le había quitado el auto, y lo había sermoneado sin límite ("¿Cómo puedes hacer esas cosas? Arruinarás tu vida para siempre. ¿En qué nos equivocamos contigo?"), pero nada había dado resultados. Ted actuaba cada vez más a la defensiva y era más rebelde, y la relación con su padre se deterioraba cada día más. Brian estaba completamente desalentado pero decidió tomar un taller llamado "Habilitando a sus Hijos y a Usted Mismo en el Proceso", antes de darse por vencido completamente. La primera noche de clase escuchó algo que más tarde cambiaría su vida, al igual que la de su hijo. El facilitador dijo:

"Algunas veces ustedes obtienen mejores resultados olvidándose del comportamiento y enfocándose en la relación." Brian pensó que eso sonaba demasiado simplista, pero también se dio cuenta de que tratar de mejorar su relación con su hijo ciertamente no le haría daño a nadie aunque tampoco le hiciera bien.

Al día siguiente, Brian se apareció en la escuela de Ted durante la hora del almuerzo y pidió permiso para sacarlo y llevarlo a almorzar. Brian había decidido que su único propósito sería disfrutar de la compañía de Ted pasara lo que pasara. Cuando Ted vio a su padre preguntó agresivamente: "¿Qué haces aquí?" Brian respondió: "Solo quiero almorzar contigo." Durante el almuerzo, Brian se concentró en su propósito evitando preguntas de tercer grado. Ni siquiera le preguntó a Ted cómo había estado su día. Ted estaba totalmente sorprendido y desconfiado durante todo el tiempo del almuerzo, esperando ser criticado o sermoneado. Todo el tiempo la pasó en silencio. Después Brian llevó de regreso a la escuela a Ted y dijo: "Gracias por almorzar conmigo. Realmente disfruté de tu compañía."

Brian continuó visitando a Ted en la escuela para almorzar juntos todos los miércoles. A Ted le llevó tres semanas lograr que desapareciera la desconfianza, y empezó a hablarle a su padre de algunas cosas sin importancia, y el padre hacía lo mismo. Incluso Ted empezó a hacerle preguntas sobre el trabajo y la universidad. Brian tenía mucho cuidado de responder las preguntas de Ted sin darle discursos.

Mientras tanto, Brian había dejado de controlar a Ted a través de castigos o de quitarle privilegios. En lugar de eso, se enfocó en sus cualidades, aunque tenía que esforzarse para superar sus temores con respecto a la rebeldía de Ted. Brian le dijo a Ted lo contento que estaba de tenerlo como hijo y le describió la emoción que sintió el día que nació. Le fue fácil contarle sobre las cosas que hacía cuando era pequeño. Ted se encogía de hombros y daba la impresión de que pensaba que esas historias eran "estúpidas". Sin embargo, durante ese tiempo, Brian notó que Ted llegaba a cenar con más frecuencia y a veces llevaba algunos amigos para ver la televisión.

Un día, después de tres meses de la rutina del almuerzo, Brian se quedó estancado en una junta de su oficina que duró hasta después de la hora del almuerzo. Aquella noche Ted le dijo: "¿Qué te pasó hoy, papá?"

Brian se disculpó: "Lo siento, no sabía que me estabas esperando. Nunca dijimos que esto sería algo regular, pero me encantaría que lo hiciéramos como una rutina, ¿qué te parece?"

Despreocupadamente, Ted dijo: "Seguro."

Entonces Brian dijo: "Me aseguraré de dejarte un mensaje si me vuelvo a complicar con el tiempo."

Brian se sintió satisfecho y gratificado sobre la efectividad de pasar tiempo de calidad con su hijo. No sabía si Ted dejaría de usar drogas y alcohol, pero sabía que sus esfuerzos por controlarlo no habían tenido ningún efecto positivo. Ahora, cuando menos, la dañada relación estaba siendo reparada, y Brian estaba agradecido por haber comprendido la importancia de esto. Se sentía satisfecho de estarle proporcionando buenos recuerdos a su hijo y haciéndole saber, mediante la experiencia, que su padre lo amaba incondicionalmente. La conducta de Ted mejoró considerablemente. Dejó de ser irrespetuoso, de hecho empezó a ser más considerado con sus padres haciéndoles saber su hora de llegada a casa. Brian sintió que estaba creando una atmósfera en la que su hijo podía pensar más sobre cómo su comportamiento afectaba su vida, en lugar de malgastar gran parte de la energía en "vengarse" de su padre por los sermones y las críticas.

¿Qué Hay de Todas Lecciones que Tengo que Enseñar a mi Hijo?

PASAR TIEMPO DE CALIDAD con sus hijos puede sonar como un maravilloso consejo bajo circunstancias normales, ¿pero que tal si su hijo está involucrado en drogas, ha robado su auto, le ha mentido o ha incendiado su casa? Piense en todas las cosas que ha estado tentado a hacer, como castigarlo sin salir para siempre, o quizá encarcelarlo. ¿Sus métodos resolverían algo o incrementarían su tensión mientras se incrementa la brecha entre usted y sus hijos? Recuerde todos los errores que cometió usted cuando era adolescente. Si no cometió ninguno, piense en el precio que pagó convirtiéndose en un adicto a la aprobación. Cuando usted era adolescente, ¿cómo hubiera respondido a los métodos que ahora usa con sus hijos? ¿Cómo hubiera respondido si sus padres hubiesen mostrado interés en que fuera simplemente usted?

Se sorprendería de la cantidad de conflictos que se resuelven cuando se hace el esfuerzo de pasar tiempo de calidad con los hijos, en lugar de gastarlo en los problemas. (Vea el capítulo 14 para mayor información sobre lo que debe hacer en cuanto al comportamiento que le asusta.)

Mantengase Presente y Disponible

NOS AGRADÓ MUCHO la historia de Brian, porque se comprometió a pasar tiempo de calidad con su hijo. Demostró una verdadera dedicación tomándose el tiempo en el trabajo para dar a su hijo la prioridad.

Hemos descubierto que podría ser igualmente efectivo el simple hecho de "estar presente" para encontrarse disponible en ciertos momentos cuando usted sabe que sus hijos también estarán en casa. Lo que se pretende es que sus hijos se den cuenta abiertamente que está usted presente o que hablen con usted. Aunque parezca que ellos no lo notan o no les importa, si permanece usted disponible, ellos lo sentirán. La energía que crea cuando está usted realmente disponible es diferente de aquella cuando está "presente", pero preocupado con otros asuntos o demasiado ocupado para ser molestado.

Los adolescentes se dan cuenta cuando usted espera algo de ellos y con los jóvenes, las expectativas pueden crear resistencia. Hemos escuchado a muchos padres quejarse "Bueno, yo estoy disponible, pero aún así mi hijo no me habla." Estar presente significa encontrarse disponible para escuchar si sus hijos quieren hablar y también si no quieren. Significa ser un escucha de "armario" (es decir, sin hacer obvio que está escuchando). Significa escuchar enfocándose en la persona y no en las palabras. Existen cinco consejos útiles que incrementarán sus oportunidades de hacer que el tiempo que está disponible para sus hijos sea un tiempo de calidad.

CONSEJOS PARA DAR TIEMPO DE CALIDAD

Cuando menos cinco minutos al día, pase tiempo con sus hijos adolescentes mientras mantiene:

1. Su boca cerrada (escuchar)

2. Su sentido del humor intacto (perspectiva)

3. Sus oídos abiertos (curiosidad)

4. Su corazón emanando calidez y gratitud (amor)

5. un deseo de comprender el mundo de su hijo (enfoque)

Mantenga su Boca Cerrada

Por solo cinco minutos al día, tome el consejo de Archie Bunker y "censúrese." Existen muy buenas razones para mantener la boca cerrada. Cuando su boca se abre, ¿qué es lo que generalmente dice? ¿Puede resistir la tentación de sermonear, dar lecciones de moral, mostrar disgusto, jugar al psicólogo o tratar de dar una lección?

Imagine el efecto en su hijo o hija adolescente de tener cinco minutos al día sin tener que escuchar sus discursos, juicios o desilusiones. Sabemos que usted piensa que es su trabajo asegurarse de que sus hijos eviten cometer todos los errores que puedan arruinar sus vidas. Sabemos que está especialmente preocupado sobre los graves errores como robar, estafar, tener sexo, y usar drogas. Sabemos que usted piensa que es su trabajo ayudarlos a superar los pequeños errores, como: la irresponsabilidad, la falta de consideración a los demás, el egocentrismo y la falta de motivación. Pero recuerde que a veces, los métodos indirectos tienen mayor efecto que los métodos directos y a menudo mal dirigidos.

En el libro *Criando Hijos Independientes en un Mundo Inmoderado (1988)*, H. Stephen Glenn y Jane Nelsen hicieron una lista de las cinco barreras para una buena relación: asumir, rescatar o explicar, dirigir, esperar y los "adultísimos" (por ejemplo: "¿Por qué nunca...? ¿Por qué nunca puedes...? ¿Cuántas veces tengo qué decírtelo? ¿Cuándo aprenderás?"). Glenn y Nelsen aseguran que una relación puede mejorar el 100 por ciento eliminando estas barreras. ¿En dónde más obtiene usted el 100 por ciento de regreso sin hacer nada intencionalmente?

> Imagine el efecto en su hijo o hija adolescente de tener cinco minutos al día sin tener que escuchar sus discursos, juicios o desilusiones.

Un chico de trece años, cuya madre rara vez caía en estas cinco barreras y la mayor parte del tiempo empleaba los principios de una educación afectuosa y firme, escribió lo siguiente para un proyecto escolar sobre las razones por las que quería tanto a su madre. Esperamos que pueda ser una inspiración para usted.

> *Mi mamá es la mejor porque es divertida, dulce, amigable, amorosa, comprensiva, siempre pendiente de lo que pasa en mi vida, me lleva a todas partes, me compra las cosas que necesito, trata de ayudarme aunque no necesite su ayuda, siempre se asegura que esté yo a salvo, si estoy de viaje, me llama todos los días, es generosa, me mantiene en contacto con todos mis familiares, siempre puede descifrar un chiste incompleto, nunca admitirá su adicción al café, tiene muchos zapatos pero nunca lo aceptará, y es muy sana. Estas son las razones por las que amo a mi madre. Es la mejor persona del mundo.*

Mantenga su Sentido del Humor Intacto

¿Cómo le afecta un comportamiento cuando no tiene sentido del humor? Pierde perspectiva y objetividad. En este estado mental, es fácil creer que su hijo o hija adolescente es un producto terminado. Imagina las peores cosas que podrían sucederle. Pero el sentido del humor puede ayudarle a darse cuenta de que todos sus temores e inseguridades son solo suyas.

Una manera de poner los años de adolescencia en perspectiva es reunirse con otros adultos y contarse unos a otros las historias sobre lo que hicieron cuando eran adolescentes, las cuales esperaban que sus padres nunca se enteraran. Si usted es más "alegre", predecimos que sus hijos estarán más dispuestos a estar con usted más a menudo.

A veces es difícil mantener el sentido del humor, aunque usted lo quiera. Es probable que haya experimentado momentos similares al siguiente, cuando realmente quería ahorcar a sus hijos mientras se divertían juntos.

Mark, de catorce años, es el primogénito que, a la edad de ocho, no soportaba perder en los juegos. Su padre, Alan, contribuía a la mala actitud de Mark dejándolo ganar siempre en el ajedrez porque odiaba cuando Mark se enojaba y terminaba llorando. Alan sabía que era importante pasar un tiempo especial con su hijo, pero el tiempo que pasaban juntos no era divertido. Un día Alan decidió cambiar su actitud y jugó de lo mejor contra Mark. Naturalmente ganó y, naturalmente, Mark armó un soberano berrinche.

Mientras Mark hacía pucheros y lloraba, Alan dijo: "Bien chiquillo, estás en un gran problema. Olvidé decirte que este juego fue para el Gran Campeonato Universal, y ahora me debes un millón de dólares porque perdiste."

Mark miró a su padre tratando de seguir con su berrinche, pero el chiste de Alan fue tan bobo que Mark no pudo resistirse a mandar una observación mordaz y dijo: "Papá, espero que no creas que es divertido, porque no lo es."

Alan sujetó a su hijo con un gran abrazo de oso, jugando lo tiró al piso y dijo: "retráctate, retráctate o tendré que hacer mi imitación de Jesse Ventura."

Mark empezó a reír y dijo, "Papá, eres muy raro."

Aunque Mark le llamó raro a su padre, aprendió mucho del sentido del humor de Alan. No sólo empezó a perder con más gracia, sino que también su propio sentido del humor mejoró.

Unas semanas después estaban jugando con la pelota en el patio trasero. Alan lanzó una pelota que Mark no pudo atrapar. Después de correr detrás de la pelota, Mark dijo: "Buen lanzamiento, papá, mala atrapada, Mark."

¿Cómo Dar Tiempo de Calidad?

Randy nos aporta otro ejemplo. Él quería intentar esquiar en nieve, pero cuando él y su madre Karyn, llegaron al área de esquiar, todo lo que hizo fue hacer malos comentarios sobre lo estúpido que era todo, lo lejos que estaba el estacionamiento de la montaña, que las lecciones eran para idiotas, que él nunca había dicho que quería ir a esquiar en nieve, y que su madre siempre lo obligaba a hacer cosas que él odiaba. Karyn estaba lista para regresar al auto y manejar las tres horas de regreso a casa, cuando de repente recordó su primera experiencia en esquís y lo temerosa que estaba de fracasar. Esto no solo la ayudó a tomar una buena perspectiva, sino que también la hizo reír y recordar su sentido del humor.

"Randy," le dijo, "hagamos un trato. Yo voy a esquiar un rato para desenroscar mis piernas. ¿Por qué no me esperas en la cafetería y te tomas un chocolate caliente? Te alcanzo en una hora o un poco más y veremos si quieres intentarlo."

"No te molestes," dijo Randy, "es un lugar estúpido, un deporte estúpido, y no voy a ir."

"Buena idea," dijo Karyn, "porque conociéndote, lo más probable es que nunca lograrás ponerte de pie y pasarías el día entero sobre tu trasero y tendrías un día totalmente miserable. Nos vemos más tarde. Te amo cariño." Y se fue.

Por supuesto, cuando ella regresó una hora más tarde, Randy había estado observando por la ventana, mirando a todos los que se caían por todas partes, y percatándose que él podría hacerlo cuando menos tan bien como la gente que veía desde la ventana. Con toda la negatividad que pudo, dijo: "Bueno, si tengo que hacerlo, supongo que tomaré una clase."

"Ese es el espíritu," dijo Karyn. "Desde luego que tienes que, porque yo le he dicho, tú siempre haces todo. Vamos, te inscribiré para la clase." Sin ninguna otra palabra, rodeó con su brazo a Randy y se fueron juntos.

Karyn salvó el día porque supo escuchar el mensaje "codificado" de Randy en lugar de escuchar sus palabras.

Mantenga los Oídos Abiertos

Cuando sus oídos no están abiertos, no puede saber quienes son en realidad sus hijos. Debe ser un buen escucha para poder entrar

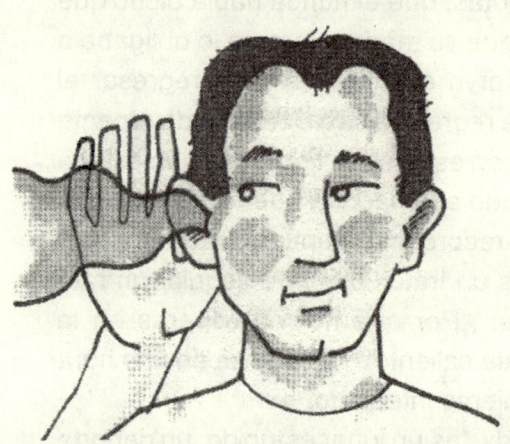

en su mundo y aprender sobre su realidad. Cuando escucha de verdad, escucha lo que está por debajo de las palabras e incluso puede descifrar el código.

Sus oídos y su boca no pueden abrirse simultáneamente. Si cierra la boca, se sorprenderá de lo mucho que puede escuchar, aunque a veces lo que obtenga no sea verbal, al nivel de sentimientos. Los jóvenes que están acostumbrados a los sermones, los juicios, las expectativas, y la desaprobación se han cerrado completamente, han creado estrategias defensivas y ofensivas para su autoprotección y es probable que no se abran tan fácilmente.

Mantenga usted sus oídos abiertos sin crear expectativas de lo que va a escuchar. Una madre dijo, "Mantuve mi boca cerrada y mis oídos abiertos durante un mes, y mi hijo no me habló." Este muchacho pudo haber sentido que su silencio estaba lleno de expectativas. En lugar de insistir, simplemente manténgase presente hasta que su hijo capte la idea de que es confiable compartir con usted sus sentimientos aunque no sea verbalmente. Cuando esté

> Cuando sus oídos no están abiertos, no puede saber quienes son en realidad sus hijos.

¿Cómo Dar Tiempo de Calidad?

usted dispuesto a estar presente, quizá sus hijos estarán dispuestos a acercarse a usted. No subestime el valor de estar presente, pues de ese modo ellos pueden absorber los buenos sentimientos aunque no se utilicen palabras. Ya que algunos adolescentes nunca se abren del todo, deje todo a un lado, y simplemente dedíquese a estar con ellos con la boca cerrada y los oídos abiertos.

Mantenga su Corazón Emanando Calidéz y Gratitud

¿Qué es lo que emana cuando no emana calidez y gratitud? Arrogancia y amor condicionado, son dos posibilidades. Pero con su boca cerrada, su sentido del humor intacto y sus oídos abiertos, su corazón emanará naturalmente calidez y gratitud. Cuando mira a sus hijos desde este estado de ánimo, los verá diferentes. También descubrirá que este estado mental es muy atractivo y reconfortante, pues crea energía, una energía que todos pueden sentir a su alrededor. Verá oportunidades y soluciones con sus hijos, en lugar de errores y problemas. Sin embargo, hay un truco: usted verá todo esto mientras no espere nada. Las posibilidades no aparecerán hasta que tenga gratitud por lo que ya tiene.

El abuelo Louie, quien era bueno para dar ánimo y para ver los buenos sentimientos de los demás por encima del comportamiento superficial, visitaba a su hija y el hijastro de ésta, Rico. Rico llegaba tarde a

> Usted verá todo esto mientras no espere nada. Las posibilidades no aparecerán hasta que tenga gratitud por lo que ya tiene.

casa, tenía su habitación hecha un caos, dejaba el auto sin combustible, tenía malas calificaciones y generalmente estaba metido en problemas de una manera o de otra. Cada vez que el Abuelo veía a Rico, le decía: "¡Rico, qué bien estás!" Rico lo miraba desconcertando esperando el anzuelo mientras sonreía. El abuelo Louie debió haberle dicho a Rico que "estaba bien" como cien veces hasta que Rico lo miró y le dijo: "Abuelo, ya sé lo que me vas a decir... que estoy bien ¿cierto?" El abuelo lo miró y sonrió. Estos momentos especiales que el abuelo tenía con Rico no eran programados y duraban unos cuantos segundos. Sin embargo, el estímulo para su autoestima era inmenso en un ambiente donde escuchaba tantos comentarios negativos.

Los abrazos son otra manera de dar tiempo de calidad y solo toman unos segundos. Con los adolescentes, asegúrese de no abrazarlos frente a nadie más. Incluso puede usted emplear su sentido del humor y decir: "Sé que no soportas mis abrazos en este momento, pero me podría morir si no me das uno. ¿Podrías guardar tu dignidad por tres segundos para salvar mi vida por favor?"

Lo que sigue es un alegre pensamiento que nos llegó por correo electrónico. Se llama El Abrazo Universal, y quizá quiera ponerlo a prueba hoy mismo.

Sin partes movibles, ni baterías
Sin pagos mensuales ni cuotas
A prueba de la inflación
No puede ser robado, y no contamina
Es unitalla

*No se diluye
Requiere de poca energía, pero da enormes
resultados
Alivia la tensión y el estrés
Fortalece la felicidad
Combate la depresión
Hace resplandecer y eleva la autoestima
Corrige la circulación sin desagradables efectos
secundarios
Es, pienso, la droga perfecta
Le receto, mi amigo.... el abrazo (y, por supuesto,
totalmente retornable)*

Mantenga el Deseo de Comprender el Mundo de su Adolescente

¿Qué es lo contrario de tratar de comprender el mundo de sus hijos? Tratar de moldearlos para que vivan a la altura de sus expectativas; tratar de convertir una petunia en una rosa.

El deseo de comprender el mundo de sus hijos viene naturalmente de un estado de ánimo amoroso. Lo correcto y lo incorrecto se vuelve discutible. Comprender y respetar las realidades separadas es algo fascinante. Observe cómo la madre de la siguiente historia realmente comprendió y entró en el mundo de su hijo de doce años, como él mismo lo relató en una tarea escolar llamada "Mi Recuerdo Más Valioso"

> ¿Qué es lo contrario de tratar de comprender el mundo de sus hijos? Tratar de moldearlos para que vivan a la altura de sus expectativas; tratar de convertir una petunia en una rosa.

Mi recuerdo más valioso me ocurrió esta

primavera cuando fuimos a visitar a mi abuela y a mi medio abuelo. Fue durante la pascua, mi familia y yo acabábamos de llegar a Arizona. Cuando salimos de casa estaba nevando, así que fue como tener un verano extra. Había dos albercas en el vecindario y también un campo de golf abajo en la cuadra. Mi madre decidió que iríamos a la alberca olímpica y fue cuando me dijo que podía manejar el carrito de golf. Yo le pregunté: "¿Yo solo?" y ella contestó: "Sí, conmigo en el asiento del pasajero". Estaba tan emocionado, fue uno de los momentos más felices de mi vida.

Tiempo de Calidad

¿Ha usted insistido en que su hijo o hija pasen más tiempo en casa y después se ha quejado porque él o ella prefiere estar con sus amigos? Cuando comprenda el mundo de sus hijos, sabrá que ésta es una conducta normal de ambos. Pregúntese: "¿Qué hay en casa que disfrute mi hijo?" Si bien la mayoría de los adolescentes prefieren estar con sus amigos, usted puede encontrar la manera de incrementar las oportunidades para que ellos disfruten el pasar algún tiempo con usted.

Los participantes en el taller: *Habilitando a sus Hijos y a Usted Mismo en el Proceso*, crearon una lista de ideas para pasar tiempo de calidad con sus hijos adolescentes. Basaron dicha lista en la comprensión de los adolescentes.

Le sugerimos que acuda a esta lista con frecuencia, pues podría inspirarlo para pasar tiempo de calidad con sus hijos, de formas que nunca ha pensado o que se han perdido en la confusión de la vida acelerada. Termine cada junta familiar planeando por lo menos una actividad familiar de esta lista o de otra que hagan usted y su familia. (Vea el capítulo 8).

IDEAS PARA PASAR TIEMPO DE CALIDAD

- Escuche sin juzgar

- Valore sus sentimientos

- Deje de regañarlos

- Hagan viajes largos

- Hagan paseos de un día

- Salgan a caminar juntos

- Realicen actividades planeadas por ellos

- Cuente historias sobre su propia niñez

- Vea los programas de televisión que les gustan a ellos

- Vean los álbumes de fotografías de cuando ellos eran pequeños

- Permanezca a su lado

- Trabaje menos, juegue más y manténgase disponible

- Vayan a conciertos o juegos de pelota

- Vayan a los mercados callejeros (mercado de pulgas)

- Trabajen en proyectos creativos (trabajos manuales)

Disciplina positiva para Adolescentes

- Pídales su opinión

- Cocinen juntos

- Haga de su hogar un lugar cómodo para sus amigos

- Mantenga el sentido del humor

- Recuerde que está bien tener diferencias

- Evite reaccionar fuertemente

- Trabajen en el respeto mutuo

- Invítelos a verlo trabajar

- Realice actividades de su elección con ellos

- Apoye sus actividades e intereses

- Comparta cosas sobre usted si ellos están interesados

- Inclúyalos en sus debates

- Trabajen juntos en la solución de problemas

- Programen juntas familiares regulares

- Pídales ayuda

- Déles alternativas

- Practiquen intercambio de papeles y dramatizaciones

¿Cómo Dar Tiempo de Calidad?

- Permítales cometer sus propios errores

- Muestre interés en su mundo

- Acampen juntos

- Ocúpese de usted mismo y de sus asuntos

- Vayan a un retiro juntos

- Aprenda lo que es normal; no tome las cosas de manera personal

- Invítelos a realizar actividades que disfrutan pero que no pueden darse el gusto.

- Tómese un tiempo libre del trabajo para estar con ellos

- Coman juntos o vayan a un restaurante

- Jueguen juntos

- Pase un tiempo especial solo con cada uno de sus hijos

- Planeen un evento juntos

- Planeen las vacaciones ("¿Qué quieren hacer?")

- Tenga fe

- Tenga confianza

- Rían mucho

> Cortos periodos, (incluso minutos) de tiempo de calidad al día, a la semana o incluso al mes, es algo que puede hacer maravillas para mejorar las relaciones con sus hijos adolescentes.

Cortos periodos, (incluso minutos) de tiempo de calidad al día, a la semana o incluso al mes, es algo que pude hacer maravillas para mejorar las relaciones con sus hijos adolescentes. Enfocarse en pasar tiempo de calidad con sus hijos le ayudará a recordar entrar en su mundo, verlos en perspectiva y traer de regreso la alegría de ser padres.

Durante la terapia, a menudo recomendamos que los padres pasen tiempo de calidad con sus hijos, pero no siempre ocurre. Y cuando no ocurre, los jóvenes bromean diciendo que sus padres no hicieron su tarea. Un preadolescente una vez dijo: "mi madre finalmente hizo lo que usted le dijo ese 'tiempo especial'. Fue muy divertido."

"¿Qué hicieron?" su terapeuta preguntó, pensando que habían salido a cenar o al cine como lo habían discutido semana tras semana.

"Encendimos como cien velas, pusimos música a todo volumen y bailamos por toda la sala. Lo vamos a hacer algún día otra vez, ¿verdad mamá? Fue de lo mejor."

¡Qué padre no querría crear un momento de calidad con sus hijos cuando se obtienen resultados como éste!

Tiempo de Calidad con Cada Hijo Individualmente y Juntos

Como podrá ver, a partir de la anterior historia de las velas, los niños se sienten especiales cuando usted muestra el suficiente interés como para pasar un tiempo especial juntos. Aunque usted sepa que

¿Cómo Dar Tiempo de Calidad?

es importante pasar tiempo con cada uno de ellos individualmente así como en familia, no siempre es fácil hacerlo debido a las rivalidades entre hermanos. Recuerde que los niños siempre están tomando decisiones basándose en su percepción de las experiencias, y a veces creen que no son amados si no son parte de un todo. El niño puede sentirse amenazado por su deseo de pasar un tiempo especial con alguno de sus hermanos y hace una escena o una estrategia de distracción de tal manera que usted lo incluya, o pase ese tiempo con él en lugar de hacerlo con el hermano. Además de ser difícil manejar esto en el momento, estas conductas de distracción pueden también tener efectos negativos que podrían influir enormemente en su futuro.

A través de la ayuda y la comprensión, usted puede ofrecer la motivación que evite que se desarrollen patrones enfermizos desde el principio. En la siguiente historia, la madre pudo haber ayudado a su hija a ubicarse y sentirse amada, importante y motivada. Sin embargo, la madre no sabía sobre la rivalidad con su hermana y sus efectos en la adolescencia.

Cuando Arnell tenía doce años, su tío Jack quería que la hermana de Arnell de quince años y su madre fueran a visitarlo. Él no invitó a Arnell porque pensaba que era demasiado joven. Arnell se quejó y lloró hasta que su madre dijo que también podía ir. Aun cuando logró que la llevaran, todavía pensaba que su tío quería más a su hermana que a ella. Para ella, eso significaba que no era digna de amor, además en parte, ella no se enorgullecía de su conducta de niña malcriada, así que se daba cuenta por qué su tío no la quería.

Conforme Arnell creció, trató de probar que era una persona valiosa, pero no importaba cuánto hacía para lograrlo, nunca se sentía lo suficientemente buena. Decidió acudir con un terapeuta para trabajar en el problema que estaba teniendo con su mejor amiga. Ella y su amiga habían iniciado un negocio juntas y habían tenido experiencias que ponían en riesgo el negocio y su relación. El terapeuta pidió a Arnell que le contara cosas de su infancia. Cuando el recuerdo sobre el viaje con su tío surgió, el terapeuta preguntó: "¿Crees que este recuerdo se relacione con el problema que estás teniendo con tu amiga?"

Arnell pensó un minuto y entonces con una mirada tímida dijo, "me acabo de dar cuenta que entonces pensaba que mi hermana y mi tío tenían el poder, pero yo era la poderosa. Yo me salí con la mía, no ellos."

El terapeuta preguntó: "¿Qué consejo le darías a esa niña de doce años, basado en tu nueva percepción?"

Arnell dijo: "Le diría que no tiene nada que probar y que cuando lo comprenda, podrá aceptar que es una pequeña muy poderosa. Que puede utilizar su poder de una manera muy constructiva. Que puede ser considerada con los demás y permitir que su hermana tenga un tiempo especial con su tío. Entonces podría pedirle a él tío que vea su calendario para buscar un momento en que ella pueda visitarlo."

"¿Cómo podría ayudar este mismo consejo con tu amiga?"

"También tengo el poder en nuestro negocio. Sin embargo, a veces me empeño tanto en probar mi propio valor, que me vuelvo demasiado insensible a las necesidades de mi amiga y termino saliéndome con la mía sin considerarla a ella. Cuando ella trata de hacerme ver lo que está ocurriendo, actúo muy defensiva, en lugar de simplemente escuchar la realidad de lo que sucede, me niego a tomar cualquier responsabilidad. Lo tomo todo como culpa o como un ataque a mi valor. Pude haber evitado muchos problemas si simplemente aceptara que soy valiosa y dejara de probarlo. Entonces tendría mucha energía para ser más razonable y menos defensiva con mi amiga. Podríamos concentrarnos en solucionar los problemas."

Si la madre de Arnell hubiera visto lo que ocurría cuando Arnell empezaba a quejarse y a suplicar para visitar a su tío Jack, habría valorado sus sentimientos en lugar de ceder ante ellos. Pudo haber dicho: "Apuesto que te sientes celosa de tu hermana en este momento. Puedo comprender cómo te sientes. Y apuesto que a tu tío le haría muy feliz que fueras a pasar un tiempo con él. ¿Quieres llamarlo tú para acordar una fecha, o prefieres que te ayude?"

Quizá usted quiera utilizar el consejo que le habríamos dado a la madre de Arnell para ayudarle a ubicar a sus hijos cuando inadecuadamente traten de manipularlo para que pase un tiempo con ellos. Leyendo entre líneas, usted podrá ayudarles a comprender su valor, aún cuando no siempre obtengan lo que desean. Sin embargo, la única manera de leer entre líneas es permanecer en conexión con ellos.

Permanezca en Conexión Durante los Años de la Adolescencia

LO QUE SIGUE es un resumen de un artículo publicado el 22 de Julio, de 1999, en el *San Francisco Chronicle*, titulado: "Adolescentes Enojados y Padres Hartos Buscan la Forma de Salir de los Conflictos."

Las investigaciones muestran consistentemente que la presencia estable de un adulto amoroso puede influir positivamente en la vida de un adolescente. Pero un estudio de la Universidad de Temple que se realizó con 20,000 estudiantes de secundaria, encontró que alrededor del 30 por ciento de los padres no estaban involucrados significativamente en las vidas de sus hijos.

Nosotros le alentamos a que haga su parte para cambiar estas estadísticas y cosechemos los beneficios tanto para ustedes como padres como para sus hijos, pasando más tiempo de calidad con ellos.

HERRAMIENTAS QUE DEBE RECORDAR PARA UNA EDUCACIÓN AFECTUOSA Y FIRME

1. Cuando le sea muy difícil pasar tiempo con sus hijos, es muy importante que el poco tiempo que les dedique sea de calidad, un tiempo libre de discursos.

2. No espere que sus hijos sean abiertos con usted si primero no construye una buena relación con ellos. Llegar a saber quiénes son sus hijos, en lugar de decirles cómo quiere usted que sean, es algo que lleva tiempo.

3. Permanecer presente, lo cual significa estar disponible y sin ocupaciones, parece ser la mejor forma de empezar a pasar tiempo con sus hijos.

4. Mantenga a la mano la lista de sugerencias para pasar tiempo de calidad, de tal manera que usted y sus hijos puedan encontrar formas de disfrutar estar juntos regularmente.

ACTIVIDAD DE APLICACIÓN PRÁCTICA

Cosas Divertidas Para Hacer
Si usted mantiene en mente divertirse con sus hijos regularmente, se sorprenderá de lo mucho que mejorará su relación y lo mucho que disfrutará la vida en general. Desafortunadamente, es probable que tenga muchas ocupaciones laborales, domésticas y resolviendo problemas. El propósito de esta actividad es que le sirva como recordatorio de la importancia que tiene divertirse, además de proporcionarle la inspiración y la motivación para hacerlo.

¿Cómo Dar Tiempo de Calidad?

1. Consulte la lista llamada "Ideas para Pasar un Tiempo de Calidad". Marque algunas de las actividades que más le atraigan. Después preste la lista a sus hijos y pídales que marquen, con diferentes colores las actividades que más les atraigan a ellos. Después haga lo mismo con los otros miembros de su familia.

2. Programen una junta para establecer las "actividades divertidas para hacer" y hagan una lista. Circule las actividades que tengan más de una marca.

3. Ideen otras actividades divertidas que todos los miembros de la familia tengan en común e inclúyalas a la lista.

4. Cada miembro de la familia debe proponer una cosa que le agrade para divertirse en familia. Si el resto de la familia está de acuerdo en participar, programen el evento en un calendario para una fecha que convenga a todos. Debe ser una fecha planeada para cada actividad favorita de cada uno. Después diviértanse juntos.

MI PLAN DE LA SEMANA

Esta semana me enfocaré en....

_____

_____

Trabajaré en cambiar mi actitud pensando....

_____

_____

_____

Cambiaré mi comportamiento haciendo....

_____

_____

_____

10

¿Cómo Ayudar a su Adolescente a Manejar las Dificultades de la Vida Cuando no Esta Usted Cerca?

EN UNO de sus libros, la enigmática escritora Martha C. Lawrence comparte un pasaje que refleja nuestra esperanza de lo que usted elegirá como meta a largo plazo para sus hijos.

Prometo solemnemente que, en las medidas de mis posibilidades, ayudaré a este niño a crecer con amor por el derecho y el valor de hacer lo correcto; con los ideales de integridad y tolerancia; con amor por los demás sin importar la raza, la nación o el credo; y con fe de que el poder dentro de sí es más fuerte que cualquier poder fuera de él.[3]

Este capítulo le enseñará las herramientas y pasos para una educación a largo plazo que ayudará a sus hijos adolescentes a saber que son incondicionalmente amados tal como son. El capítulo le proporcionará las bases sobre las cuales los adolescentes

---

[3] Encontrado en la página 184, del libro The Cold Herat of Capricorn, por Martha C, Lawrence, St. Martin's Press, 1998

pueden construir sus recursos internos. Mediante una educación a largo plazo, usted da poder a sus hijos, en lugar de facilitarles todo.

Dar Poder Vs. Facilitar

EN ESTE LIBRO, la palabra *facilitar* se refiere al comportamiento que pone a los padres entre sus hijos y las experiencias de vida, y que minimiza las consecuencias de las elecciones del niño al rescatar al adolescente. Al facilitarles las cosas, se crea una dependencia enfermiza en sus hijos, la cual impide que aprendan a hacerlas por sí mismos.

Típicas Conductas que Facilitan

Despertar a los jóvenes por las mañanas, lavarles su ropa, preparar sus almuerzos, elegirles su ropa.
Prestarles dinero y / o darles dinero extra después de que se han gastado su cuota, en cualquier otra cosa.
Hacerles tareas o investigaciones, llevarles a la escuela las tareas o almuerzos que olvidaron, mentirles a sus maestros cuando se salen de clases o cuando faltan a la escuela.
Sentir pena por ellos cuando tienen demasiada tarea o actividades, permitir que no ayuden en las labores de la casa.
Pretender que todo está bien, cuando claramente no lo está, para evitar confrontaciones.

Dar poder, por otro lado, ayuda a los niños a crecer siendo adultos responsables en lugar de ser gente dependiente o rebelde. En este libro las palabras dar poder se refieren a entregar el control a los jóvenes tan pronto como sea posible, de tal manera que tengan poder sobre sus vidas, teniendo confianza en que ellos aprenderán y se recuperarán de sus errores.

Típicas Conductas que Dan Poder

Escuchar y dar apoyo emocional y valor sin corregir o deducir,

Enseñar las habilidades de vida (lo cual puede ser muy difícil de hacer si usted mismo no tiene dichas habilidades).

Trabajar en acuerdos a través de juntas familiares o del proceso para resolver problemas de manera conjunta.

Dejarlos ir (sin abandonarlos)

Decidir, con dignidad y respeto, lo que usted va a hacer.

Compartir lo que usted piensa, cómo se siente, y lo que quiere sin dar sermones, discursos de moralidad, insistir en acordar o demandar satisfacción (vea el capítulo 7).

Mantener la dignidad y el respeto mientras se apega a los asuntos.

A veces los padres piensan que estas sugerencias son como "no hacer nada" porque no incluyen castigo o control. Sin embargo, cuando los padres siguen las sugerencias, hacen un gran trabajo para garantizar resultados a largo plazo.

Al observar las dos listas anteriores, puede darse cuenta claramente de lo capacitado que está usted en facilitar las respuestas y lo incapacitado que está en dar poder. Porque creemos que facilitar las respuestas es una actitud natural en la mayoría de los padres, y porque hemos dado muchos ejemplos de estas respuestas a través de los primeros nueve capítulos, este capítulo se concentra en las habilidades para dar poder.

Dar Poder: Las Bases Para una Educación a Largo Plazo

DAR PODER es un proceso para desarrollar valor, responsabilidad, cooperación, amor propio y conciencia social. Al ayudar a sus hijos

Disciplina positiva para Adolescentes

> Dar poder es un proceso para desarrollar valor, responsabilidad, cooperación, amor propio y conciencia social

a desarrollar e interiorizar estas habilidades y actitudes, usted puede conducirlos a una vida saludable, feliz y productiva, esté o no presente. Dar poder invita a los adolescentes a pensar por sí mismos, pensar sobre su comportamiento, tomar sus propias decisiones, vivir con sus errores y tener buenos recuerdos del amor incondicional.

El valor es la habilidad para enfrentar las situaciones cuando se ponen difíciles, lo cual es obviamente de suma importancia para los momentos difíciles de los adolescentes. Los adolescentes experimentan extremos en emociones, en cambiar la lealtad de los padres a los amigos, y en un mundo entero lleno de tentaciones. Algunos jóvenes llegan al extremo del suicidio porque carecen de valor para enfrentar los problemas difíciles. Estos jóvenes no aprendieron a confiar en sí mismos, ignorando que siempre habría otro día y que lo podían lograr.

Cómo Ayudar a Desarrollar Valor en Sus Hijos

Tenga fe en ellos y en usted mismo. Hágales saber que los errores son oportunidades para aprender.

Deles oportunidad para que lo vuelvan a intentar, en lugar de castigarlos o rescatarlos.

Trabajen en acuerdos, soluciones y planes para superar los problemas.

Enséñeles que lo que ocurre ahora es sólo por ahora y que mañana será otro día.

La mayoría de la gente piensa que un adolescente responsable es un adolescente perfecto. Esto no es verdad, la *responsabilidad* es la capacidad para enfrentar los errores y utilizarlos como oportunidades para superarse. La responsabilidad es el conocimiento de que usted es responsable de su comportamiento y que sus acciones y elecciones afectan su vida.

Cómo Ayudar a Desarrollar Responsabilidad en sus Hijos

Sea conscientemente irresponsable (no haga las cosas por ellos y no los regañe).
No los castigue por sus errores.
Ayúdeles a explorar las consecuencias de sus elecciones a través de debates y preguntas cordiales.
Enséñeles habilidades para resolver problemas, para corregir sus errores.
No los mime para ayudarles a evitar el dolor.
Déles oportunidades para ser responsables.
Mantenga su sentido del humor y ayúdeles para que dejen de tomarse demasiado en serio a sí mismos y a los demás.

Si usted les pregunta a los adolescentes a qué creen que los padres se refieren con la palabra *cooperación*, ellos le contestarán: "Hacer lo que los padres quieren." Si explorara más a fondo los pensamientos de los adolescentes, encontraría que a menudo ellos acceden a "cooperar" simplemente para ahorrarse discusiones y molestias. Dicen que así, después harán lo que quieren de tal manera que no sienten que renunciaron a "ser quines son."

La *cooperación* es la capacidad de estar bien con otras personas, hacer contribuciones, ser parte del escenario en lugar de enfocarse en él, y practicar la habilidad de dar y recibir. Observe que la definición no incluye la habilidad para que los adolescentes sigan sus órdenes. Cuando los jóvenes son respetuosamente involucrados en el proceso de resolver problemas, y en la decisión de la solución, es más probable que cooperen.

Como Ayudar a Desarrollar Cooperación en sus Hijos

Realice juntas familiares.
Realice sesiones para resolver problemas.
Trabajen para llegar a acuerdos juntos con verdadero diálogo.
No haga juicios (empleando la palabra nosotros, y no tú o yo, al resolver problemas).
Sea curioso en cuanto a los amigos de sus hijos, en lugar de decidir quiénes deben serlo.
Tenga una conversación con su hijo o hija adolescente sobre su elección de amigos y actividades en lugar de controlar y juzgar lo que es aceptable.
Sea razonable en cuanto al tiempo del uso del teléfono, el correo electrónico y otros canales de socialización.

El *amor propio* es la capacidad de conocer sus pensamientos y sentimientos y aceptarlos sin juzgarlos. También es la capacidad de respetar y valorar las diferencias que existen entre usted y los demás, en lugar de verlas como competencia o prejuicio. El amor propio envuelve el deseo y las habilidades para cuidar de sí mismo, incluyendo la manera en que trata su cuerpo. (Quizá haya usted escuchado que el amor propio se refiere a la autoestima, nosotros preferimos referirla al amor propio, *el respeto a sí mismo y la confianza en sí mismo.*)

Como Ayudar a Desarrollar Amor Propio en sus Hijos

Deles amor incondicional.

Respete sus pensamientos y sentimientos sin tener que estar de acuerdo con ellos.

Cuide de usted mismo con respeto y apoye a sus hijos para que se cuiden a sí mismos con respeto.

Retroceda y no convierta en una lucha de poderes la comida chatarra, las desveladas u otras formas de descuidar sus cuerpos por sus hijos. Los años de la adolescencia no duran toda la vida.

Ámelos cuando se vistan como sus iguales, se tiñan el cabello, o sigan las modas que a usted le parezcan insoportables.

Hágales ver la realidad con relación al peso común de la mayoría de la gente, de cómo los publicistas distorsionan las imágenes, y de la influencia que tienen los medios de comunicación sobre la imagen que la sociedad tiene en cuanto a lo que constituye la belleza.

Recuérdeles quienes son para usted, muéstreles las fotografías de cuando eran unos bebés y dígales un millón de veces que cree que son fantásticos aunque le digan: "Dices eso porque eres mi madre (o padre)."

La *conciencia social* requiere de un profundo respeto por sí mismo y por los demás. Es el deseo de contribuir con el mundo porque sabe que pertenece a él y que puede ser importante de una manera positiva. Haciendo lo que le agrada en la vida mientras ayuda, o cuando menos no

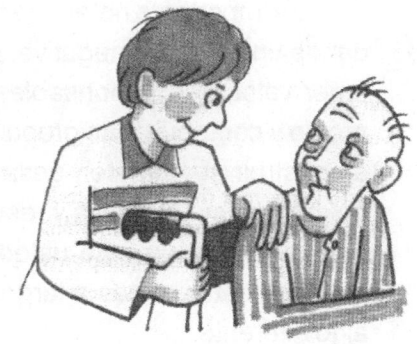

lastima, usted encontrará la felicidad y se sentirá bien por contribuir. Rechaza la mentalidad de víctima sabiendo que su futuro se forja por lo que hace en el presente.

Cómo Ayudar a Desarrollar Conciencia Social en sus Hijos

Discutan las noticias, los eventos actuales, las películas, los programas de televisión y la literatura.
Muéstreles otros lugares donde la gente vive de diferente manera que ustedes.
Motívelos para que tengan correspondencia con gente de otros países, culturas y circunstancias.
Busque oportunidades, tanto para usted como para ellos, para hacer trabajo voluntario.
Pida a sus hijos que ayuden a sus abuelos u otros familiares cuyas necesidades sean diferentes a las de ellos.
Ayúdeles a explorar, a través de preguntas de curiosidad, lo que no se les ocurre pensar cuando, por ejemplo, otra persona no es tratada con respeto.
Reconozca su altruismo y lealtad, aún cuando no esté de acuerdo con la causa.

Es importante notar que muchas de estas cualidades se pueden dar de una manera negativa. Los miembros de una pandilla pueden tener valor, ser responsables, llevarse bien con otros, tener amor propio y contribuir a un grupo. Nuestro énfasis es ayudar a sus hijos a construir su carácter, desarrollando cualidades y características de manera constructiva y respetuosa que agreguen algo positivo al mundo. Si lo que está usted haciendo no está funcionando para alcanzar estas metas a largo plazo, entonces es tiempo de probar algo diferente.

Enseñar estas habilidades será más difícil si siempre ha tenido la rienda apretada, en lugar de motivar la independencia. Sin embargo, nunca es demasiado tarde para ir en la dirección correcta. Dar un paso a la vez es la mejor manera de empezar a dar una educación de largo plazo. Con

> Nuestro énfasis es ayudar a sus hijos a construir su carácter desarrollando cualidades y características de manera constructiva y respetuosa que agreguen algo positivo al mundo.

el tiempo, sus hijos lo notarán y responderán a sus cambios. Debido a que, probablemente, usted ha saltado de un método a otro, será mayor el esfuerzo de su parte para convencer a sus hijos de que realmente intenta educarlos de diferente manera. Ellos han aprendido a poner más atención a su conducta que a sus palabras y pueden haber desarrollado muchos malos hábitos en respuesta a los viejos estilos de educación.

¿Pero Realmente Estoy Haciendo Algo?

TODAS LAS SUGERENCIAS anteriores (y varias que daremos más adelante) son conductas específicas para dar poder, las cuales puede usted utilizar cuando enfrente la mayoría de los problemas con sus hijos. Como se señaló anteriormente, puede ser difícil percibir que realmente está haciendo algo, al seguir estas sugerencias. Esto es porque son muy diferentes de los métodos convencionales. Por lo tanto, le sugerimos que practique primero el siguiente experimento. La mejor manera de realizar este experimento es con otra persona, pero si no fuese posible o usted no lo desea, lea el escrito e imagínese en los zapatos del adolescente. Si hace esto con otra persona, y le recomendamos que lo haga con su hijo o hija adolescente, usted lee las líneas de Sonja y la otra persona lee las líneas de la madre. Al leer el escrito, observe cómo se siente cuando desempeña el papel de Sonja y ponga especial atención a sus decisiones.

Para ubicarse en la escena, imagine lo siguiente: Sonja se niega a hacer los deberes escolares y los maestros han estado enviando notas a su casa que dicen que sus calificaciones están bajando por esto. Una típica actitud facilitadora sonaría así:

Madre: Sonja, tienes que entregar las tareas o tendrás malas calificaciones.

Sonja: Sí entrego mis tareas.

Madre: No, no lo haces, y no me mientas. Tus maestros me han enviado notas hablándome del problema y tus calificaciones están bajando.

Sonja: Bueno, es que las clases son tan tontas y me caen mal los maestros.

Madre: ¡Ah!, ¿y tú eres muy lista no? ¡Considérate castigada jovencita! No puedes ir a ningún lado, ni hablar por teléfono, ni ver la televisión, ni conectarte a Internet, ni usar el auto hasta que hayas entregado tus tareas. Estaré revisando todos los días para asegurarme y les pediré a tus maestros que me envíen reportes semanales de tu progreso.

Sonja: Bien, haré mi tarea, pero no estás siendo justa.

Cuando la mayoría de las personas interpretan la parte de Sonja, terminan sintiéndose enojados y controlados. Dicen que dirían o harían cualquier cosa con tal de quitarse a sus padres de encima, pero no harían la tarea. O que fingirían estar de acuerdo hasta que sus padres se cansaran de vigilarla, lo cual debe durar unos cuantos días. O que aunque hicieran la tarea, no la harían bien, lo cual les permitiría aferrarse al poder personal. Nunca hemos oído a nadie que diga: "¡Cielos, mi madre realmente se interesa por mí y me ayuda a aprender la importancia de la persistencia, la responsabilidad y el compromiso!"

Ahora lea la siguiente lista. Continúe interpretando el papel de Sonja, pero en vez de que le facilite las cosas, su madre responde con una de las siguientes sugerencias. Observe si sus pensamientos o sentimientos cambian de alguna forma.

1. Muestre confianza: "Tengo fe en ti. Confío en que descubrirás lo que necesitas. Sé que cuando sea importante para ti, sabrás qué hacer."

2. Respete la privacidad: "Yo respeto tu privacidad, y quiero que sepas que estoy disponible si deseas discutir conmigo lo que en realidad ocurre."

3. Exprese sus límites: "No estoy dispuesta a ir a la escuela para sacarte de apuros. Cuando tu maestra llame, te pasaré la llamada o le diré que discuta el asunto contigo." (Una actitud y tono de voz respetuosos son esenciales.)

4. Escuche sin corregir ni juzgar: "Quisiera escuchar lo que esto significa para ti."

5. Controle su propio comportamiento: "Estoy dispuesta a llevarte a la biblioteca cuando hayamos acordado previamente un momento conveniente. Pero no estoy

dispuesta a hacerlo de último momento. Si necesitas mi ayuda, por favor házmelo saber con anticipación."

6. Suelte las decisiones de sus hijos: "Espero que vayas a la universidad, pero no estoy segura que sea importante para ti."

7. Hagan un plan *juntos*: "¿Podríamos sentarnos para hacer un plan en cuanto a las tareas, con el que ambos podamos vivir?"

8. Ámelos y estimúlelos: "Me preocupa que estés fallando en tus tareas, pero te amo tal como eres y respeto tu derecho de elegir lo que es mejor para ti."

9. Pida ayuda: "Necesito tu ayuda. ¿Puedes explicarme por qué no es importante para ti hacer la tarea?"

10. Comparta sus sentimientos: Comparta su verdad mediante el proceso "Yo siento _____ _____ porque _____ y quisiera _____ _____" sin esperar que nadie más sienta lo mismo o conceda su deseo. Este es un gran ejemplo para que aprendan hijos conocer sus propios sentimientos y deseos sin tener expectativas. "Me siento molesta cuando no haces la tarea porque valoro tanto la educación y pienso que podría ser muy benéfico para ti en la vida, y realmente quisiera que la aprovecharas."

11. Resuelvan los problemas de manera conjunta (Similar a la Nº. 7, con algunos pasos adicionales): "¿Cuál es tu percepción de lo que ocurre en cuanto a las tareas? ¿Estás dispuesta a escuchar cuales son mis in-

quietudes? ¿Podríamos idear juntos algunas posibles soluciones?"

12. Comuníquese respetuosamente: "Me siento demasiado molesta para hablar de esto ahora. Pongámoslo en la agenda para la junta familiar y así podremos hablarlo cuando no esté tan sentimental."

13. De información, no órdenes: "He notado que pasas demasiado tiempo viendo la televisión y hablando por teléfono, durante el tiempo que tienes dispuesto para hacer la tarea. He notado que a menudo dejas la tarea hasta el último minuto y entonces te sientes desmotivada para hacerla. Yo preferiría que primero la hicieras."

Al principio, estas frases y acciones que dan poder pueden no parecer tan poderosas como son si está usted acostumbrado a los beneficios a corto plazo que dan el controlar, rescatar o abandonar. Pero si realmente se da la oportunidad de jugar el papel de la situación anterior y honestamente observa cómo se siente en el papel de Sonja, probablemente se dará cuenta que muchas de las opciones invitan al debate o a incrementar la responsabilidad personal. Si lo desea, sería útil que practicara el ejercicio anterior con otra situación que esté viviendo con sus hijos, en lugar del problema de la tarea, y así pueda comprender que estas sugerencias son efectivas en muchas situaciones.

Estas frases y acciones impiden que usted controle a sus hijos para que ellos tengan el poder en sus propias vidas. Una de las dificultades para usted puede ser que a menudo este poder puede conducirlos a cometer errores y a fallar. Cuando usted comprenda que aprender de los errores y fallar es una parte importante de un proceso de vida exitoso, también comprenderá la importancia de emplear estas frases y acciones para dar poder.

Consejos Para Dar Poder a los Adolescentes y Enfocarse en la Educación a Largo Plazo

LA SIGUIENTE LISTA proporciona más consejos para una educación a largo plazo. Muchos de estos consejos se han discutido más detalladamente en capítulos anteriores, pero mantener la lista a la mano le servirá como recordatorio. (Repetimos algunos conceptos una y otra vez porque sabemos que son piedras de tropiezo para muchos padres.) Al implementar cualquiera de estas sugerencias, usted ayudará a sus hijos a convertirse en adultos responsables y también le ayudará a tener una mejor relación con ellos.

1. Utilice su autoridad de padre inteligentemente; ahorre sus "no" para las cosas realmente importantes. Con los preadolescentes, un "no" a la semana es suficiente. Para cuando sus hijos tengan catorce años, un "no" al mes y para cuando tengan diecisiete una vez al año será suficiente (vea el capítulo 7).

2. Motive, o cuando menos no bloquee la rebeldía, la cual les permite a sus hijos experimentar sin herir a nadie. Ejemplos de una rebeldía segura incluyen cosas como la música, el cabello, los cosméticos, las modas, la decoración, la convivencia con sus amigos, entre otros. Viva el presente y recuerde que lo que su hijo hace ahora no es lo que hará toda su vida y no es una señal de su carácter – solo es parte de su proceso de crecimiento.

3. Debido a que los jóvenes tienen una gran necesidad de privacidad, debe usted darles algún espacio para retirarse a su propio mundo privado. Ignore sus humores y no ahonde en sus abatimientos. Ámelos aún cuando estén de mal humor, porque probablemente el humor se mejorará pronto. (Vea el capítulo 14 que habla sobre los humores que puedan ser indicativos de problemas más serios.)

4. Apoye los papeles, fantasías, ideas e intereses de sus hijos, aunque piense que no son dignos del tiempo de sus hijos. Sus hijos necesitan que usted sea su animador y defensor. Si deciden intentar algo y fallan, aprenderán más de ese fracaso que si usted los hace disuadir de intentarlo. Recuerde, usted les proporcionó a sus bebés las oportunidades para explorar, y necesita hacer lo mismo con sus adolescentes. Estas oportunidades pueden incluir el uso de autos, teléfonos y ordenadores; asistir a conciertos y clases; entre otras cosas. Esto no quiere decir que usted pague todo, pero puede ayudar a sus hijos para que administren su dinero para que tengan todo lo que quieran. Tampoco significa que no deba educarlos sobre los posibles riesgos y que no tenga discusiones cordiales con ellos al respecto.

5. Diga las cosas con una sonrisa. Aunque esto no siempre es fácil, sus hijos le escucharán mejor si usted mantiene el sentido del humor en lugar de verse tenso. Decir: "He notado", puede ser mucho más amable que decir: "Tu nunca." Confíe en que sus hijos lograrán descifrar las cosas, para aprender y crecer. Esta confianza le ayudará a mantener el sentido del humor.

6. Haga saber a sus hijos que los ama. Esto es fácil, simplemente dígaselos, escríbales notas, dígaselo a otra persona cuando ellos puedan escucharlo. Permítales que sean adolescentes, y le será más fácil amarlos. Es difícil sentirse amoroso cuando sus expectativas están hechas trizas, pero si está consciente de que sus adolescentes actuarán como adolescentes, no se sentirá decepcionado tan frecuentemente.

7. Evite dar discursos y pida permiso para dar información. Es demasiado tarde para forzarlos a aprender las lecciones a través de sermones, así que deje de hacerlo. No es demasiado tarde para enseñar, pero sólo cuando su ayuda sea requerida. Puede preguntarles si quieren escuchar lo que usted piensa o si quieren o necesitan su ayuda. Si dicen que no, entonces manténgase al margen. Debido a que los adolescentes piensan que lo saben todo, no les discuta y déjelos decir la última palabra. De todos modos nadie recordará el asunto al cabo de una semana, en cambio, una relación lastimada se recuerda hasta la vida adulta. Si da información, dela sin restricciones o exigiendo que sea tomada al pie de la letra.

8. Esté consciente de que los adolescentes pueden ser odiosos, y en lugar de dejar que esto le moleste, de marcha atrás y trate de disfrutarlos. Cuando lo exasperen demasiado, establezca sus propios límites y deles seguimiento o deles alternativas con las que usted se sienta cómodo. Es más fácil hacer esto que tratar de cambiarlos. Nunca avergüence o corrija a sus adolescentes frente a sus amigos, y nunca los compare con sus amigos o hermanos

9. Aprenda a escuchar sin dar consejos o tratar de arreglar las cosas. Solo escuche. Los jóvenes se sienten mejor cuando se sienten escuchados. Si usted tiene algo que decirles, hable desde sus sentimientos y sus ideas, no dando discursos o tratando de decirles cómo deben pensar. Tenga cuidado de no hacer juicios ni adjudicar culpas. Use la palabra nosotros cuando estén resolviendo asuntos. Apuntar con el dedo a los jóvenes conduce a la pérdida de la confianza en sí mismos o a una venganza contra usted.

> Deje que sus hijos digan la última palabra, de todos modos nadie recordará el asunto al cabo de una semana, en cambio, una relación lastimada se recuerda hasta la vida adulta.

10. Valore el reloj biológico de sus hijos. Elimine la vergüenza y la culpa de sus hijos por hacer lo que es normal en esta etapa de desarrollo. Es un gran alivio para ellos cuando les hace saber que esta bien sentir y pensar exactamente como lo hacen.

Tres Familias Cambian a una Educación a Largo Plazo

CUANDO APRENDA a darles poder a sus hijos, podrá cambiar algunas situaciones muy desalentadoras. En las siguientes historias, tres diferentes familias implementan la educación a largo plazo para ayudar a sus hijos a pensar por sí mismos, tomar sus propias decisiones y tener buenos recuerdos del amor incondicional de su familia.

El padre de Patsy Deja los Sermones y Empieza a Escuchar

Por toda la escuela se habían regado rumores negativos sobre Patsy. Ella estaba tan angustiada por esto que escribió poemas sobre suicidio. Cuando estaba cerca de sus amigas fingía que no le importaba actuaba alocada y hacía muchas bromas, pero internamente estaba destrozada.

Cuando Patsy le dijo a su padre que quería cambiar de escuela, él le dio un sermón acerca de la manera en uno debe afrontar los problemas en vez de huir de ellos (Edward, su padre, temía que Patsy estuviera tratando de tomar el camino fácil.) Estos sermones hicieron que Patsy se sintiera aún más alterada; se preguntaba por qué su padre no podía simplemente apoyarla.

Cuando se le preguntó qué era lo que le molestaba de los sermones de su padre, dijo: "¿Y qué tal si él tiene razón? Si la tiene, entonces yo estoy equivocada, y si yo estoy equivocada, entonces ¿qué me queda? No sé si pueda confiar en mí misma."

El padre de Patsy decidió emplear algunos consejos para una educación a largo plazo y le dijo a su hija: "Cariño, confío en que hagas lo que creas que es correcto para ti. Si necesitas mi ayuda, házmelo saber, y estaré ahí. Si te sigues sintiendo igual en un par de semanas, llamaremos a la escuela y juntos buscaremos un plan que funcione para ti."

Al sugerirle a Patsy que esperaran unas semanas para ver cómo se sentía, Edward mostró que confiaba en que su hija actuara como adolescente, quien podía sentirse de un modo en un instante, y al siguiente sentirse totalmente diferente. También estaba implicando que tenía confianza en ella, aún cuando estuviera haciendo cosas con las que él no estaba necesariamente de acuerdo. Esta actitud le dio a Patsy la oportunidad de descubrir lo que quería, quién era, y cómo quería vivir su vida. Con este apoyo, Patsy pudo aprender de sus errores en lugar de tratar de complacer a su padre o rebelarse contra él. Al tomar sus propias decisiones y cometer sus propios errores, ella pudo aprender y quizá cambiar de mentalidad.

Cuando Edward decidió escuchar a Patsy en lugar de asumir que sabía lo que ella debía pensar, descubrió que su hija vivía en un mundo completamente diferente al suyo. Patsy no estaba preocupada sobre las calificaciones o sobre su desempeño en la escuela, se preocupaba porque no sabía como manejar la situación en la escuela por la forma en que sus compañeros la insultaban y la trataban. Estaba preocupada por una de sus amigas, quien temía estar embarazada. Además, los chicos trataban de convencerla de que se fuera a la cama con ellos; ella trataba de descubrir cómo ser popular, y le preocupaba lo que los demás pensaran de ella. Encima de todo esto, trataba de complacer a sus padres. Patsy simplemente estaba pensando y sintiendo como la chica de dieciséis años que era, y no como la adulta que Edward esperaba que fuera.

El Padre de Brandon Deja de Interferir

Brandon de dieciséis años fue a ver a su consejero. Se sentía enojado y deprimido. Su relación con su padre era de lo peor.

Brandon contó su historia, la cual es muy típica de un chico de su edad:

> *Inicié las primeras seis semanas de escuela con muy buenas calificaciones para mí. Tuve muchas B y C pero una sola D en español. Mi padre había dejado de estar encima de mí en cuanto a la escuela por primera vez en la vida, porque mis calificaciones eran mejores. Pero después empezaron a bajar. Cuando mi padre se dio cuenta, dijo que no había cumplido "nuestro acuerdo". Este acuerdo era que no podría usar el auto a menos que tuviera las mismas calificaciones o mejores. Cuando hago acuerdos con mi papá, él me dice qué es lo que tengo que acordar y yo tengo que decir que sí. Parece que no tengo ninguna alternativa.*
>
> ***Mi papá decidió que tenía que tomar un curso de verano para mejorar mis calificaciones. Pero no me habló de esto antes simplemente me inscribió y me dijo que tenía que ir. Yo no le pedí que hiciera todo esto por mí, simplemente lo hizo porque él quiso. A mi no me agrada para nada, pero supongo que tengo que hacer lo que él diga. Así es que cuando mejoré mis calificaciones en la escuela de verano, le dije a mi papá que estaba listo para volver a usar el auto, pero entonces él dijo que esto no contaba y que lo que yo necesitaba era consistencia. Creo que fue demasiado lejos, y pienso que no es razonable y que es injusto, y no haré nada que él quiera.***

Brandon sentía que tenía que hacer las cosas de la manera que su padre decía y que él no tenía ninguna alternativa. Brandon dijo que su padre exageraba sobre todo, haciendo las cosas sencillas más difíciles de lo que necesitaban ser. Esto era estresante para Brandon, quien se sentía enojado y sin control sobre su vida. Había aprendido a llevarse superficialmente con su padre, pero se vengaría más tarde teniendo un bajo desempeño en la escuela.

Brandon no pensaba en lo que era importante para él o cómo quería desempeñarse en la escuela, sino que la escuela se convirtió en una enorme pieza de negociación en el juego de manejar el auto. Cuando sentía que no podría ganar el juego, entonces no tenía ya ninguna razón para esforzarse en la escuela.

Brandon también sentía que no podía decirles la verdad a sus padres. Una noche fue a una fiesta pero les dijo a sus padres que estaría en casa de un amigo. Su consejero le preguntó: "¿Por qué no les dijiste a tus padres que irías a una fiesta y estarías fuera de casa toda la noche?" Brandon respondió: "Uno no puede decirle eso a los padres. Ellos no saben que yo salgo y hago eso. Creo que me divierto y a ellos no les afecta no tienen nada que ver con eso. Sería como si yo les preguntara a donde van cada minuto del día y les dijera que tienen que llamar cada hora. Esa es la manera en que yo me divierto, y no es de su incumbencia."

El consejero de Brandon preguntó entonces: "¿Por qué sales a divertirte cuando sabes que tus padres no lo aprobarían? ¿Por qué no hacer actividades que si aprobarían?" Brandon dijo: "Ellos son más grandes que yo y tienen intereses diferentes. Me gusta salir, estar con mis amigos, y conocer gente." El consejero preguntó: "¿Crees que te guste divertirte y beber porque ves a tus padres hacerlo?" Brandon dijo que lo último que haría sería hacer las mismas cosas que hacen sus padres.

Entonces Brandon comentó lo mal que le iba cuando su padre descubría que no estaba donde había dicho que estaría. Cuando Brandon trataba de explicarle a su padre lo que había ocurrido, él no le creía. Brandon entonces decidía que realmente no le importaba nada de lo que su padre dijera. De acuerdo con Brandon, su padre siempre había tratado de obligarlo a hacer las cosas a su modo. Su padre le dijo que sus amigos eran una mala influencia para él por lo que Brandon decidió que no podía relacionarse con su padre, y que tendría que aguantarlo hasta que pudiera salirse de su casa para siempre.

El consejero de Brandon preguntó: "Si pudieras darles un consejo a tus padres sobre la manera en que te gustaría que te trataran y lo que sería de ayuda para ti, ¿qué les dirías?" Brandon dijo que desearía que lo dejaran en paz y que lo dejaran tomar sus propias decisiones. Dijo que él no podía controlar la manera de pensar de sus padres, pero que quisiera que comprendieran que sus decisiones son diferentes a las de ellos, "no soy ellos" dijo.

El consejero le preguntó entonces, "¿Qué crees que pasaría si tus padres en verdad dejaran de entrometerse en tu vida y dejaran de vigilarte?" Brandon respondió: "Estaría menos presionado. No tendría qué preocuparme de tantas cosas. Si cometo un error, tendré que vivir con eso – no tendría que escucharlos diciendo que me equivoqué o que estoy arruinando mi vida. Podría decidir qué cosas son errores para mí. Si mi padre no se metiera en mis asuntos de la escuela, yo no tendría que utilizar la escuela para molestarlo. No tendría que preocuparme por mi manera de actuar o por lo que digo en clases."

Con la ayuda del consejero y leyendo la primera edición de *Disciplina Positiva para Adolescentes*, el padre de Brandon se dio cuenta que no estaba utilizando su autoridad paternal de una manera inteligente; que, de hecho, sus métodos estaban dando los resultados contrarios a los que buscaba. Le dijo a Brandon: "Sabes que quiero que trabajes bien en la escuela, pero me doy cuenta que he tratado de controlar algo que es asunto tuyo. He estado más preocupado por lo que piensen los demás, que por cómo te afecta todo esto. Lo siento, trataré de regresarte el control de la escuela, pero si de repente se me olvidara, espero que me ayudes a recordarlo diciéndome que tengo metida la nariz en tus asuntos.

Su padre le dijo a Brandon que probablemente nunca aprobaría que fuera a divertirse en los lugares donde el alcohol estaba involucrado, pero que quería que supiera que siempre lo amaría. Edward compartió con su hijo sus temores sobre las fiestas y le dijo que trabajaría en incrementar su confianza en él.

Brandon se sintió aliviado pero desconfiado. Sabía que sus padres lo amaban, y que él también los amaba a ellos, pero sus sentimientos habían sido terriblemente heridos. Sus padres tendrían que ser consistentes para convencerlo de que realmente sentían lo que decían.

Los Padres de Patrick lo Dejan Crecer

Los padres de Patrick confiaron en él al permitirle que usara el auto familiar para hacer su primer viaje largo. Aunque Patrick se sentía listo, esto fue un gran salto para sus padres. Lo único que le pidieron fue que manejara directo a su destino y no hiciera ninguna excursión a otros lados, lo cual es lo mismo que decirle a un niño de tres años que no se coma las galletas de la mesa del café.

Patrick intentó de obedecer a sus padres, pero por supuesto, algo surgió. Decidió ir a otra ciudad a solo 150 millas fuera de su camino. Mientras se encontraba en aquel lugar, utilizó las tarjetas de crédito de sus padres. Sabiendo que sus padres siempre lo atrapaban cuando hacía cosas que no aprobaban, no le vio ningún sentido ocultárselos, pero cuando se los dijo, se enojaron y se sintieron traicionados. Ellos hicieron y dijeron todo lo predecible que un padre haría en una situación como ésta. Expresaron su decepción, lo castigaron sin salir, y, cuando Patrick les explicó por qué lo había hecho, le dijeron que ni siquiera sabía lo que quería. Entonces, cuando Patrick se deprimió, sus preocupados padres acudieron con un consejero.

Patrick compartió su historia con el consejero diciendo que temía que hubiera algo malo en él. Pensaba que era una mala persona y cuestionaba sus propios pensamientos, sentimientos y motivos. No se le había ocurrido que sus padres estuvieran sufriendo tanto dejándolo crecer. Él no creía que se portaba mal haciendo lo que pensaba que era correcto.

Cuando los padres de Patrick entraron a la oficina del consejero, para que Patrick pudiera compartir sus sentimientos y pensamientos con ellos en un lugar seguro, ellos no estaban preparados para lo que escucharon. Patrick explicó que quería crecer, y que deseaba que ellos se lo permitieran. Les pidió que dejaran de amenazarlo, porque él no quería tener ese tipo de relación con ellos. Explicó que se sentía culpable y muy mal cuando tenía que mentirles y que quería compartir sus pensamientos y sentimientos sin que le dijeran que éstos eran estúpidos o equivocados.

Patrick les pidió a sus padres que apoyaran sus ideas con entusiasmo. Les dijo que podría aprender más al experimentar las cosas y al cometer errores que al ser protegido. Dijo, "Quiero probar el mundo por mí mismo, no a través de ustedes." Reconoció que sus padres estaban asustados, pero quería que confiaran en él.

Aunque los padres de Patrick estaban impactados, también se sintieron orgullosos de su hijo. No estaban conscientes de muchas cosas que su hijo dijo, y querían estar de su lado pero no se habían dado cuenta de lo lejos que estaban de ello.

Siga Negándolas o Vea las Cosas como son

NEGAR ES LA HABILIDAD de ir por la vida con una bolsa de papel cubriendo su cabeza y con tapones en los oídos, viendo una pantalla dentro de su cerebro que muestra una película de cómo desea que sean las cosas (o cómo teme que sean), en lugar de verlas tal como son. Parece más fácil para muchos padres de adolescentes, negar la realidad sobre sus hijos que verlos como son. Para los padres es

> Negar es la habilidad de ir por la vida con una bolsa de papel cubriendo su cabeza y con tapones en los oídos, viendo una pantalla dentro de su cerebro que muestra una película de cómo desea que sean las cosas (o cómo teme que sean), en

difícil ver a sus hijos atravesar por una etapa en su desarrollo hacia la vida adulta.

Cuando usted trata a sus hijos como incompetentes vigilándolos, supervisándolos, controlándolos les impide que crezcan. A menudo los padres controlan más a un adolescente que a un niño de tres años en un parque. Es probable que le den más espacio al niño de tres años para aprender a usar los juegos del parque del que le dan a un chico de dieciséis para usar el auto. Muchos niños pequeños no probarán los juegos del parque si piensan que no pueden manejarlos. Si su pequeño o pequeña subiera a un gran tobogán antes de tener la suficiente edad para manejarlo de manera segura, ¿se quedaría usted a un lado y le daría un sermón, o subiría con él para apoyarlo? Generalmente, usted alentaría a su hijo para que lo intentara y en el proceso le enseñaría algunas habilidades. En este sentido, los adolescentes no son tan diferentes de los niños pequeños. Hay varias cosas que no harán si no sienten que pueden manejarlas. Tienen tantos temores como cualquiera y necesitan el mismo tipo de ayuda que usted le daría a un pequeño. Sus hijos adolescentes necesitan su aliento, su apoyo y su ayuda para desarrollar habilidades.

¿Pero Que Hay de la Conducta Cuestionable?

AUNQUE EN EL CAPÍTULO 14 cubriremos más a fondo este tema de la *conducta cuestionable*, vale la pena citar cuando menos un punto al respecto en éste capítulo. Si usted está preocupado sobre la conducta de sus hijos adolescentes, siéntese y hable con ellos. Hágales saber que su comportamiento le asusta y que les agradecería que lo ilustrara. Hágales saber que desea saber sobre esta conducta desde su perspectiva, qué piensan, qué sienten y qué decisiones están tomando. Qué significa para ellos, y cómo ven dicha conducta en relación con su futuro.

Nuevamente, necesitamos enfatizar que esto no será efectivo si usted emplea estas preguntas como una forma manipuladora para lograr comunicar su punto de vista. Solamente es efectivo cuando sus hijos sienten que realmente está usted interesado y nunca utilizará esta información en su contra. Muchos jóvenes han decidido, por sí mismos, cambiar su conducta simplemente porque fueron invitados a pensar en ello en un ambiente de comprensión y no de amenazas.

El caso de Wendi, tiene que ver con esto. Al leer su historia, observe cómo su madre fue capaz de influenciarla en una dirección positiva, aún cuando usted pueda no estar de acuerdo en que una chica pase toda la noche fuera de su casa.

La madre de Wendi, Erika, escuchó de una amiga sobre las fiestas "*rave*", quien le explicó que los chicos decían a sus padres que dormirían en casa de un amigo, pero en realidad asistían a una fiesta *rave* donde tomaban la droga llamada "éxtasis", bailaban toda la noche y, a menudo, se involucraban en prácticas sexuales con otros asistentes. Erika estaba impresionada de escuchar que su hija le había estado mintiendo. Erika hizo su tarea, aprendió más sobre las drogas y sus efectos y después invitó a Wendi a tomar un café para que pudieran hablar de algo.

Erika le dijo a Wendi que no tenía ningún problema, pero que era realmente importante que hablaran sobre las fiestas *rave* y el éxtasis. Wendi se puso a la defensiva y explicó que sólo estaba haciendo lo mismo que sus amigas y se divertía. Dijo a su madre que estaba exagerando. Erika afirmó que lo que Wendi decía era completamente posible, pero que quería expresar sus preocupaciones sin pelear. Erika habló del daño al sistema nervioso que podía sufrir la gente que tomaba éxtasis. Compartió la información que tenía sobre chicos que agredían a las chicas en los *raves*, dándoles droga para poder tener sexo con ellas, sin preocuparse de sus sentimientos o su seguridad. Expresó su preocupación de que Wendi no hubiera sido franca en cuanto a los lugares que decía ir por las noches.

Aunque Wendi le dijo a su madre que no entendía nada, la semana posterior a su plática, se le acercó y dijo: "Iré a un *rave* con mis amigos. No te voy a mentir diciéndote que me quedaré a dormir en casa de una amiga cuando la realidad es otra. He decidido no usar el éxtasis, pero pretendo quedarme toda la noche a bailar. Y no es necesario que te preocupes de que me vaya a relacionar sexualmente con gente que no conozco, porque es algo que yo no deseo hacer nunca."

Erika dijo: "Me gustaría que no pasaras toda la noche allá, pero me enorgullece que seas honesta conmigo y que te respetes lo suficiente para decidir no usar esa droga tan peligrosa." Wendi respondió: "Sé que me amas, mamá, y te agradezco que trates de ayudarme. Yo también te amo."

Muchos padres que pensaron que Erika era permisiva al "permitirle" a su hija pasar toda la noche fuera de casa, estaban negando que sus hijos, con frecuencia hagan lo mismo sin decirlo. A menudo los adolescentes mienten cuando dicen que estarán en casa de un amigo. Otros se escapan durante las noches. Erika sabía que esto ocurría, pero sabía también que no podría controlar a su hija. En lugar de darle sermones, quiso preparar a Wendi para los peligros que podría encontrarse.

El Reto

USTED TIENE UN RETO. Puede decidir entre influenciar y controlar a sus hijos, si incrementar su seguridad propia o dirigir sus vidas.

Puede usted enfocarse ya sean en desarrollar habilidades o en hacer las cosas por ellos para protegerlos. A menudo los padres usan la excusa de que los adolescentes pueden cometer errores que pudieran terminar con su vida o que podrían arruinarla para siempre, pero esto es cierto a cualquier edad. Enfocarse en estos temores provoca que usted trate de controlar la vida de sus hijos adolescentes en lugar de dejarlos ir para que sean capaces de vivir sus propias vidas.

Pregúntese: "¿Me estoy basando en el temor o la confianza?" La confianza les da a sus hijos espacio para cometer errores y para aprender de ellos. Como dijo Rudolf Dreikurs: "Es mejor una rodilla lastimada que un ánimo lastimado. Una rodilla fracturada puede ser reparada, pero un ánimo fracturado dura por siempre."

HERRAMIENTAS QUE DEBE RECORDAR PARA UNA EDUCACIÓN AFECTUOSA Y FIRME

1. Utilice las habilidades de dar poder para ayudar a sus hijos a desarrollar sus recursos internos de tal manera que estén a salvo aún cuando usted no esté cerca.

2. Examine sus prioridades. ¿Su educación tiende a ayudar a sus hijos para que logren ser autosuficientes en algún momento en el futuro, o está más interesado en controlar el presente?

3. Recuerde que a veces, aunque parezca que está haciendo algo bueno, lo que hace es empeorar las cosas y cuando parece que no hace nada, puede estar practicando habilidades de la lista para dar poder. Debido a que son nuevas para usted y que está acostumbrado a las correcciones rápidas, podría olvidar que está desarrollando un carácter para el futuro.

4. Sus hijos adolescentes necesitan su ayuda para revertir las situaciones desalentadoras, así que permanezca disponible con las habilidades de educación a largo plazo.

5. En lugar de suponer cómo piensan sus hijos, haga preguntas y escuche con atención para descubrir su mundo. No tema pedir a sus hijos que lo ilustren sobre lo que les gusta a sus hijos o a los adolescentes de ahora.

6. Es reconfortante recordar que, cuando emplea sus antiguos e ineficientes métodos, puede percatarse y dar marcha atrás y aún tener efectos positivos en sus hijos.

7. Aunque es verdad que los adolescentes pueden ser arrojados y a menudo no piensan detenidamente las cosas antes de probar nuevas actividades, también es cierto que con mayor frecuencia observan y esperan antes de lanzarse a algo que puede estar fuera de su zona de comodidad o de control. No entre en pánico y piense que es una catástrofe hasta que realmente sepa lo que ocurre. Y aún entonces, primero pregúnteles su punto de vista sobre tal actividad.

ACTIVIDAD DE APLICACIÓN PRÁCTICA

Es muy fácil estancarse en las preocupaciones cotidianas u olvidarse del panorama completo y de la educación a largo plazo. Esta actividad le ayudará a enfocarse en sus principales prioridades.

1. Imagine que su hijo o hija adolescente está listo para dejar el hogar y emprender la aventura de su vida por sí mismo.

2. Haga una lista de cuando menos cuatro cosas que usted quisiera que su hijo tuviera como herencia de su educación:

a.

b.

c.

d.

3. Después de cada elemento, escriba por lo menos una cosa que esté usted haciendo para construir dicho legado para su hijo. ¿Qué podría dejar de hacer para evitar alejarse del legado que quisiera dejarle? Repita esta actividad una vez al mes.

MI PLAN DE LA SEMANA

Esta semana me enfocaré en....
_____
_____

Trabajaré en cambiar mi actitud pensando....
_____
_____
_____

Cambiaré mi comportamiento haciendo....
_____
_____
_____

11

¿Es Demasiado Tarde para Enseñar las Habilidades de Vida?
Construyendo El Carácter

USTED TIENE MUCHAS oportunidades para alentar a sus hijos a desarrollar las habilidades de vida que necesitan para disfrutar el éxito y la satisfacción cuando se enfrenten al mundo por sí mismos. En este momento, esperamos que vea esto como parte de su trabajo como padre. Estamos seguros que usted dedicará su energía ayudando a sus hijos a ser más capaces, aún cuando no siempre esté seguro de cómo hacerlo. Y sabemos que para este momento, usted está consciente de que nunca es demasiado tarde para ayudar a sus hijos adolescentes. El tiempo que invierta ahora, dará frutos en el futuro está construyendo carácter y habilidades en sus jóvenes. Hemos mencionado esto antes, pero vale la pena repetirlo hay una reacción retardada en los adolescentes. Aún cuando usted no pueda ver los resultados de su esfuerzo inmediatamente, puede confiar en que dentro de una semana, un mes, un año o incluso dos, todo el trabajo que usted ha aportado, dará resultados sensacionales.

Aunque nuestra intención en este capítulo es reforzar su habilidad para fomentar y alentar la capacidad, sus hijos podrían encontrarse con otras situaciones o personas que les ayudarán a ser más conscientes y responsables. Tomemos el caso de Douglas, quien se negó a obtener buenas calificaciones porque pensaba que sus padres lo presionaban, pero cambió su manera de pensar cuando se unió al equipo de golf y su entrenador le dijo: "Si no mejoras tus calificaciones, tendrás que salir del equipo. Estoy dispuesto a hablar con tus maestros y a ayudarte a averiguar lo que necesitas hacer para recuperarte. Pero si el golf es importante para ti, tendrás que trabajar"

Douglas habló con todos sus maestros y supo exactamente lo que tenía que hacer. Ya que el golf era importante para él, mejoró todas sus calificaciones y pudo quedarse en el equipo. Fue la primera vez que encontró una razón para hacerlo por sí mismo. Esperamos que como Douglas, sus hijos se encuentren con muchas experiencias de vida que les ayuden a superarse, pero si acaso esto no ocurre, le mostraremos las miles de oportunidades que puede usted tener.

Aunque no pueda hacer ningún cambio, estará en posición de provocar cambios cuando estén listos, y usted los ayudará a estar listos más rápido si practica la educación afectuosa y firme de la que hablamos en este libro.

¿Qué Pasa con el Deseo Natural de Aprender y Crecer?

> Aunque lo encuentre difícil de creer, sus hijos quieren que piense bien de ellos y que les tenga confianza.

COMO YA LO HA LEÍDO a lo largo de los primeros capítulos, usted ha descubierto varias de las maneras en que sin intención ha desalentado el deseo natural de sus hijos de aprender y crecer. No se preocupe, aunque las lecciones se aprenden más lentamente cuando los chicos son más grandes. Todo lo que tiene que hacer es revertir el desaliento y después cambiarlos a ellos. Aunque lo encuentre difícil de creer, sus hijos quieren que piense bien de ellos y que les tenga confianza. Al cambiar algunas conductas, sus hijos lo notarán y responderán de una manera positiva a esos cambios especialmente si usted libera sus expectativas y deja de presionarlos con respecto a los resultados. Utilice las Condiciones para Enseñar las Habilidades de Vida y así ser un mentor para sus hijos sin tomar el control, rescatar ni criticar.

CONDICIONES PARA ENSEÑAR LAS HABILIDADES DE VIDA

1. Mantenga una actitud cordial.

2. Conozca los intereses de sus hijos.

3. Después de obtener permiso por parte de sus hijos, de información no sermones.

4. Tómese el tiempo para entrenar (trabaje con su hijo al principio, en lugar de darle instrucciones).

5. Confíe en sus hijos.

6. Tome en cuenta los errores y aprecie su valor.

Mantenga una Actitud Cordial

Una actitud cordial invita a la cercanía, la confianza y la cooperación y es esencial si quiere tener una influencia positiva en sus hijos. Cuando ha creado cercanía, es más probable que sus hijos escuchen y trabajen en soluciones. Una actitud hostil crea distancia, actitud defensiva y resistencia. Es necesario que usted vea con qué frecuencia crea distancia entre usted y sus hijos con desaprobación, crítica y sermones. No es extraño que ellos no quieran trabajar con usted para mejorar. Si usted se pregunta cómo crear una actitud cordial, entonces pregúntese como trataría a un amigo.

Uno de nuestros ejercicios favoritos es imaginar el invitar a un amigo a cenar y después, hablarle a su amigo de la manera que acostumbra hablar con su hijo. ¡Imposible! Sabemos que usted no reprendería a su amigo por poner los codos en la mesa, por masticar con la boca abierta, por tomar la última ración sin preguntar si alguien más la quiere, por levantarse de la mesa sin llevar los platos a lavar, etc., etc., etc. No estamos sugiriendo que no mencione sus deseos y sentimientos a los amigos, pero estamos seguros de que si lo hace, el tono de su voz y sus intenciones serían conciliatorias y cordiales. Intente tener la misma actitud con sus hijos. No más labios apretados, voces alzadas, quejas o puños levantados (si es, desde luego, la forma en que se ha comportado).

Buscar soluciones en equipo es otra forma de mantener una actitud cordial, así como desarrollar la habilidad para buscar opciones. Recuérdeles a sus hijos que siempre hay varias soluciones a un problema, aunque a veces parezca que no hay buenas alternativas.

Una madre se sentó a buscar soluciones con su hijo, quien odiaba vaciar la lavadora de trastes, y propusieron las siguientes ideas: comprar una dotación de productos desechables para seis meses; comer con las manos de los sartenes y cazuelas; ahorrar dinero para contratar una sirvienta de tiempo completo; lavar los trastos a mano en lugar de usar la lavadora; rotarse la tarea para que cada persona tuviera que vaciar la lavadora una semana por mes; y que cada quien se encargara de sus trastes. Después de considerar todas las opciones, el chico dijo: "¿Qué te parece si sencillamente me lo pides amablemente cuando necesites que se vacía la lavadora de trastos y yo lo haré?" ¿Imposible? En lo absoluto, cuando se combinan el humor, la cordialidad y la buena disposición para solucionar las cosas, todo es posible.

> Buscar soluciones en equipo es otra forma de mantener una actitud cordial, así como desarrollar la habilidad para buscar opciones

Otra madre trató de buscar soluciones con su hija de trece años cuando ésta dijo que quería salir formalmente con un chico de su escuela. Ellas hicieron tres sugerencias: la madre podía decir: "Cielos, esto es emocionante tu primera oportunidad para salir formalmente"; que la madre conociera primero al chico; y tercera, que la madre averiguara lo que para la hija significaba salir formalmente a los trece años. Esta madre eligió la tercera opción y ambas continuaron discutiendo hasta que logró comprender la situación. La madre aprendió que para la chica, salir formalmente significaba tener un novio con el que se pudiera tomar de las manos para caminar por los pasillos, sentarse juntos en el almuerzo con un grupo de amigos y hablar mucho por teléfono. Se sintió aliviada de saber que no significaba que la pareja pasara mucho tiempo a solas.

En otra familia, Dianne sentía que su hija Sunny estaba demasiado tensa. Sunny planeaba cada minuto y no parecía saber cómo relajarse. Dianne podía ver que su hija estaría menos estresada si pudiera relajarse un poco, así que decidió buscar la oportunidad para enseñarle los beneficios de la relajación. Cuando trató de hablar directamente al respecto, Sunny se puso a la defensiva, era obvio que se sentía atacada, no aceptada y avergonzada. Así que Dianne pensó en la manera que podría darle el ejemplo sin discutir cómo hacerlo. Le dijo: "Sunny, puedes hacer lo que quieras, pero yo me voy a relajar. Como realmente me encanta

estar contigo, te quiero pedir que me acompañes. Si quieres hacerlo será magnífico si no lo deseas, está bien, no importa."
Cuando Dianne planeaba salidas – asolearse en la alberca o ir al cine, ir de compras o a días de campo siempre invitaba a Sunny. Cuando Sunny decidió unirse a su madre, Dianne no dijo nada simplemente se concentró en pasar un rato maravilloso con su hija y dejarla experimentar por sí misma los placeres de la "relajación."

Conozca los Intereses de sus Hijos

Al estar consciente de lo que ocurre en la vida de sus hijos, usted puede determinar lo que necesitan aprender. Entonces puede usted convertirse en un recurso para ellos. Dos maneras sencillas de conocer los intereses de sus hijos son, preguntar u observar. Observe las siguientes conversaciones en las que el padre es curioso y el hijo no tiene una actitud defensiva. Esto podría pasarle a usted.

Conversación 1

Padre: ¿Por qué necesitas más dinero?

Hijo: He estado quebrado últimamente, así que anoté todos los lugares donde gasto dinero y todos los lugares donde gano u obtengo dinero. Llegué a la conclusión de que gasto más de lo que gano. He estado pensando en conseguir un empleo pero no estoy seguro de poder mantener altas mis calificaciones.

Padre: ¿Qué te parece gastar menos?

Hijo: Mira mi lista y ve si puedes encontrar la manera de que recorte mis gastos.

¿Es Demasiado Tarde para Enseñar las Habilidades de Vida?

Conversación 2

Madre: ¿Por qué quieres salir con Troy? Casi no lo conoces.

Hija: Lo sé, esa es la razón por la que quiero que venga y se quede un rato y por lo que quiero dar un paseo con él después de la escuela. Quisiera llegar a conocerlo.

Madre: ¿Cómo sabes que puedes confiar en él cuando estén a solas?

Hija: Estaba pensando en que Betsy nos acompañara hasta que lo conozca mejor.

Conversación 3

Madre: ¿Cómo podrás ir a esquiar con Shannon? Es un deporte muy caro.

Hijo: Lo sé, los padres de Shannon tienen boletos de descuento que puedo comprar, y Shannon me dijo que me podría prestar ropa para esquiar y sus viejos esquís. He decidido sacar algo de dinero de mi cuenta de ahorros y reponerlo cuando trabaje para la abuela el próximo mes.

Madre: ¿Estás seguro que los padres de Shannon tienen espacio para otra persona?

Hijo: Tengo su número telefónico, así es que puedes llamarles si quieres para obtener más detalles.

Si usted está pensando que estas conversaciones son irreales, trate de ser curioso y diga a sus hijos que realmente le gustaría conocer más sobre lo que disfrutan hacer o lo que desean. Su tono de voz cordial y sus preguntas de curiosidad puede ayudarlos a pensar mejor las cosas, y, a cambio, puede usted percatarse de la persona tan interesante que es su hijo o hija en realidad. (Regrese al capítulo 7 para recordar lo de las preguntas de curiosidad.)

Observar antes de reaccionar es otra manera de llegar a conocer los intereses de sus hijos. Candace estaba emocionada por la hermosa ropa que había comprado para su hija Tyna. Pero Tyna durmió con uno de los trajes puestos y tiró los otros dos al piso sobre los cuales el perro durmió toda la noche. Usualmente, Candace se habría puesto histérica y habría reprendido a gritos a su hija, pero en esta ocasión, decidió observar que pasaba sin su intervención.

A la mañana siguiente, cuando Tyna estaba apurada preparándose para ir a la escuela, Candace escuchó un lamento y corrió a su recámara para ver lo que ocurría. Tyna estaba sosteniendo los trajes que habían estado doblados como cama para el perro, con una mirada de horror en su cara. "Mamá, hoy iba a usar esto y mira lo que Bailey les hizo. Tiene pelo de perro por todos lados. Anoche estaba demasiado cansada para colgar mi ropa, y me encanta que Bailey duerma conmigo, pero esto es un desastre."

Candace se sentó en silencio y miró a su hija comprensivamente, resistiendo la tentación de darle una lección o de solucionar el problema. Para su asombro, Tyna buscó un cepillo para ropa y empezó a cepillar vigorosamente, riendo mientras lo hacía, "Ay mamá," dijo, "¿No soy una tonta? Bailey es mucho más importante que unas cuantas arrugas y pelos de perro. Odio cuando actuó tan infantil."

Candace le dio a Tyna un abrazo, salió de su habitación y pensó: "Acabo de aprender algo sobre mi hija. Sus prioridades son realmente diferentes a las mías, pero seguro que ella las tiene muy claras. Y si la dejo tener sus sentimientos y sacar algo de vapor, con seguridad se calma rápidamente."

Dé Información

Todos los adolescentes del mundo saben que cuando usted dice: "Quiero tu cooperación" lo que quiere decir es: "Haz lo que yo digo" y que "Hagamos un trago" significa que usted dictará otro mandato sin que ellos opinen en absoluto. ¿Cómo puede usted dar información de tal manera que sus hijos adolescentes escuchen en lugar de ignorarlo y rebelarse?

Muchos jóvenes dicen que les gustaría pedirle ayuda a sus padres, pero no lo hacen porque temen enfrentar su decepción, desaprobación, sermones o castigos. Aun cuando no sea el caso, algunos jóvenes descartarán cualquier información que venga de sus padres, sin importar qué tan buena pueda ser, solo porque viene de ellos. ¿Cómo pueden individualizarse si hacen lo que sus padres dicen? Otras veces, los jóvenes escucharán la información, pero la archivarán hasta que estén listos para usarla lo cual difícilmente será tan pronto como los padres quisieran. Afortunadamente, existen varias habilidades que usted puede aprender para disminuir la resistencia y la rebeldía.

Cuando usted empieza una frase diciendo: "He notado," o "Hagamos un trato," o "Quieres saber mi opinión?", generalmente obtiene una audiencia cautiva. Si además,

> Todos los adolescentes del mundo saben que cuando usted dice: "Quiero tu cooperación" lo que quiere decir es: "Haz lo que yo digo" y que "Hagamos un trago" significa que usted dictará otro mandato sin que ellos opinen en absoluto.

enfatiza que escucharlo no significa estar de acuerdo y que no es su hijo el que está en problemas, se duplican las probabilidades de una buena comunicación. La siguiente conversación demuestra estas habilidades.

Padre: He estado pensando en algo desde hace días, ¿Quisieras oír de que se trata?

Hijo: Está bien, papá.

Padre: Cuando lleguen los recibos del seguro del auto, serán muy caros. Así que cuando tengas tu auto, tengo una idea de cómo puedes ocuparte de ello. ¿Quieres saber cómo?

Hijo: ¿No pagarás tú el seguro?

Padre: No, no voy a pagar tu seguro. Pero mamá y yo decidimos ayudarte a comprar tu auto, y desde luego, no puedes manejar un auto sin seguro.

Hijo: ¿Cómo voy a pagar el seguro?

Padre: Eso es lo que he estado pensando. Esta es mi idea, primero, nos sentaremos y analizaremos cuánto costará el seguro. Probablemente tendremos que llamar a la compañía aseguradora para averiguarlo. Pero supongamos que cuesta aproximadamente $600.00 dólares cada seis meses. ¿Cuánto tendrías que ahorrar mensualmente para pagar el recibo cada vez que te llegue?

Hijo: ¡Cielos! $100.00 al mes

Padre: Correcto. ¿Entonces cuánto tienes que apartar cada semana de tu cheque?

Hijo: Yo gano 50 dólares a la semana, eso significa que tengo que ahorrar la mitad sólo para el seguro.

Padre: Correcto. Y he notado que te gusta tener mucho efectivo en tu bolsillo para gastarlo en diversión. ¿Qué tipo de cosas tendrás que sacrificar para ahorrar?

Hijo: ¡Es injusto! Solo tendré 25 dólares a la semana para combustible, hamburguesas, citas, discos y todo lo demás.

Padre: Quizá no valga la pena tener carro. ¿Qué otras opciones tienes?

Hijo: Bueno, sí lo haré, pero de todos modos es injusto.

Padre: Entiendo ese sentimiento, yo lo he tenido varias veces.

En otra conversación, Katherine dio información a su hijo Harrison de un modo que lo invitaba a la cooperación. Harrison se había ofrecido a ayudar a Katherine con su nuevo programa del ordenador. Katherine esperó pacientemente todo el día, observando a Harrison ir de una actividad a otra sin parecer recordar su acuerdo. Finalmente, Katherine dijo: "Harrison, no quisiera ser molesta, y esto no es una crítica, pero sabes lo impaciente que soy. Si me dejas saber cuándo planeas trabajar en mi programa de cómputo, podré programar mi "esperómetro". Sabiendo el tiempo que te voy a esperar, es más fácil manejar mi impaciencia, lo que me es difícil manejar es la incertidumbre."

"Lo siento mamá," dijo Harrison, "no sabía que tuvieras prisa, puedo hacerlo ahora mismo si quieres."

"Cariño, no es necesario que lo hagas en este momento, solo dime cuando lo harás para saber cuánto tiempo voy a esperar."

"¿Qué te parece a las 4:30?"

Harrison terminó su trabajo en el ordenador de Katherine y fue de gran ayuda. Al día siguiente, de repente le dijo a su madre: "A mí tampoco me gusta no saber cuánto tiempo tengo que esperar por las cosas. Es la parte difícil, ¿cierto?"

Katherine, tomada por sorpresa, recordó la conversación del día anterior y contestó: "Supongo que ambos mejoramos cuando podemos programar nuestro 'esperómetro'."

A menudo los jóvenes (como Douglas al principio de este capítulo) están más dispuestos a escuchar a los demás que otros jóvenes. Si ese es el caso con sus hijos, consiga la ayuda de un amigo o familiar para que den la información deseada. Si usted puede mantener su ego fuera del camino, puede ser creativo ayudando a sus hijos a encontrar otras fuentes de aprendizaje.

Blythe se quejaba de sus padres con Cal, el papá de su amiga. Le dijo a Cal que sus padres eran demasiado estrictos y no escuchaban, que odiaba la forma en que la trataban como bebé, esperando que llegara a casa a las 9:00 de la noche cuando todas sus amigas tenían permiso de llegar a las 10:30.

Cal la escuchó como siempre lo hacía y después dijo: "Blythe, no quiero sonar trillado, pero ser padre de un adolescente no es más fácil que ser un adolescente. Tus padres tratan de hacer lo que creen que es mejor y de enfrentarse a sus inseguridades y miedos."

"Lo sé, lo sé, pero quisiera que aunque sea por una sola vez sean razonables."

"Bueno Blythe," dijo Cal, "estoy seguro que ya has pensado en esto, pero me pregunto qué pasaría si les explicaras a ellos las razones por las cuales es importante para ti quedarte más tarde y pedirles que piensen lo que les dices antes de responderte. Incluso puedes sugerirles que llamen a los padres de algunos de tus amigos para que se enteren cómo manejan otras familias el asunto de la hora de llegada. ¿Crees que les podrías encontrar una audiencia más dispuesta?"

Blythe parecía indecisa pero dijo: "Gracias Cal, lo voy a intentar." Aunque sus padres no la escucharan, Cal ayudó a Blythe compartiendo una perspectiva que probablemente ella no tenía. Y la expresó de una manera que ella pudo escuchar y comprender.

Tómese el Tiempo para Entrenar a sus Hijos

Existen muchas oportunidades para enseñar las habilidades de vida, tales como aquellas que incluyen autos, ropa, compras, trabajo familiar, uso del tiempo y actitudes hacia el aprendizaje y la escuela.

Francine había estado tomando la responsabilidad de despertar a su hijo Dan las mañanas del jueves para una clase que tomaba temprano. Ella lo despertaba, y él se quedaba dormido. Esta escena continuaba con cada vez mayor enojo por parte de ambos, hasta el grado que Francine le quitaba bruscamente las cobijas de encima. Entonces Dan se levantaba dando traspiés diciendo: "Déjame en paz", y finalmente salía con media hora de retraso. Francine recibió una carta del maestro en la que decía que si Dan faltaba una vez más a la clase, reprobaría la materia.

Más tarde Dan y su madre iban solos en el auto y ella dijo: "Hoy recibí una carta de tu maestro donde me dice que si vuelves a faltar una vez más, reprobarás el primer periodo. ¿Quieres ir a la clase mañana o quieres faltar y reprobar?" Dan se quedó callado unos segundos y después respondió: "Supongo que iré." Entonces su madre dijo: "¿Quieres que te ayude a levantarte, o quieres hacerlo solo?" Él contestó: "Lo haré solo."

Ella estuvo de acuerdo y Dan dijo: "Gracias mamá" (Muy diferente a "déjame en paz"). La mañana siguiente, Dan se duchó temprano y salió de casa a tiempo. Su madre estaba segura que él sentiría la diferencia en su manera e intención y sabría que en verdad le estaba dejando esa responsabilidad a él.

Algunos de los mejores momentos de enseñanza, se pueden encontrar cuando usted acepta los intereses de sus hijos. Por ejemplo, la mayoría de las chicas adolescentes se preocupan por la ropa. Esta preocupación ofrece muchas oportunidades para enseñarles sobre presupuesto, sobre ganarse el dinero, y sobre planeación.

En la familia de Paula, los hijos recibían una cuota para ropa dos veces al año. Paula decidió comprar menos ropa pero más cara, pensando que siempre podría llenar su guardarropa pidiendo ropa prestada a sus amigas y usando su pequeña cuota mensual.

Sylvia, la madre de Paula, insistía en que la ropa nueva no se prestaba ni se dejaba en el piso. Quería prevenir a Paula de cometer errores, pero después recordó que quería ayudar a su hija a que aprendiera de sus propias experiencias. Así que Sylvia le dijo a su hija: "Paula, cometí un error. Quise protegerte de que perdieras esa ropa cara, pero estoy segura que tú puedes decidir si prestarla o no. Sé que será tu decisión la manera en que trates la ropa que tienes."

Unos meses más tarde, Paula acudió furiosa con su madre. Una de sus amigas le había pedida prestada su chaqueta de diseño y la perdió en una fiesta. Sylvia mordió sus labios para no decirle: "Te lo dije". En cambio, le dio a su hija un gran abrazo y dijo: "Me doy cuenta lo molesta que estás. Lo siento mucho." Paula miró a su madre y dijo: "Nunca más le prestaré mi ropa."

¿Es Demasiado Tarde para Enseñar las Habilidades de Vida?

"Paula, ¿te interesaría saber una idea que tengo sobre prestar la ropa?

"Sí, mamá"

"Podrías decirles que quieres un depósito de algo igualmente bello que les pertenezca, y guardarlo hasta que te regresen tu prenda. Se llama garantía."

"Gracias mamá, pero no creo que funcionaría con mis amigas. Simplemente no les volveré a prestar mi ropa buena.

> La vida está llena de arreglos que son necesarios para los itinerarios ocupados. Si usted hace todos los planes y después se los informa a sus hijos, se está perdiendo de una excelente oportunidad de enseñarles habilidades de vida para construir su carácter.

Sus padres les compran lo que quieren y no comprenden lo que significa tener una cuota para ropa. No puedo permitir que me pierdan mis cosas."

"Buen plan," replicó Sylvia, mientras disimulaba la sonrisa camino a otra habitación.

Planear y programar juntos, es un método excelente para entrenar. La vida está llena de arreglos que son necesarios para los itinerarios ocupados. Si usted hace todos los planes y después se los informa a sus hijos, se está perdiendo de una excelente oportunidad de enseñarles habilidades de vida para construir su carácter. Sus hijos no tendrán idea de lo que está planeado para ellos, y a cambio ellos van a esperar que usted haga las cosas por ellos, que los lleve a lugares, e incluso que intervenga y los rescate si se llegan a sentir demasiado ocupados.

Usted obtendrá mejores resultados, mostrará respeto y enseñará habilidades cuando los involucre en la planeación, aunque esto lleve más tiempo. Ponga un calendario en un lugar central de su casa, de tal manera que todos los miembros de la familia puedan verlo fácilmente. Programe una junta familiar a una hora en que todos puedan estar atentos para discutir las futuras actividades y citas. Todos pueden tomar parte en la planeación anotando la actividad, la fecha y hora, las personas que estarán involucradas, y la persona responsable.

El caos, los sentimientos heridos, el enojo y otras frustraciones pueden evitarse tomándose el tiempo para planear formalmente. Aunque mucha gente se queja de que no tiene tiempo, parecen no darse cuenta del tiempo que desperdician en el caos y la frustración. La buena planeación elimina estos problemas pero también toma su tiempo, además de atención hacia los detalles y cooperación.

Antoniette se estaba alistando para regresar a la escuela secundaria. Les había mencionado a sus padres las cosas que necesitaría hacer para preparar su regreso a clases. Un día después de la cena, se sentaron a la mesa e hicieron una lista de lo que necesitaban hacer. Sacaron el calendario familiar para determinar la fecha en la que harían todo y cual de sus padres estaría disponible a ayudarla en caso necesario. Antoniette hizo un presupuesto para la ropa y la cuota que cubriría las actividades escolares y los gastos personales.

La familia también determinó la manera en que Antoniette llegaría a la escuela todos los días, ya que estaba muy lejos para ir a pie y los horarios del autobús no eran convenientes. Esto permitió que Antoniette tuviera suficiente tiempo para llamar y conseguir irse en el auto de otra persona los días que sus padres no pudieran llevarla.

Compare esta imagen con las situaciones de Rick y Stephanie donde reinaban el caos y la frustración. Rick quería ir a un concierto de rock en una ciudad a cincuenta millas de distancia. Como no tenía auto ni licencia, necesitaba que sus padres lo ayudaran a hacer los arreglos. Cada vez que se los pedía, ellos decían que estaban demasiado ocupados y que hablarían de ello más tarde. Rick estaba frustrado quería saber si debía ahorrar dinero para comprar el boleto, y quería tener el tiempo suficiente para ponerse de acuerdo con algunos amigos para que fueran juntos. Ya que los padres de Rick, no le dieron importancia al asunto, no escucharon a tiempo y Rick se perdió el concierto. No se percataban que eran descorteses e irrespetuosos, porque para ellos lo del concierto no era tan importante como los otros asuntos que tenían en sus vidas.

La historia de Rick no es inusual. Cuando Stephanie quería ir a un baile, sus padres no estaban muy convencidos de que fuera con un chico, así que se mantuvieron posponiendo las respuestas a sus preguntas sobre el baile. Stephanie no pudo hacer los arreglos necesarios que todas sus amigas estaban haciendo comprando vestidos, planeando a donde irían a comer, arreglando lo del transporte porque sus padres no le respondían, y ella no sabía cómo comunicarse con ellos.

Tanto Rick como Stephanie terminaron siendo adultos con muy pocas habilidades de planeación. No pensaban que sus opiniones o necesidades fueran importantes, así que ambos terminaron relacionándose con gente que tomaba el control. Si sus padres hubieran comprendido más sobre tomarse el tiempo para planear y programar juntos, Rick y Stephanie habrían crecido con experiencias completamente diferentes.

Confíe en sus Hijos

Shawn quería decirle a su padre algo que nunca había compartido con nadie porque temía meterse en problemas o encontrar desaprobación. Su padre se dio cuenta que Shawn quería decirle algo, pero que le era difícil hacerlo. El padre preguntó: "¿Qué te incomoda? ¿Qué necesitas de mí?"

Shawn dijo: "Quiero tener la tranquilidad de que no te decepcionarás de mí si te lo digo. Y tengo que resolverlo por mí mismo antes de contártelo, así que no esperes que te lo diga primero. No tengo la energía para ocuparme de tus cosas y de las mías. Si no estoy en contacto con mis propios sentimientos menos puedo entrar en contacto con los tuyos."

El padre lo escuchó sin hacer comentarios y luego dijo: "Me agrada que me digas que estás pasando por momentos difíciles, aunque no puedas decirme de qué se trata. Cuando estés listo para contarme más, ahí estaré. Me doy cuenta que fue difícil para ti decirme esto, y espero que la próxima vez que hablemos te sientas más cómodo. Confío en que sabrás resolverlo y quiero que sepas que cuentas conmigo si me necesitas." El padre de Shawn demostró respeto y confianza, estaba dispuesto a aceptar las cosas sin presionar a su hijo para que le dijera más y confió en que el chico podría manejar las cosas.

Otra familia mostró también confianza en su hijo de una manera diferente. La mañana del cumpleaños dieciséis de Tim, estaba en primera fila para obtener su licencia de conducir. Había aprobado su examen escrito con una puntuación de 97 y su examen de conducir, el cual, según él, lo calificaba como conductor experto. Estaba listo para manejar cualquier vehículo en cualquier lugar porque el Estado de California dijo que podía, y el estado era más grande que sus padres.

Cuando llegó a casa, Tim le preguntó a su madre, Jane, si podía manejar su auto en San Francisco.

Más tarde, Jane le platicó a su amiga Marcia sobre la solicitud de Tim. "Vivimos en una ciudad pequeña y tranquila. San Francisco está lleno de pendientes, colinas peligrosas y tráfico pesado, es una ciudad muy grande. Le dije a Tim: 'No. Acabas de obtener tu licencia hace una hora', pero entonces él me dijo: 'Pero he esperado y soñado este momento, ¿cómo puedes arruinarme la vida de ese modo? El Estado de California dice que estoy listo para manejar en cualquier parte. Me dieron la licencia y tuve 97 en el examen. ¿Qué pasa contigo? ¿Acaso me odias?"

Marcia preguntó: "¿Qué vas a hacer?"

"Tengo que decir esto honestamente," continuó Jane, "mi auto fue mi primera preocupación, es un carro muy lindo y no quiero verlo todo golpeado. También me preocupa Tim, quisiera protegerlo.

Me preocupa que tenga problemas al subirse a la rampa para la autopista. Me imagino toda clase de desastres en la autopista, en las colinas, en la ciudad. Puedo realmente entender su punto de vista. Siente que finalmente es grande, tiene una licencia, tiene libertad, tiene poder y tiene neumáticos. También le gusta San Francisco; hemos hecho varios viajes allá en familia. Y ahora quiere ir solo y llevar a sus amigos, lo cual es muy emocionante para él."

"¿Crees que pueda manejar todo esto solo tan pronto?" preguntó Marcia.

"Encontraremos la manera de hacerlo poco a poco. Aunque odia esperar, entenderá que no siempre podemos movernos al ritmo que él quiere. Él sabe que confiamos en él, así que él confía en nosotros para avanzar. Dedicaremos los siguientes dos fines de semana a Tim, para que pueda llevarnos, a toda la familia, a San Francisco. Haremos que vaya a lugares a donde nunca ha ido solo, para aplicarle nuestro propio examen de conducción en San Francisco con muchas oportunidades para estacionarse. Lo dejaremos que nos lleve a cualquier parte subiendo y bajando colinas, a North Beach, Fisherman's Warf, al barrio Chino. Después de pasar dos días manejando en San Francisco con él, me sentiré mejor y tendré la seguridad que puede hacerlo. Después le daré las llaves de mi auto y le diré que se divierta, y cuando se vaya, te llamaré para llorar contigo. Él habrá ganado mucha confianza y yo tendré un corazón a punto de sufrir un ataque."

Marcia se rió y dijo: "Siempre has tenido un talento natural para el drama."

Compare esta historia con la de Lindy, cuya madre la desalentó para que no fuera a un viaje de graduación. La madre de Lindy describió lo horrible que sería el viaje, y dijo que nadie se divertiría a menos que se embriagaran y se quedaran dormidos, y como Lindy no era ese tipo de persona, sería más feliz quedándose en casa. Como Lindy no quería embriagarse y quedarse dormida y porque no tenía ninguna razón para dudar de su madre sintió que no debía ir.

Cuando se le cuestionó a la madre de Lindy, ella dijo: "He oído muchas historias sobre esos viajes. No estoy segura que sea verdad, pero si lo es, no quiero que mi hija vaya. Ella puede encontrar otra manera de celebrar su graduación." Pero una cosa que parecía ignorar, es que en unos cuantos meses, Lindy estaría viviendo sola en la universidad, y no solo carecería de confianza en sí misma para enfrentar situaciones difíciles, sino que también carecería de las habilidades necesarias incluyendo la toma de decisiones porque su madre tomó muchas decisiones por ella. Entre más hablamos al respecto, más obvio era que a Lindy, enervada por los miedos de su madre, le asustaba salir sola. Creyó fácilmente la versión de su madre de los viajes de graduación, porque ella misma tenía miedo de lo que pudiera pasar.

Muchos adolescentes quieren que sus padres los controlen, que hagan cosas por ellos porque tienen miedo de crecer. Si los padres alimentan los temores de sus hijos con sus propios temores, los jóvenes no desarrollarán las habilidades necesarias para convertirse en adultos exitosos. Desde luego, también hay jóvenes que rechazan ser controlados y simplemente se rebelan.

> Usted puede ayudar a sus hijos a ser valientes, dándoles la oportunidad de aprender de usted y después dándoles la oportunidad de usar lo que han aprendido.

Usted puede ayudar a sus hijos a desarrollar valor mostrándoles su entusiasmo por su proceso de crecimiento: "¿No te emociona la idea de saber que cuando seas grande y tengas la edad suficiente te irás de casa? ¿No será genial tener tu primer departamento? ¿No esperas con ilusión el momento de tener tu propio teléfono y una cuenta de teléfono propia? ¿No será divertido?" Su entusiasmo será contagioso y los ayudará a esperar con ilusión ser grandes. Y lo más importante, puede ayudarlos a ser valientes dándoles la oportunidad de aprender de usted y después dándoles la oportunidad de usar lo que han aprendido.

Una madre, que había tratado escrupulosamente de proporcionar a su hijo las habilidades de vida, le preguntó si creía que todas las veces que había hecho las compras de abarrotes le habían ayudado en su vida adulta. Él contestó: "¿Bromeas? No sé cómo hubiera podido vivir como vivo si no hubiera tenido toda esa ayuda. Sé cómo comprar en las ofertas, cómo administrar mi dinero, cómo planear. ¡Sé cómo hacer menús! Sé hacer muchas cosas."

Tome en Cuenta los Errores y Aprecie su Valor

Justin, un chico de diecisiete años, con una inclinación por vivir del lado salvaje, pasó varios fines de semana en la cabaña de descanso familiar. Disfrutaba las emociones de esquiar sobre nieve y no encontraba una razón para no poder usar la cabaña cuando no iba con sus padres. Él sabía donde estaba escondida la llave, así que invitó a sus amigos a pasar un fin de semana y se dirigieron a las montañas. Naturalmente, las cosas se le salieron un poco de las manos porque algunos de sus amigos solían festejar demasiado, pero arregló todo lo que se había roto para que sus padres no descubrieran que habían estado ahí sin permiso.

Desde luego, sus padres, Lydia y Wally, notaron las colillas de cigarrillo y las latas de cerveza en el jardín. Arremetieron contra Justin, recriminándolo, castigándolo sin salir, y amenazando todo lo que se les ocurría a fin de que su hijo no volviera a hacerlo. Justin estaba furioso y les dijo a sus padres lo desagradecidos que eran de todos sus esfuerzos en dejar el lugar tan limpio como estaba cuando llegó.

Después de hablar con una amiga que había asistido a un grupo de estudio de padres de familia, Lydia se percató de que habían exagerado. Después de varias discusiones sobre otras maneras de manejar la situación, Lydia abordó a Justin y le dijo: "Tienes razón

Justin, nos enfocamos en todo lo que malo que hiciste y no te dijimos lo responsable que fuiste al dejar la cabaña limpia. Queremos que sepas que apreciamos tus esfuerzos para ser tan responsable."

Después Wally agregó: "Aunque apreciamos tu conducta responsable, queremos dejar muy claro que no nos parece que uses la cabaña cuando nosotros no estamos ahí. Nos haría muy felices estar en nuestra cama, mientras tú atiendes a tus amigos, pero no está bien para nosotros que hagas fiestas cuando nosotros no estamos."

Justin dijo: "Sí, sí."

Un mes más tarde, los Peterson descubrieron que Justin había usado la cabaña otra vez. Lydia explicó que estaría dispuesta a acompañar a Justin y ayudarle a limpiar el lugar, o que él podría pagar $100 dólares por el servicio de limpieza. El trabajo tenía que hacerse porque Wally y Lydia rentaban la cabaña a algunos esquiadores durante el invierno. Después de algunas discusiones, Justin estuvo de acuerdo en limpiar la cabaña con ayuda, e incluso agradeció a su madre por estar dispuesta a ir con él.

Los padres de Justin se dieron cuenta que era momento de decidir lo que harían con la cabaña, porque era obvio que no podrían controlar la conducta de Justin al ir allá. Decidieron rentarla hasta que su hijo pasara la etapa de las fiestas. Es probable que usted los critique o piense que fueron demasiado permisivos. Su respuesta sería que preferían acabar con el uso de la cabaña durante uno o dos años, si eso era lo que impediría a Justin tratarlos irrespetuosamente. Según ellos, su objetivo era construir el carácter de su hijo, querían que Justin supiera que ellos harían lo que fuera necesario para dejar de facilitarle su conducta irrespetuosa. Justin era el tipo de adolescente que requiere de mayor ayuda para aprender de sus errores. Hacerlo responsable cada vez que desordenaba la cabaña si la usaba sin permiso, era algo que no causaba efecto en él. Pero perderse dos temporadas de esquiar debido a su conducta, fue algo que lo afectó demasiado.

Años más tarde, Justin fue capaz de mirar hacia sus años de escuela y de disculparse con sus padres por aprovecharse de ellos, por mentirles, y sobre todo por ser un "idiota." Sus padres le agradecieron y dijeron que aquellos tiempos fueron difíciles también para ellos, pero habían tenido confianza en que Justin saldría adelante y sería una mejor persona, y así fue.

Enfoques Poco Convencionales (Que Funcionan) para Enseñar Habilidades de Vida

LAS CALIFICACIONES DE KELLY estaban bajando. Su padre, Pete le preguntó si quería aprender algunos trucos para estudiar. Kelly, sintiéndose desconfiada preguntó: "¿Qué tipo de trucos?"

Su padre respondió: "Yo podría enseñarte el 'sistema conveniente y elegante de cuatro pasos' si quieres."

El interés de Kelly despertó, y entonces preguntó: "¿Dónde aprendiste ese sistema?"

Su padre explicó que su amiga Lissie se lo enseñó para ayudarle a superar su desidia, y continuó diciendo, "Kelly, realmente me ayudó. ¿Quieres saber cómo es?" Kelly aceptó.

El Sistema Conveniente y Elegante de Cuatro Pasos

1. Decide lo que quieres.

2. Programa un tiempo para ello.

3. Establece un trato o un truco para motivarte.

4. Utiliza listas.

Cuando Kelly preguntó cómo podrían ayudarla estos cuatro pasos, su padre dijo que pasaría por los cuatro pasos con ella si así lo quería. Kelly estuvo de acuerdo.

Primero, Pete pidió a Kelly que pensara en algunas cosas que realmente quería hacer diariamente. La lista de Kelly incluía pasar tiempo con sus amigos, tocar la guitarra, estudiar y ver la televisión.

Para el segundo paso, Pete le sugirió que pensara en el momento que asignaría a cada una de sus opciones. Kelly decidió estar con sus amigos al salir de la escuela, después ir a casa y tocar la guitarra, cenar con la familia, ver la televisión 30 minutos y posteriormente estudiar.

Pete no señaló que dejar el estudio como última actividad era predicción de fracaso. En lugar de eso continuó explicándole el tercer paso, hacer tratos. Señaló que a menudo la gente no cumple con sus actividades poco favoritas a menos que primero hagan un trato consigo mismos. Por ejemplo: "Primero, haré lo que no me gusta y dejo lo mejor como lo último," o "Primero haré dos cosas que me gustan, después una cosa que no me gusta y dejo lo mejor para el final." Dijo que otro truco es hacer citas con alguien para hacer las cosas que no te gustan, explicando: "Puede ser más divertido estudiar si haces una cita con alguien más para hacerlo. Y generalmente, tu no decepcionarías a un amigo, aunque estuvieras dispuesta a decepcionarte a ti misma."

Finalmente, Pete mostró a Kelly cómo hacer una lista de sus cuatro intereses que incluían la cantidad de tiempo para cada acuerdo que hiciera consigo misma. Hablaron sobre lo fácil que podría ser regresar a los viejos hábitos y olvidar los nuevos planes cuando éstos no se ponían por escrito. Pete sugirió que Kelly usara la lista para recordar las decisiones que había tomado sola.

Kelly quería saber si su padre planeaba vigilarla cada día para verificar que estuviera siguiendo la lista. Pete le preguntó si eso era lo que ella quería y Kelly respondió: "¡De ninguna manera! Entonces

Pete dijo: "Bien, mi trabajo es ayudarte a aprender. Tu trabajo es decidir si quieres usar lo que has aprendido. Yo estaré feliz si tu me lo pides directamente, pero solo tú lo decides."

Apuestas Amistosas Vs. *Sobornos y Recompensas*

UN RETO AMISTOSO puede ayudar a los adolescentes a aprender las habilidades de vida. Decidiendo probar este método, Leilani dijo a su hijo: "Te apuesto que no puedes sacar una B en esa clase." Jon aceptó el reto diciendo, "¿Cuánto?"

Su madre lo retó, "Diez dólares" y Jon aceptó, "¡Hecho!"

Nosotros no creemos en sobornos, recompensas, expectativas negativas ni frases desalentadoras. Seguramente se pregunta cuál es la diferencia con las apuestas.

De acuerdo con Rudolf Dreikurs, una apuesta es como "escupir en la sopa". Una sopa no es muy apetitosa una vez que alguien ha escupido en ella. La apuesta puede utilizarse cuando un adolescente dice: "Podría hacerlo si quisiera."

Para que sea efectiva, la apuesta debe hacerse con una actitud cordial, respetuosa y juguetona. "Dices que puedes, pero tengo dinero que dice que no puedes. ¿Estás dispuesto a poner tu dinero donde está tu boca?"

Usted puede hacer una apuesta con sus hijos sin controlarlos. Pero tan pronto como intente sobornarlos o recompensarlos, estará tratando de controlarlos. El truco es aprender cómo ser útil mientras se evita el control.

Sus Hijos Pueden Enseñarle

UNA DE LAS MEJORES maneras de alentar y dar poder a sus hijos es dejarlos que le enseñen. Ellos pueden enseñarle sobre música, cómo usar los relojes digitales, cómo grabar un programa de televisión, cómo usar un ordenador y un millón de cosas más. Si está usted preocupado por los malos hábitos de manejo de que le quedaron de su adolescencia, pídales que le ayuden a mejorar sus habilidades de todas las formas que se les ocurran. O pídales que compartan sus pasatiempos con usted. Sus hijos pueden ser un valioso recurso si les da la oportunidad y cuando lo haga, no solo les mostrará respeto por sus habilidades, sino que también les dará el ejemplo de disfrutar el aprendizaje.

Otros momentos en que puede aprender de sus hijos es cuando están haciendo algo que usted no entiende o que no aprueba, o cuando ellos le responden con un obvio desdén, por algo que usted ha dicho. En lugar de corregirlos o criticarlos, puede adoptar una actitud de curiosidad y permitirse ser el aprendiz. Por ejemplo, cuando Jody se enojó con su madre le dijo: "Sencillamente no entiendes de lo que estoy hablando". Su madre contestó: "Tienes razón, no entiendo porque no tengo tu edad, y te agradecería mucho que me enseñaras porque quiero aprender." ¡Funcionó! Jody trató de explicarle a su madre lo que quería decir (aunque fuera con tono condescendiente). La madre estaba dispuesta a dar un paso a la vez y le alegraba haber motivado a su hija para que le hablara. Cuando usted se siente alegre de aprender nuevas habilidades, puede ayudar a sus hijos a ver los beneficios del aprendizaje. Un joven comentó a su madre: "Me acabo de dar cuenta que entre más aprendo, más fácil es la vida." ¡De eso se trata!

Enseñanza Creativa

HACER UN JUEGO de las cosas es una estupenda manera de enseñar habilidades. Compre un calendario diccionario y rete a sus hijos a aprender nuevas palabras y usarlas en frases. Intercambie un chiste al día con sus hijos. Jueguen juegos de mesa como Scrabble o Garabatos (Pintamonos).

Otras maneras divertidas de enseñar habilidades a sus hijos incluyen pedirles que entrevisten a otros jóvenes para descubrir cómo ellos y sus familias manejan el dinero, las horas de llegada, las cuotas, etc. O ayúdelos a planear una fiesta o un día de campo. Una vez que decida ser creativa, descubrirá que existen muchas formas de enseñar habilidades.

Nos gustaría dejarle algunas opciones que le ayudarán a continuar con sus esfuerzos de ser un padre o madre afectuoso y firme al enseñar habilidades de vida. Es probable que usted prefiera dar pequeños pasos, o quizá esté listo para dar un gran paso. Nosotros le proporcionaremos las dos opciones. La decisión es suya. (Por supuesto que existen otras opciones, pero nuestras sugerencias están aquí para estimular su propia creatividad.) Su éxito dependerá del nivel en el que se encuentre actualmente, concéntrese en lo que puede hacer hoy, y deje de preocuparse de que sus hijos vayan a rechazarlo. Las habilidades de vida que usted enseñe ahora construyen el carácter de mañana.

DISCIPLINA POSITIVA PARA ADOLESCENTES

Asunto del padre/hijo	Pequeños pasos	Grandes pasos
Autos	Haga una lista de todos los gastos involucrados en tener un auto. Sea claro en cuanto a los gastos que usted cubrirá (y después apéguese a ello aun cuando su hijo tenga problemas.) Acuerde la forma en que compartirán el auto familiar. Deje que su hijo lo lleve a dar una vuelta manejando; de tal manera que pueda averiguar (con la boca cerrada) sus habilidades y seguridad. Si tiene algunos consejos que darle, pregúntele si quiere escucharlos. Involucre a su hijo en el cuidado del auto familiar. Comparta los intereses y entusiasmo de su hijo viendo revistas de autos juntos.	Ayude a sus hijos a comprar un auto enseñándoles cómo adquirir un financiamiento o, si usted lo compra, estableciendo un sistema para que ellos se lo paguen. Proporcione a su hijo un auto usado para que lo use y lo cuide. Explíquele a su hijo por qué puede arreglárselas sin auto y enséñelo a usar el transporte público. Permita que sus hijos se transporten en el auto de sus amigos y así no necesitarán tener su propio auto. Investiguen las tarifas de los seguros de auto juntos y observen la diferencia de las tarifas de descuento para "buenos estudiantes". Haga que su hijo ayude a cubrir el pago del deducible por accidente y que se involucre en el proceso de reparación. Deje que su hijo maneje en un viaje por carretera
Hermanos	Hable con su hijo sobre lo que siente con respecto a sus hermanos. Observe si usted deja que uno de sus hijos se salga con la suya más que otro.	Programe juntas familiares regulares en las que su hijo aprenda a dar y recibir cumplidos. Permanezca al margen de los "pleitos" entre hermanos.

¿Es Demasiado Tarde para Enseñar las Habilidades de Vida?

Asunto del padre/ hijo	Pequeños pasos	Grandes pasos
Hermanos (continuación)	Lea los libros de Disciplina Positiva o Terapia Hágalo Usted Mismo para incrementar su entendimiento de la rivalidad entre hermanos. Analice sus propios conflictos de hermanos y determine cómo han afectado su paternidad. No espere que los hermanos mayores eduquen a los menores. No castigue a un hijo por lo que sus otros hijos hagan.	Sugiera que los hermanos anoten sus problemas en la agenda para que toda la familia pueda ayudarlos a idear las posibles soluciones. Deje que los hermanos creen juntos un plan acerca de quién irá en el asiento de enfrente en el auto, o quien se sentará junto a las ventanillas, cómo dividir las habitaciones compartidas y cómo programarse para sus programas de TV favoritos si difieren. Valore y estimule las diferencias. Nunca compare a un hijo con otro.
Fiestas	Hable sobre sus temores Pídale a su hijo que le explique por qué les gustan las fiestas a los jóvenes. Recuerde sus años de adolescencia Planee con sus hijos algunas fiestas en las que usted se hará el perdedizo (en casa, pero con la puerta de su habitación cerrada). Lea artículos sobre lo que los jóvenes opinan de las fiestas.	Pregunte a su hijo cómo planea comportarse en las fiestas. Sea realista. A los jóvenes les gustan las fiestas y su idea de fiesta es un lugar sin padres y posiblemente con cervezas, vino, alcohol y drogas. No es necesario que a usted le parezca bien, y puede intentar detenerlo, pero quizá sería mejor tener algunas conversaciones honestas con sus hijos para mantener las líneas de comunicación abiertas. De esa manera, si sus hijos lo necesitan, usted será para ellos alguien con quien puedan hablar sin temor de ser juzgados. *cont.*

Disciplina positiva para Adolescentes

Asunto del padre/hijo	Pequeños pasos	Grandes pasos
Fiestas	Nunca deje su casa sin la presencia de un adulto en los fines de semana. Ofrézcase para organizar las noches de "graduación". Lleve a su hijo a las fiestas de Año Nuevo. Hagan el trato de que si su hijo bebe, usted lo recogerá y él no hará preguntas.	Conozca a sus hijos. Confíe en ellos. Enséñeles habilidades para que sepan cómo manejar las situaciones y que tengan la confianza en sí mismos para hacer lo que para ellos es correcto.
Ropa, cabello, etc.	Siéntese en su auto afuera de la escuela de sus hijos y observe a los otros estudiantes Vaya al centro comercial y observe la ropa que usan los jóvenes. Analice su propio materialismo. Establezca una cuota para ropa y apéguese a ella. Permita que sus hijos aprendan de sus errores si se pasan de su presupuesto. No les dé sermones ni los juzgue. Recuerde que su hijo no llevará su "aspecto de adolescente" a la edad adulta. Haga una cita para su hijo o hija con un estilista o un especialista en maquillaje.	Disfrute la apariencia y modas de sus hijos. Tómeles fotografías. Si su hijo no pone atención a la higiene, establezca una rutina con él o ella y dé seguimiento.. Permita que sus hijos elijan su propia moda, pero busque que ellos cedan cuando usted quiera que vistan especialmente para algún evento importante para usted. Planeen ir de compras juntos (fuera de su zona para que los amigos de su hijo no los vean en el centro comercial juntos ¡Ni Dios lo permita!). Deje que su hijo o hija elija dónde comprar. Tire a la basura el televisor para que su hijo no esté tan influenciado por la publicidad.

¿Es Demasiado Tarde para Enseñar las Habilidades de Vida?

Asunto del padre/hijo	Pequeños pasos	Grandes pasos
Hora de llegada	Establezca una hora de llegada y deje que su hijo o hija sepan que está abierta a discusión, siempre que ambos estén de acuerdo. Déjeles saber que será usted flexible siempre y cuando ellos respeten su necesidad como padre de sentirse seguro. Hable con otros padres de familia para averiguar qué hora de llegada tienen establecida (en lugar de simplemente aceptar "a todos mis amigos les dan permiso de llegar a..."). Junte un grupo de padres e hijos adolescentes en su casa para tener un debate abierto sobre la hora de llegada y lo que funcionaría para todos.	Permita que su hijo o hija le diga a qué hora regresará a casa todas las noches. Hablen sobre las horas de llegada como un asunto de respeto, de la misma forma que lo haría con un compañero de cuarto. Pídale a su hijo que llame si se va a llegar tarde. No tema decir que no, si su hijo necesita un lugar por las noches para juntar a sus amigos. Conozca a sus hijos Exprese que confía en que sus hijos piensan lo que hacen y cómo afecta sus vidas
Dinero	Lea el libro Tareas sin Guerras o Disciplina Positiva de la A a la Z para mayor información sobre establecer préstamos. Pague a sus hijos por realizar trabajos por los que pagaría a otra persona para que los hicieran. Pague solo después de haber completado el trabajo. Haga que su hijo comience con cuotas que no estén relacionadas con las tareas domésticas. *cont.*	Ayude a sus hijos a aprender cómo hacer un presupuesto. Enséñeles o pídales que le muestren cómo usar programas de presupuesto generados por ordenador. Empiece a establecer una cuota para ropa. Enséñeles trucos para ahorrar, como tener un sobre para gastos, otro para ahorros a largo plazo y otro para ahorros para metas a corto plazo.

Disciplina positiva para Adolescentes

Asunto del padre/ hijo	*Pequeños pasos*	*Grandes pasos*
Dinero	Evite pagar fianzas. Si les hace préstamos a sus hijos, empiece con pequeñas cantidades y lleve un registro de pagos para obligarlos a pagarle. No haga préstamos mayores hasta que sus hijos establezcan su mérito crediticio con usted.	
Tareas domésticas	Haga que todos sus hijos realicen tareas domésticas. Durante las juntas familiares, haga que sus hijos opinen sobre a cómo y cuándo deben realizarse los quehaceres domésticos. Creen juntos una rutina para las tareas domésticas. Dé seguimiento para asegurarse que se estén haciendo las labores domésticas. Evite excusas, aunque tengan examen al día siguiente. Haga que sus hijos programen el tiempo para que realicen los quehaceres que les corresponden. Siempre podrá ofrecer intercambios o ayuda en ocasiones especiales.	Involucre a sus hijos en la preparación de alimentos, en las compras de la casa, en lavar la ropa, en hacer el almuerzo, en planchar, en el cuidado del auto, en la limpieza de la casa, y cualquier otra cosa que los preparará para su vida adulta. Respete los itinerarios ocupados de sus hijos, pero insista en que designen cuando menos una noche para cocinar - sin importar lo sencillo que sea el menú.

¿Es Demasiado Tarde para Enseñar las Habilidades de Vida?

Asunto del padre/hijo	Pequeños pasos	Grandes pasos
Habitaciones	Vaya con sus hijos a una tienda para que ellos elijan sus ganchos de ropa y otros artículos para guardar prendas y artículos personales. Permita que sus hijos decoren parte de las habitaciones en la casa. Haga que su hijo limpie su recámara una vez por semana. Ofrézcale la alternativa de limpiar solo o con su ayuda.	Permita que su hijo o hija tenga su habitación como quiera. Confíe en que su hijo limpiará su habitación cuando esté listo. (Algunos de los adolescentes más desordenados se convierten en adultos sumamente ordenados y algunos permanecen siendo desordenados). Proponga un presupuesto para pintura, pósteres y ropa de cama. Permita que su hijo o hija redecore su habitación.
Novios / novias	No exagere, probablemente terminarán en una semana si usted permanece al margen de la relación Entienda que "salir formalmente" significa cosas diferentes en las diferentes edades. Averigüe qué significa para su hijo o hija adolescente. Cuando se trate de preadolescentes, llévelos usted al cine o al centro comercial y después vaya por ellos. Deje que su hijo tenga fiestas de piscina u otras reuniones con chicos de ambos sexos estando usted presente. Promueva actividades de grupo.	Hable con su hija o hijo sobre las violaciones durante las citas. Asegúrese de discutir sus temores y pensamientos sobre las relaciones sexuales en los adolescentes y sobre el sexo sin protección, y escuche atentamente los puntos de vista de sus hijos. Si su hijo o hija se siente listo para tener novia o novio, déjelo pero permanezca involucrado, al pendiente, y abierto al diálogo. Incluya al novio o novia de su adolescente en las actividades familiares. Asegúrese de que sus hijos se sientan amados. De otro modo pueden sentir que necesitan buscar "amor" en los lugares incorrectos.

DISCIPLINA POSITIVA PARA ADOLESCENTES

Asunto del padre/hijo	Pequeños pasos	Grandes pasos
Escuela	Haga un momento especial del día, cuando toda la familia esté trabajando tranquilamente. Cree rutinas con sus hijos en lugar de quererlo controlar todo. Lean en familia. Tomen clases juntos. Tome clases usted. Lea más libros de Disciplina Positiva para tener más consejos. Recuerde que el propósito de la escuela es aprender y no obtener las mejores calificaciones ni la mayor cantidad de diplomas. Hágale saber a su hijo que él o ella es más importante para usted que las calificaciones. Si las calificaciones bajan, sea comprensivo, indague las razones, y sea realista sobre las capacidades de sus hijos. No retire las cosas para las que su adolescente es bueno como parte de un castigo.	La escuela no es para todos, y algunos adolescentes pueden funcionar mejor trabajando en casa instruyéndose en escuelas abiertas o tomando exámenes equivalentes para más tarde regresar a la escuela formal. Ofrezca ayudarlos con su trabajo escolar en los momentos que a usted le convenga, pero deje que el asunto de la escuela quede entre ellos y sus maestros. En otras palabras, los maestros dejan que sus hijos experimenten las consecuencias lógicas de no hacer lo que se les pide los reprueban. No reaccione fuertemente cuando su hijo o hija lleve un reporte o una mala calificación; espere y observe lo que hace al respecto y permanezca disponible y motívelos sin tomar el control. Ofrézcales instructores cuando sea necesario. Valore cada esfuerzo de sus hijos como estudiantes, sin importar qué tanto cumplan o qué tan lejos lleguen. Motive a sus hijos a que se basen en sus capacidades. No sueñe en que sus hijos son buenos para todo.

¿Es Demasiado Tarde para Enseñar las Habilidades de Vida?

Asunto del padre/ hijo	Pequeños pasos	Grandes pasos
Electrónicos (celulares, ordenadores, Internet, juegos portátiles, de video y televisores.)	Limite el tiempo usado en la televisión, juegos de video y ordenador. En la junta familiar programe el tiempo para estas actividades con sus hijos. Utilice los dispositivos de control paternal con el Internet. Hábleles a sus hijos sobre el riesgo y el valor de chatear con gente que no conocen. Pídales que propongan ideas sobre cómo pueden protegerse de los potenciales riesgos de las conversaciones en línea. No compre un televisor para la recámara de su hijo o hija. Recuerde que ahora los adolescentes ven más sexo explícito y violencia en la televisión que nunca antes. Usted no puede protegerlos de esto pero puede involucrarse en discusiones cordiales sobre lo que sus hijos están viendo y sobre lo que piensan al respecto. Pídales a sus hijos que le enseñen las habilidades para el uso de la del ordenador No hagan comidas mientras ven la televisión. Reserve este momento especial de las comidas para conversar cordialmente.	Elimine todos los televisores, excepto el que se use para ver videos escrupulosamente elegidos (Lo sabemos este es un paso muy grande.) Si usted no está listo para dar el gran paso, por lo menos vea ocasionalmente los programas favoritos de sus hijos, de tal manera que pueda usted estar consciente de lo que ellos ven. Pregunte a sus hijos qué tanto creen que los medios pueden influir en lo que piensan o hacen. Las discusiones cordiales pueden ayudarlos a pensar sobre lo que están viendo y hablarlo para que lleguen a comprender la influencia que los medios tienen sobre ellos. No compre un teléfono celular para su hijo o hija (a menos que sea para uso de emergencia solamente). Si su hijo puede pagar su teléfono, ayúdelo a programar un presupuesto para sus pagos mensuales. Cuando sus hijos quieran comprar productos anunciados en la televisión, ayúdelos a pensar, "¿Por qué quieres ese producto en realidad? ¿Puedes pagarlo? ¿Estarás siendo engatusado por el consumismo?

Disciplina positiva para Adolescentes

Asunto del padre/hijo	Pequeños pasos	Grandes pasos
El centro comercial, los conciertos y otras actividades.	Comprenda que, en términos de socialización, el centro comercial y los conciertos son tan importantes para sus hijos como lo eran los bailes populares para sus abuelos. Lleve a su hijo o hija preadolescente al centro comercial; siéntese solo con una soda o una taza de café y espera hasta que esté listo para regresar a casa o póngase de acuerdo para recogerlo a una hora determinada. Ocasionalmente, vaya a conciertos con sus hijos y sus amigos. Acuerden que usted se sentará en la última fila para que no los tengan que ver con usted. Lleve a su hijo con un especialista del oído (o busque literatura sobre la audición) para obtener información sobre el peligro de los audífonos cuando los oídos se exponen excesivamente a la música a un alto volumen. Pídale a su hijo que proponga ideas de cómo proteger sus oídos.	Conozca a sus hijos y confíe en que usarán las habilidades que usted les ha ayudado a desarrollar. Ellos pueden rebelarse y cometer errores, pero confíe en que usarán sus habilidades y decidirán lo que es correcto para ellos. Una vez que les haya proporcionado las oportunidades para que aprendan habilidades y para saber que usted los ama incondicionalmente, agradezca que usted no sepa todo lo que sus hijos saben al igual que sus padres no supieron todo lo que usted sabía. Tenga fe en que sus hijos se convertirán en adultos maravillosos (al igual que usted), aún cuando no esté de acuerdo con sus elecciones de música o con los valores que manejan en la adolescencia.

¿Es Demasiado Tarde para Enseñar las Habilidades de Vida?

Asunto del padre/ hijo	Pequeños pasos	Grandes pasos
Amigos	Averigüe por qué sus hijos eligen a los amigos que tienen. ¿Se sienten inseguros? ¿Buscan amigos que no esperan mucho de ellos? Deje que sus hijos se reúnan con sus amigos en su habitación con la puerta cerrada. (Es muy irrespetuoso asumir que porque la puerta está cerrada, ellos están teniendo orgías o usando drogas.) Amigos (continuación) Proporcione varias oportunidades para que sus hijos desarrollen percepciones de confianza y habilidad. Esto se traducirá en capacidad para elegir amigos con la misma mentalidad. No critique a los amigos de sus hijos. En lugar de eso, invítelos a su casa donde puede usted ser una buena influencia. Si algunos de los amigos de sus hijos le parecen poco confiables, está bien que seguir por sus corazonadas y les deje saber a sus hijos que esos amigos son bienvenidos a su casa sólo cuando esté usted presente. Acepte el estilo de sus hijos. Es probable que su hijo prefiera un amigo cercano en lugar de ser parte de una multitud popular.	Es razonable que toque la puerta y pida permiso para entrar. Generalmente sus hijos dirán que sí y lo más probable es que usted los encuentre tumbados en el piso o en la cama escuchando música o conversando. Si sus hijos tienen problemas para hacer amigos, pregúnteles si quieren que usted les dé algunos consejos. De otra manera confíe en que ellos lograrán resolverlo.

HERRAMIENTAS QUE DEBE RECORDAR PARA UNA EDUCACIÓN AFECTUOSA Y FIRME

1. Acepte su trabajo de enseñar habilidades, sabiendo que está ayudando a sus hijos a construir su carácter. El tiempo que dedique ahora rendirá frutos sobre el camino.

2. Es más probable que sus hijos lo miren como un consejero cuando usted mantiene una actitud cordial.

3. Conocer los intereses de sus hijos, es la puerta para enseñarles las habilidades de vida. Utilice sus intereses como una manera natural de tener su atención.

4. Para una máxima efectividad y respeto, pregunte primero antes de dar información

5. Nadie puede cambiar de la noche a la mañana. Lleva tiempo aprender nuevos hábitos, aún cuando usted y sus hijos estén dispuestos.

6. No hay una mejor forma de enseñar las habilidades de vida que a través de la rutina. La vida está llena de rutinas, así que trabaje con sus hijos para establecer algunas que funcionen para ambas partes. En lugar de operar en rutinas casuales que actualmente puedan estar perjudicando a su familia.

7. La confianza que le tenga a sus hijos logrará romper sentimientos de desesperanza.

8. Recuerde, aún cuando sus hijos pueden aprender de sus errores, algunos adolescentes aprenden mucho de

los pequeños errores y otros necesitan cometer mayores errores o con más frecuencia para aprender.

9. No tema ser poco convencional cuando enseñe habilidades de vida. Mantenga el sentido del humor y sea juguetón con sus hijos.

10. No existe una sola forma correcta de manejar las situaciones determinadas, por lo tanto enfóquese en nuestras sugerencias y descubra lo que mejor funciona para ustedes como padres afectuosos y firmes, y después creen sus propias opciones.

ACTIVIDAD DE APLICACIÓN PRACTICA

1. Utilizando la gráfica sobre los asuntos de padres e hijos, observe los asuntos y las opciones y marque las que tengan sentido para usted.

2. Agregue a las columnas cualquier otra idea que tenga, o haga otra columna al lado.

3. Pida a sus hijos, su esposo o esposa y a los amigos de sus hijos que hagan lo mismo.

Esta actividad debe llevarlo a una animada discusión, así que ¡siéntese y disfrute las realidades separadas!

MI PLAN DE LA SEMANA

Esta semana me enfocaré en....
_____
_____

Trabajaré en cambiar mi actitud pensando....
_____
_____
_____

Cambiaré mi comportamiento haciendo....
_____
_____
_____

12

¿Es Genético?
Sicología 101 para Padres de Adolescentes

EL COMPORTAMIENTO DE KEVIN de trece años anunciaba: "¡Nadie me pude obligar a hacer nada! ¡Soy antipático! ¡Soy insoportable! Odio todo y a todo el mundo." Sus maestros trataban de hacerlo obedecer mediante premios, castigos, sacándolo del salón de clases, transfiriéndolo de salón, y llamando a sus padres. Sus padres trataban de ayudarlo usando la paciencia, enojo, amenazas, elogios, indiferencia y haciéndolo sentirse avergonzado. Nada parecía funcionar. Los adultos estaban seguros que tenía algún tipo de problema genético hereditario quizá uno de esos desequilibrios químicos de los que siempre hablaban en las noticias. Quizá estaba deprimido y necesitaba tomar antidepresivos. O quizá tenía un desorden obsesivo-compulsivo. (¿Y qué adolescente no lo tiene en mayor o menor grado?). La familia programó una visita con el terapeuta local.

Todos estaban tratando a Kevin basándose en sus propias percepciones sobre él, pero nadie pensó en averiguar las percepciones de Kevin cómo pensaba y cómo se sentía. Había muchas razones en las que nadie pensó sobre los sentimientos de Kevin: los adultos difícilmente piensan que los chicos tienen diferentes percepciones a las de ellos; la sabiduría convencional dice que los problemas son genéticos o hereditarios y que son un tipo de enfermedad; la mayoría de la gente no comprende a fondo la manera en que realmente se forma la personalidad. Afortunadamente para Kevin, su familia contrató los servicios de un terapeuta, quien les explicó los problemas de tal manera que todos terminaron comprendiendo, lo cual ayudó inmensamente a Kevin.

El terapeuta explicó que la genética podría contribuir con el .00000001 por ciento del problema. El estilo de disciplina de los padres y maestros también tenía su parte, sin embargo, lo que estaba sucediendo no era una enfermedad o un desequilibrio químico, no necesitaba medicamentos y tenía que ver más con la forma en que Kevin se veía a sí mismo que con cualquier otra cosa. Para ayudar a Kevin a descubrir sus percepciones de sí mismo las cuales se formaron a nivel del subconsciente, el terapeuta le pidió a Kevin que le platicara de algunos recuerdos que tuviera de la infancia.

Kevin relató que cuando tenía como cuatro años, estaba jugando con su hermana, que en aquel entonces tendría como diez años, y uno de los niños del vecindario. El vecino puso una solución de limpieza en un vaso y trató de que Kevin se lo bebiera. La hermana de Kevin sabía que la solución era venenosa y podía dañarlo, así que le gritó y le tiró el vaso de las manos al niño.

El terapeuta le pidió a Kevin que mencionara una palabra que describiera la forma en que se había sentido cuando esto sucedió: "Enojo." Sorprendido, el terapeuta le preguntó por qué le había enojado que su hermana tratara de salvarle la vida. Kevin respondió que nunca le había pasado nada al niño que trató de matarlo, por lo que decidió (a la edad de cuatro años) que en realidad él no le importaba a nadie y que habría sido mejor morirse. Esta percepción se convirtió en el tema fundamental en la vida de Kevin, provocando gran parte de su comportamiento, pero este ejercicio de recordar ayudó a revelar una fuerza muy poderosa que Kevin había creado y que ahora estaba dirigiendo el trasfondo de sus relaciones.

Es importante entender que cuando se trata de la conducta humana, la "verdad" o la lógica de sentido común de una situación no importa. Más bien, como con Kevin, toda conducta está motivada por la percepción particular de cada individuo de lo que es verdad.

A menudo los adultos cometen el error de ocuparse exclusivamente de la conducta de sus hijos adolescentes y no de las creencias de fondo que inspiran dicha conducta. O peor aún, algunos adultos buscan la causa una enfermedad que esté causando el problema y después tratan la famosa enfermedad con medicamentos. Recetar medicamentos no ayuda a mejorar la situación, al contrario, a menudo la empeora y el joven no está realmente recibiendo ninguna ayuda, así que cualquier sentimiento que tenga, sencillamente se incrementa. Además los medicamentos no solo empeoran la situación, sino que también a menudo tienen efectos secundarios. Investigaciones recientes, indican que existen serios problemas para mucha gente que utiliza medicamentos de este tipo. Cuando la gente toma píldoras para controlar su conducta, a menudo sus pensamientos se vuelven más distorsionados, sus sentimientos se hacen más extremos o aletargados y su conducta se vuelve peligrosa.

> A menudo los adultos cometen el error de ocuparse exclusivamente de la conducta de sus hijos adolescentes y no de las creencias de fondo que inspiran dicha conducta. O peor aún, algunos adultos buscan la causa una enfermedad que esté causando el problema y después tratan la famosa enfermedad con medicamentos.

Mezclar estas reacciones con las hormonas de la adolescencia o con drogas que el adolescente esté usando secretamente, dará como resultado una situación volátil que estará esperando a explotar en algún tipo de tragedia personal o pública.

Es posible que usted piense que nuestro enfoque es por demás simplista, pero somos investigadores prácticos que buscamos soluciones que funcionen en la vida real y que hagan la diferencia de una manera positiva. El terapeuta de Kevin, también un científico práctico, quiso encontrar un método que ayudara a Kevin a saber que realmente era aceptado y amado, que lo motivara a sentirse mejor y que le mostrara los caminos para cambiar su conducta. De entre incontables posibilidades, lo que funcionó especialmente bien fue preguntarle a Kevin qué animal le gustaría ser y por qué. Él contestó, "Desearía ser perro, porque a todos les gustaría tenerme cerca y me acariciarían y jugarían conmigo."

Sorprendentemente, esta información tuvo un efecto positivo en los padres de Kevin. En lugar de tenerle miedo, reñirle, retarlo o disgustarse con él, fueron capaces de conectarse con sus sentimientos de desolación, dolor y abandono sentimientos que más de los 31 millones de chicos entre los 12 y 19 años tienen regularmente, de acuerdo a un artículo del *Newsweek* con fecha del 10 de mayo de 1999. Los padres de Kevin empezaron a abrazarlo (sí, aunque tenía trece años, a Kevin todavía le gustaba que lo abrazaran), a pasar más tiempo con él, y a escuchar sus quejas sobre la injusticia. No discutían ni trataban de cambiar su mentalidad. Aunque este no fue, ciertamente, el fin de la historia, fue un comienzo importante para Kevin y sus padres.

Un Poco de Sicología Puede Llegar muy Lejos

LOS TERAPEUTAS ADLERIANOS emplean los primeros recuerdos y otras técnicas para ayudar a comprender la lógica particular de sus pacientes[3]. Se enfocan en comprender las percepciones, creencias, la lógica privada o la realidad separada que inspira la conducta o la perspectiva del mundo en cada individuo. Como padre usted no tiene que ser un psicólogo entrenado, pero es útil saber cómo entrar en contacto con las realidades separadas de sus hijos. De hecho, sin esta información, todo lo que usted tiene son suposiciones sobre él por qué sus hijos hacen lo que hacen. Usted actúa basado en dichas suposiciones, pero lo más seguro es que éstas no tengan nada que ver con las verdaderas razones del actuar de sus hijos. Nuestro objetivo en este capítulo es ayudarlo a ver que un poco de comprensión sicológica puede serle de gran utilidad para educar a sus adolescentes.

Lo que sigue es otro ejemplo de cómo la comprensión de la lógica privada ayuda a los padres a manejar más eficientemente a sus hijos adolescentes.

Dos Realidades Diferentes

Mónica de trece años decidió huir de su casa porque todos sus amigos lo habían hecho; quería saber qué se sentía. Para hacer esto, creó un plan elaborado, diciéndoles a sus padres: "Nunca he tenido una habitación para mí sola, y siempre me he preguntado cómo será. He hablado con mi maestra y la consejera de la escuela y ellas piensan que sería buena idea para mí experimentar. Lo que quisiera hacer es llevar algo de comida a mi habitación y cerrar la puerta. Quisiera que mi hermana pasara el tiempo en otra parte y

---

[3] Las autoras son estudiantes de la sicología de Alfred Adler y Rudolf Dreikurs. Alfred Adler y Rudof Dreikurs furon los padres de la sicología moderna. Adler (1870 – 1937) tenía un pensamiento radicalmente diferente sobre la naturaleza y motivación humanas que sus contemporáneos. Él y su alumno Rudolf Dreikurs adoptaron conceptos de igualdad social, respeto mutuo, motivación, y potencial humano. Diseñaron ideas y técnicas que ahora son familiares para los practicantes de todo el mundo, aunque son raramente acreditadas.

también que duerma en otro sitio. Después, a la mañana siguiente, saldré a desayunar y habré tenido la oportunidad de ver lo que se siente tener un cuarto para mí sola."

A menudo los padres se preguntan por qué los adolescentes inventan historias tan extrañas, pero imagine cómo habría sonado si esta chica decía la verdad. La verdad hubiera sido el fin de su experimento. Sus padres, siendo alentadores, afectuosos y comprensivos, estuvieron de acuerdo con su plan. Se las arreglaron para que nadie la molestara y Mónica se fue a su habitación con comida suficiente para una semana.

Alrededor de las 10:00 de la noche, su madre notó que Mónica no había salido de su habitación para nada, ni siquiera para ir al baño. Llamó a la puerta, pero no obtuvo respuesta. Cuando trató de abrirla, descubrió que estaba bloqueada. ¡Su hija se había ido!

Cuando su madre llamó a una amiga de Mónica y se enteró de lo que las chicas estaban haciendo, entró en pánico. "Mi hija puede haber sido secuestrada, violada e incluso asesinada." (¿Alguna vez ha notado cómo la conducta de los adolescentes puede provocarle sentimientos que no sabía que tenía en intensidades que probablemente nunca había experimentado?) Mónica tenía percepciones completamente diferentes. Todas sus amigas habían decidido tratar de pasar una noche fuera de casa, y ella quería ser divertida y ser parte del grupo. Su dilema era cómo hacer lo que quería sin lastimar o alterar a sus padres.

Cuando Mónica se escurrió sigilosamente por la ventana a las 2:00 de la madrugada, su madre, enferma de preocupación dijo:

¿Es Genético?

"¡Me alegra tanto que estés viva! Pensé que con seguridad para estas horas ya estarías muerta."

Su hija la miró con completa incredulidad y dijo: "¿Por qué? Todo lo que hicimos fue ir a la escuela, pero no había nadie. Generalmente los niños andan por ahí robando letreros, pintando las puertas de las casas, o aventando huevos, pero nosotras no tuvimos ganas de hacer nada de eso, así que caminamos a la tienda de donas. Después volvimos a la escuela pero tampoco había nadie, nos aburrimos y regresamos a casa. Sabíamos que estábamos perfectamente a salvo." En su mente, Mónica había completado su experimento muy exitosamente y había aprendido algo por sí misma.

En aquel momento, su madre hubiera podido sermonearla y después castigarla y Mónica habría obtenido únicamente resentimiento. En cambio, su madre dijo: "Bien, entiendo que esto era importante para ti. Solo tengo que decirte: ¡ni siquiera sé que decir! Estoy tan alterada que ni siquiera puedo hablar."

La madre de Mónica se fue a su habitación y cerró la puerta. No estaba tratando de darle una lección a su hija o de castigarla; sencillamente no sabía qué decir, así que prefirió irse. Más tarde, Mónica llamó a la puerta de su madre y pidió permiso para entrar diciéndole: "Lo siento mucho mamá, no era mi intención causarte ningún dolor. En realidad no quería herirte."

En este ejemplo tanto la madre como la hija vislumbraron la realidad separada de la otra. La madre

> A menudo vemos el comportamiento de nuestros hijos adolescentes como lucha de poderes o venganza, cuando en realidad no tiene nada que ver con nosotros. Comprender su lógica privada puede ayudarnos a dejar de tomar las cosas de manera personal.

se dio cuenta de que su hija solo había estado pensando en ser como sus amigas y tener una aventura; no en herir intencionalmente a su madre. Mónica comprendió que al "escaparse" había preocupado a su madre aunque no fuera su intención hacerlo. A menudo vemos el comportamiento de nuestros hijos adolescentes como lucha de poderes o venganza, cuando en realidad no tiene nada que ver con nosotros. Comprender su lógica privada puede ayudarnos a dejar de tomar las cosas de manera personal.

Padres, ¡Anímense!

CUANDO TRABAJAMOS con adolescentes en la oficina de asesoría, a menudo les pedimos que con cuatro o cinco adjetivos describan a sus padres. Sus adjetivos generalmente son increíblemente alentadores. Los padres que están convencidos de que sus hijos los odian, son descritos como agradables, amistosos, serviciales y justos, aunque sus hijos peleen con ellos mañana, tarde y noche. Una madrastra, al oír a su hijastro decir que ella era parte de la familia, dijo: "Cielos, no creí que me considerabas así." Él le preguntó: "¿Por qué no? Eres parte de la familia." Aunque ella lo consideraba de su familia, no tenía idea que él sentía lo mismo por ella.

Pensamientos, Sentimientos y Acciones

LOS PENSAMIENTOS INCONSCIENTES conducen a acciones creando sentimientos que proporcionan el combustible para el movimiento. Lo que sigue, tomado de entrevistas hechas a un grupo de adolescentes, muestra las realidades separadas de los jóvenes y los sentimientos y acciones resultantes de dichas realidades.

Joven de Dieciséis Años

Evento: Divorcio sorpresivo de sus padres
Decisión o Pensamiento del Joven: Mis padres no son las personas perfectas que yo creía. Los tenía en un pedestal, y ambos me han decepcionado. Ahora no puedo contar con ellos. Solo cuento conmigo mismo.
Sentimientos del Joven: Enojo, traición, pérdida, miedo
Conducta del Joven: Dejar de vivir como un cabeza hueca y hacerse cargo de su vida.

Chica de Trece Años

Evento: Intento de los padres de establecer un sistema de recompensa financiera por buenas calificaciones como estímulo para que su hija mejore.
Decisión o Pensamiento de la Chica: Todo lo que les importa a mis padres es que vaya a la universidad. No me quieren a menos que sea como ellos quieren que sea. Ni siquiera saben o les importan las cosas que son importantes para mí.
Sentimientos de la Chica: Enojo, dolor
Conducta de la Chica: Vengarse de sus padres escapando o haciendo otras cosas que los lastime, incluyendo lastimarse a sí misma cortándose los brazos con un cuchillo.

Joven de Quince Años

Evento: La muerte por enfermedad de un amigo de la infancia.
Decisión o Pensamiento del Joven: Nunca tendré otro amigo porque nunca más quiero sentir este dolor.

Sentimientos del Joven: Aflicción, desesperación, desesperanza.
Conducta del Joven: Cuando su familia se mudó a una nueva comunidad poco después de la muerte de su amigo, él decidió que la única forma de cumplir con la promesa que se había hecho era no hacer amigos nuevos y fracasar en la escuela.

Chica de Trece Años

Evento: La constante guerra fría y peleas de sus padres.
Decisión o Pensamiento de la Chica: Probablemente mis padres se divorcien porque son muy malos uno con el otro. Si se divorcian dividirán la familia y uno de ellos se quedará conmigo y el otro se llevará a mi hermano. Probablemente se muden lejos el uno del otro, y nunca más volveré a ver a mi hermano.
Sentimientos de la Chica: Dolor, miedo
Conducta de la Chica: Notando cómo su hermano podía hacer enojar a su madre por no hacer sus quehaceres domésticos, ella decidió imitarlo para que su madre dejara que ambos se fueran con su padre. De ese modo, cuando menos no estaría separada de su hermano, por lo tanto se negaba a hacer cualquier tarea doméstica que había acordado hacer.

Chica de Catorce Años

Evento: Intento de acoso sexual por parte de su cuñado.
Decisión o Pensamientos de la Chica: Mi cuñado me hizo esto cuando yo era pequeña. Así es como debo conseguir que los chicos me quieran. Esta debe ser la forma de decirles a los chicos que los quiero y

de demostrarles que son miembros importantes de la familia.
Sentimientos de la Chica: Vergüenza, culpa, miedo
Conducta de la Chica: Para no perder a la "familia cercana" ella siempre estaba dispuesta, permitiendo a su cuñada que la acosara y manteniéndolo en secreto.

La conducta siempre tiene sentido cuando usted entiende las percepciones y la lógica privada de sus hijos. Por esta razón, era imposible trabajar eficientemente con estos adolescentes antes de comprender las creencias y sentimientos que motivaban su comportamiento. Al comprender cómo piensan y sienten realmente los hijos, se toma una actitud no prejuiciosa y se adquiere la habilidad de mantener sus propias percepciones por separado. Los adolescentes depositan una enorme cantidad de confianza en aquellas personas a quienes confían sus pensamientos y sentimientos privados. A veces la ayuda de un terapeuta es el único camino de descubrir las creencias íntimas de un adolescente. Pero quien sea que inspire la confianza de un adolescente, debe tratarlo con extremo respeto y seriedad; de otra manera, el joven se sentirá traicionado por haber compartido su mundo privado.

> La conducta siempre tiene sentido cuando usted entiende las percepciones y la lógica privada de sus hijos.

El Pastel Familiar

LA META PRINCIPAL de todo ser humano es encontrar pertenencia e importancia. Los niños en una familia usan su propia lógica privada para decidir lo que necesitan hacer para alcanzar esta meta. Cuando usted estaba creciendo, su personalidad era mayormente influenciada por el hermano que usted veía como su competidor aunque usted no estaba consciente de esto[4]. Parece que los niños creen que solo un hermano puede ser especial de cierta forma; si un hermano ya ha decidido encontrar pertenencia e importancia siendo el "niño bueno", el otro puede decidir ser el "niño sociable", el "niño atleta", el "niño tímido" o el "niño rebelde". A esto le llamamos "las rebanadas del pastel familiar."

El pastel familiar se compone de los hijos en la familia, y no de los padres. Si un niño es hijo único, tendrá todo el pastel, pero puede compararse con el padre de su mismo sexo, con un niño o niña del vecindario, un primo o un hermano que haya fallecido. Cuando se les pregunta quien era su máximo competidor, la mayoría de los hijos únicos nombran rápidamente a una persona específica.

Muchos hijos mayores sienten que deben ser siempre los prime-ros; se vuelven muy competitivos. Los segundos hijos, a menudo se vuelven los niños "hacemos todo lo posible", los marca pasos o los rebeldes. Los más pequeños se vuelven los niños encantadores, suelen hacer las cosas por sí mismos. Otros hijos menores se

---

[4] Para información sobre el orden de nacimiento, vea el capítulo 3 del libro Disciplina Positiva, por Jane Nelsen o el capítulo 4 del libro Terapia Hágalo Usted Mismo: Cómo Pensar, Sentir y Actuar Como una Nueva Persona en Solo 8 Semanas, por Lynn Lott, Riki Intner y Barbara Mendenhall.

vuelven competitivos, quieren todo lo que sus hermanos mayores tienen; a menudo estos hijos menores sienten que no son lo suficientemente buenos o listos porque no pueden hacer lo que los mayores hacen. Sólo a los niños les gusta ser especiales y a menudo se comparan con los adultos; a veces esto los conduce a sentirse inadecuados, porque todos los demás parecen más capaces de lo que ellos son.

Muchos de los problemas que los padres enfrentan durante la adolescencia de sus hijos tienen origen en el pastel familiar. Usted comprenderá mejor la lógica privada de sus adolescentes si conoce la rebanada del pastel que han elegido.

El Hijo sin Problemas

Unos padres fueron con un terapeuta porque sus hijos creaban constantemente problemas, volviendo loca a su madre. En cada sesión, el terapeuta preguntaba si alguien tenía alguna idea con la que quisieran contribuir. El hijo mayor consistentemente afirmaba que él no tenía ningún problema; nunca perdía la oportunidad de señalar que su hermana era el problema de la familia. La rebanada del pastel familiar que había elegido era la del niño perfecto. Él trataba de encontrar la forma de ser especial y diferente en la familia siendo el "hijo sin problemas". Convencido de que si revelaba algún problema, se convertiría en el niño "malo, enfermo", le era muy difícil pedir ayuda para cualquier cosa. También estaba atrapado en un ciclo tratando de ser perfecto en todo momento; si no podía ser perfecto todo el tiempo, al menos encontraría la manera de mostrar a todo el mundo lo imperfecta que era su hermana.

El Escenario del Niño Bueno / Niño Malo

En muchas familias, uno de los hijos tiene la etiqueta o rebanada del pastel de ser el "bueno" y el otro hijo de ser el "malo". En una

familia, el hijo mayor interpretaba el papel del niño malo. Su proceso de individualización en la adolescencia fue muy dolorosa y rebelde. Su hermana menor, la "niña buena", se rebelaba a espaldas de sus padres para poder seguir manteniendo su lugar de "buena" en el pastel familiar.

El Consentido de Mamá / El Consentido de Papá

En otra familia, el pastel estaba dividido en el consentido de mamá y el consentido de papá. Cuando la familia se dividió, los hijos fueron a vivir con el padre que ellos creían que los quería más y después trabajaban duro inconscientemente, desde luego para señalar los defectos de sus hermanos. Esta era su póliza de seguro sobre su lugar especial en la familia.

Las Metas Equivocadas

COMO LO HEMOS DICHO ANTES, la principal meta de toda persona es pertenecer y sentirse importante. Las realidades separadas (*percepciones*) pueden motivar a los adolescentes (*o a quien sea*) a elegir formas de lograr pertenencia e importancia que no son las más adecuadas a sus intereses. De hecho, las conductas que eligen, a menudo dan como resultado lograr lo contrario de lo que realmente quieren. Las percepciones negativas de sí mismos, a menudo conducen a los chicos a creer erróneamente que la única forma de encontrar pertenencia e importancia es a través de lo que Rudolf

Dreikurs llamaba metas equivocadas. Cada vez que los niños se sienten desalentados o inseguros, eligen una meta equivocada una meta que nunca los lleva a donde quieren llegar como un medio para pertenecer y ser importantes. En lugar de lograr su meta, encuentran distanciamiento por parte de

> Estar consciente de las metas equivocadas puede ayudarle a comprender a sus hijos, mejorar su relación con ellos y ayudarles a ver las opciones que tienen.

aquellos más cercanos así como una desmotivación más profunda. Sus metas equivocadas caen en un círculo vicioso. Entre más desalentados están, más se esfuerzan mediante su meta equivocada.

Detrás de cada meta equivocada hay una lógica privada equivocada. Cuando usted se ocupa de la conducta de su hijo adolescente, sin comprender ni ocuparse de las creencias fundamentales, se sentirá frustrado en sus esfuerzos para efectuar el cambio. Estar consciente de las metas equivocadas puede ayudarle a comprender a sus hijos, mejorar su relación con ellos y ayudarles a ver las opciones que tienen. Hay cuatro metas equivocadas, cada una con su correspondiente creencia equivocada.

Las Metas Equivocadas y sus Creencias Fundamentales

1. *Atención Indebida*: "Soy importante cuando me notas y me tratas especialmente."
Todos queremos reconocimiento y atención. El problema ocurre cuando la atención y el reconocimiento son buscados a través de las conductas que son molestas ("mírame, mírame") en lugar de respetuosas ("Me siento especial cuando contribuyo o ayudo a otros a sentirse especiales").

Otra clave para el reconocimiento sano es cuando los adolescentes piensan "Es agradable ser reconocido, pero no es obligatorio."

2. *Poder Mal Encaminado*: "Soy importante cuando hago lo que quiero o al menos no hago lo que tu quieres."
Todos queremos tener poder y poder usarlo, ya sea de una forma constructiva o de una destructiva. Cuando los padres tratan de controlar a sus hijos adolescentes, es probable que ellos respondan usando su poder de una manera rebelde. Lo que los adolescentes necesitan es orientación y habilidades para aprender a usar su poder de forma constructiva.

3. *Venganza*: "Me siento herido cuando me tratas como si fuera insignificante. Creo que mi única opción es herirte."
Cuando los adolescentes se sienten heridos o creen que las cosas son injustas, a menudo devuelven el golpe con una conducta hiriente. Entonces los padres se sienten heridos y contraatacan hiriendo a sus hijos. Por lo tanto, se crea el ciclo de venganza. Es responsabilidad de los adultos comprender lo que está sucediendo y romper el ciclo. Las "Camisetas" de la página 273 le ayudarán a hacer esto.

4. *Deficiencia Asumida*: "Tengo ganas de rendirme porque no sé que hacer. No me siento importante en lo absoluto."
Sería muy raro encontrar un adolescente que sea verdaderamente deficiente. Sin embargo, los jóvenes pueden estar tan desalentados que creerán y actuarán como si lo fueran. Ellos se rinden en lugar de esforzarse, o bus-

can la perfección en su comportamiento y su existencia. Cuando encuentran defectos (que todos los humanos tenemos), deciden que no valen y dejan de intentarlo. Decirles a los adolescentes que no son deficientes, no es algo que ayude. En lugar de eso, los padres necesitan encontrar la forma de ayudarles a cambiar sus percepciones de deficiencia. Todas las estrategias propuestas en este libro están diseñadas para ayudar a los jóvenes a sentirse capaces, competentes y confiados. Las ideas no se han acabado.

Comprender las metas equivocadas puede ayudarle a ver lo que sus hijos hacen, y que lo hacen porque tiene sentido para ellos. Solo porque usted no esté consciente de su lógica, no significa que no la tengan. Excepto en el sentido de la meta equivocada de la venganza que es cuando sus hijos tratan de desquitarse o herirlo porque usted los ha herido, el resto de las cosas que hacen, no se las hacen a usted ni en su contra. Incluso con la meta equivocada de la venganza, sus hijos pueden sentirse heridos por otros y volcar sus sentimientos sobre usted.

> Comprender las metas equivocadas puede ayudarle a ver lo que sus hijos hacen, y que lo hacen porque tiene sentido para ellos.

Se necesitan dos personas para alimentar el comportamiento de las metas equivocadas. Nunca hemos visto a un adolescente embriagado de poder sin un adulto embriagado de poder a su lado. Si su hijo lo lastima, entonces probablemente se sienta herido por usted. Estar consciente de las metas equivocadas es el primer paso hacia el cambio. El segundo paso es cambiar su comportamiento de una manera positiva. Hablaremos de nuevo al respecto más adelante en ese capítulo.

Identificando una Meta Equivocada

La forma más fácil de entender qué meta equivocada opera su hijo es entrar en contacto con sus propios sentimientos. Si usted se siente irritado, disgustado, siente lástima por su hijo, preocupado o exhausto de darle atención indebida o servicio especial, la meta de su hijo es probablemente una necesidad de reconocimiento indebido. Los sentimientos de enojo, desafío o derrota lo dejarán saber que la meta equivocada es el poder mal encaminado. Si se siente dolido, disgustado o escéptico, la meta equivocada es probablemente la venganza. Y finalmente, si tiene una sensación de desesperación y desesperanza pensando que nunca nada va a cambiar, la meta equivocada de su hijo es la deficiencia asumida (el asume que sus habilidades son deficientes o inexistentes).

Usted puede encontrar información detallada sobre las metas equivocadas en cualquiera de los libros de *Disciplina positiva* o de T*erapia Hágalo Usted Mismo*. Lo que queremos ofrecerle aquí es una forma muy sencilla para empezar a utilizar esta información con el objetivo de ayudarle a cambiar su comportamiento con sus hijos de una manera positiva, mediante la posibilidad de estimular la superación y recuperación. El método fue inspirado por una de nuestras colegas[5] quien fue la primera en sacar a la luz el concepto.

Observe la siguiente tabla y encuentre los sentimientos en la columna: "Si Usted Siente", que más se acerquen a la forma en que usted se siente cuando la conducta de sus hijos es problemática

---

[5] El libro Disciplina Positiva para Preescolares y el suplemento de los facilitdores de este libro contienen una actividad llamada "Mensajes del Sombrero" creado por Rslyn Duffy, una madre, educadora y terapeuta familiar de Seattle, además de coautora del libro Disciplina Positiva para Preescolares.

para usted. Después observe la información correspondiente en la columna: "Visualice a su Hijo Usando una Camiseta que Dice". Pregúntese qué haría si viera a su hijo usando esa camiseta. Ponga en práctica lo que haría. Le aseguramos que su reacción será diferente a lo que haría dejándose llevar por sus instintos sin conocer los beneficios de la tabla.

La Tabla de la Camiseta

Si Usted Siente:	Visualice a su Hijo Usando una Camiseta que Dice:	¿Qué Haría Usted?
Irritación Traición Lástima por Preocupación Fastidio	Fíjate en mí Involúcrame	
Enojo Desafío Derrota	Déjame ayudar Dame alternativas	
Dolor Disgusto Incredulidad	Ayúdame Estoy dolido	
Desesperación Desesperanza	Cree en mí No pierdas las esperanzas conmigo	

Cuatro Padres Usan su Comprensión de las Metas Equivocadas Para Revertir la Desmotivación De Sus Hijos.

Atención Indebida
Una madre soltera, Rachel, estaba fastidiada, sentía que nunca podía hacer lo suficiente por sus dos hijas. Una estaba constantemente

en problemas, y la otra constantemente demandaba ayuda y tiempo especial para hablar sobre sus sentimientos. No importaba cuánto tiempo dedicara, nada cambiaba. Rachel estaba convencida de que los problemas eran causados porque ella trabajaba fuera de casa y por su divorcio. Observó sus sentimientos en la Tabla de la Camiseta y cuando visualizó a sus hijas usando la camiseta que decía: "Fíjate en mí. Involúcrame," pensó: "Bueno, ¿qué hay de nuevo en esto?" Después de meditar la información adicional, notó que pasaba gran parte del tiempo tratando de escapar de sus hijas y que cuando se fijaba en ellas, era con irritación e impaciencia en su voz. Se percató de que quizá sus dos hijas la mantenían ocupada para asegurarse de que ella las amaba. Pudo ver que la competencia entre ellas para ser, cada una, su favorita era cruel y destructiva.

Uno de los primeros avances que Rachel hizo fue dejar de tomar partido por su hija menor. Decidió escuchar atentamente sin impaciencia, después le aseguró a su hija que ambas hermanas podían resolver las cosas juntas, sin su ayuda, o que podrían anotar el problema en la agenda de las juntas familiares para que las tres pudieran buscar una solución después de un periodo de enfriamiento. Rachel expresó amor por su hija menor y programó un tiempo especial para hacer cosas que ambas disfrutaban. Con su hija mayor, Rachel encontró la forma de escucharla cuando la hermana menor no estaba presente. Madre e hija descubrieron que en realidad las dos disfrutaban de su compañía. Con la nueva actitud de Rachel, sus dos hijas fueron obteniendo la atención, pero de un modo mucho más positivo y productivo así que Rachel, disfrutaba más de su compañía.

Otro de los avances que tuvo Rachel fue negarse a ser involucrada en las peleas entre sus dos hijas, incluso cuando éstas llegaban a las agresiones físicas. Esto fue muy aterrador al principio, porque la niña mayor era un poco más alta que la menor. En cierto momento, desesperada y temiendo por la seguridad de su hija menor, Rachel decidió que las dos niñas no podían quedarse solas juntas.

Entonces decidió lo que haría para evitar esta situación (una excelente habilidad de la educación afectuosa y firme). Cada vez que iba a algún lado, una de sus hijas tenía que ir con ella. Desde luego, esto disminuyó muy pronto, y las niñas decidieron que podían quedarse en casa juntas, aunque su madre no estuviera ahí. Con el paso del tiempo, pelearon cada vez menos.

Poder Mal Encaminado
Gary, un padre de una chica adolescente dijo: "Me doy cuenta que los problemas con mi hija involucran un poder mal encaminado porque siempre me siento enojado, desafiado y vencido. No puedo abrir la boca sin que ella se vaya dejándome hablar solo o sin que termine gritándome. Siento que no tengo ninguna oportunidad de comunicarme con ella."

> *Un día, decidí que ya había sido demasiado presionado por mucho tiempo. La próxima vez que mi hija se enojara, gritando como histérica y aventando cosas, yo no me acobardaría. En el pasado, cuando mi hija hacía esto, yo le decía, "Vete de aquí". Si ella se negaba a irse, entonces yo me encerraba en el estudio, me iba a mi habitación o me subía al carro y me iba a cualquier parte. Pero al hacer eso, me di cuenta de que trataba a mi hija como a un criminal fuera de control. Entonces llegó el momento, pero en esta ocasión yo me senté en una silla y le dije: "Cariño, estás fuera de control. Estás realmente enojada. Quiero saber todo lo que te hace enojar, pero no puedo oír cuando me gritas y avientas cosas. Siéntate y cuéntamelo. Yo escucharé cada cosa que tengas qué decir." Ella continuó gritando y aventando cosas. De nuevo dije: "Cariño, estoy aquí. Me importas. Quiero escuchar lo que tengas qué decir. Es obvio que estás eno-*

jada, y está bien que te sientas enojada, pero no puedo entender nada cuando me gritas."
Finalmente, ella se quedó quieta y empezó a hablar. Dos minutos después, se sentó y hablamos por más de media hora.
Más tarde, me percaté de que había cambiado la lucha de poderes por el deseo de averiguar qué pasaba con mi hija. Moví un interruptor, de mi parte, que cambió de la culpa y la actitud defensiva, al apoyo y el interés.

En una situación similar, Dirk estaba enfrascado en una seria lucha de poder con su madre en cuanto a las calificaciones de la escuela. Aunque su deficiente desempeño escolar estaba poniendo en peligro su participación en los deportes, ni estudiaba ni hacía ninguna tarea escolar. Aunque en realidad no quería fracasar en la escuela, era más importante para él demostrarle a su madre que ella no podría obligarlo a hacer nada de lo que para ella era importante. Cuando él hacía cosas que eran importantes para él, su madre se intervenía y tomaba el control. Entonces Dirk entraba en un hermetismo total, copiando el método pasivo-agresivo de su padre para manejar la ira y la frustración.

Por suerte, con la ayuda de un amigo y de sus padres, Dirk pudo darle un giro a su vida. Se convirtió en un importante atleta para su escuela y mejoró las calificaciones. ¿Qué fue lo que causó estos cambios tan dramáticos? Primero, los padres comenzaron a valorar sus sentimientos diciendo: "Nos damos cuenta de que estás enojado, y tienes derecho de estarlo. Lo que hemos estado haciendo es inadecuado porque no has sido involucrado en las decisiones de lo que haces y no tienes alternativas." (Sus padres observaron el mensaje de la camiseta: "Déjame ayudar. Dame alternativas" y le encontraron mucho sentido a su conducta.) Los padres continuaron: "Nos gustaría tener tu ayuda para encontrar la forma de manejar adecuadamente los problemas de la escuela y que nos digas lo que creas que funcionará mejor para ti. Estamos dispuestos a probar un nuevo plan durante algún tiempo para ver si podemos revertir las cosas."

Venganza
Cherylyn estaba terriblemente dolida porque sus padres se negaban a reconocer quien era ella realmente. Ellos se enfocaban en lo que querían que fuera, y deseaban tan desesperadamente que ella fuera atleta, que estaban dispuestos a sobornarla con tal de hacerla obedecer. Sus padres tenían buenas intenciones: honestamente creían que si tenía éxito en los deportes, la confianza en sí misma se incrementaría, lo cual le aportaría un mayor bienestar y felicidad. En realidad Cherylyn que quería ser una estrella de rock se habría sentido mejor sobre sí misma si se sintiera valorada por lo que era y por lo que quería ser.

Cherylyn sentía que sus padres no la amaban tal como era. Nunca se molestaban por averiguar lo que realmente le interesaba y lo que quería hacer con su vida. Su falta de interés lastimaba tanto a Cherylyn que se enfrascó en un ciclo de venganza, queriendo herir a sus padres tanto como ellos la habían herido a ella.

Afortunadamente, los padres se percataron de ello poniéndose en contacto con sus propios sentimientos de que la meta equivocada de Cherylyn era la venganza. Tuvieron la capacidad de visualizar a su hija usando la camiseta que decía: "Ayúdame. Estoy dolida" e hicieron un plan para ponerse de su lado y mostrar genuino interés en ella. Escuchándola comprensivamente a su hija, los padres fueron capaces de romper el ciclo de venganza y estimularon sus sentimientos de autoestima.

Cuando los adolescentes entran en un ciclo de venganza, generalmente se lastiman a sí mismos en el proceso de lastimar a sus padres. Algunos incluso destruyen sus vidas a través de las drogas o se suicidan solo para vengarse. Muchos padres no tienen idea de lo alterados que pueden estar sus hijos, porque los jóvenes no quieren o no pueden decírselo, y en lugar de hacerlo, emplean conductas destructivas.

No hace ningún bien decirles a los jóvenes que se encuentran en un ciclo de venganza y que se están lastimando a sí mismos en el proceso. Lo que ayuda es descubrir por qué se sienten dolidos demostrándoles amor, interés y apoyo para que ellos puedan revelar sus verdaderos sentimientos.

> Cuando los adolescentes entran en un ciclo de venganza, generalmente se lastiman a sí mismos en el proceso de lastimar a sus padres.

Deficiencia Asumida

Adam estaba deprimido y se pasaba diciéndoles a sus padres lo desdichado que era por no tener novia. Era el único chico en su círculo de amigos que nunca había invitado a nadie a su casa. No importaba lo que sus padres dijeran para ayudarlo a animarse o para empatizar con él, Adam insistía que hiciera lo que hiciera, ninguna chica saldría jamás con él. Los padres de Adam estaban tan preocupados por él que le sugirieron que hablara con el consejero familiar.

Cuando Adam llegó a contar su historia, el consejero se percató de que Adam tenía la idea equivocada de que hiciera lo que hiciera, él fracasaría. Por lo tanto creía que lo mejor era ni siquiera intentarlo. Adam estaba convencido de que no les gustaba a las chicas porque era tímido. Creía que si intentaba hablarle a una chica, ella se aburriría y le contaría a todas sus amigas qué tipo de idiota era él. Cuando el consejero le preguntó de dónde había sacado esa idea, Adam mencionó que había alcanzado a oír a unas de las chicas en la escuela cuando hablaban de un muchacho que les había llamado la noche anterior. Las chicas se reían y compartían historias de cómo se las arreglarían para deshacerse del muchacho si él llamaba a alguna de ellas. Adam sabía que no quería quedar como tonto, como le pasó a aquel muchacho.

Cuando los adolescentes están tan desmotivados, el trabajo de los padres o del consejero es ayudarlos a recuperar su valor. Diciéndoles a los jóvenes, cuya meta equivocada es la deficiencia asumida: "Yo confío en ti", "No pierdo las esperanzas contigo", y "Este es un pequeño paso que puedes dar si tú quieres", los adultos pueden ayudarlos a resolver el problema.

El consejero de Adam le preguntó si estaba dispuesto a analizar la situación de otra forma. Adam aceptó. Entonces el consejero le preguntó si alguna vez había comprado una prenda de vestir por sí mismo. Con una mirada de extrañeza, contestó que acababa de comprar una chaqueta para esquiar. "¿Tomase la primera chaqueta que viste en el perchero?", preguntó el consejero.

Adam respondió: "¡Por supuesto que no!, debí haberme probado como veinte o treinta chaquetas antes de encontrar la que me gustó."

"Bien Adam," dijo el consejero, "crees que elegir a una chica para invitarla a tu casa es más fácil?"

"Nunca lo había pensado de esa forma," dijo Adam, "Pero que tal si llamo a alguien y les cuenta a sus amigas lo idiota que soy?"

"Podrías decirte a ti mismo lo agradecido que estás de que una chica tan grosera decidiera no salir contigo."

Adam pensó un momento y dijo: "Tiene sentido, pero todavía siento miedo de hablarle a una chica. ¿Qué tal si no se me ocurre qué decirle?"

Adam y el consejero simularon hablarle a una chica, con diferentes reacciones a las introducciones de Adam. Adam se dio cuenta que si una chica le contestaba el teléfono con un poco de entusiasmo, le sería más fácil pensar en temas para conversar. Si la chica estaba callada e incómoda, Adam se percataría que no sería la persona adecuada con quien compartir su primera cita.

Adam estaba casi listo para irse a casa y llamar a alguien, pero volvió a sentir miedo. El consejero notó lo asustado que estaba y le preguntó si alguna vez en su vida había enfrentado su miedo. Adam pensó por unos minutos y después contestó: "Solía tener miedo de esquiar en colinas demasiado empinadas, pero ahora me encanta hacerlo."

"¿Cómo te las arreglaste para vencer tu miedo?", preguntó el consejero. "Me paré en lo alto de la colina con las rodillas temblando y me dije: '¡Intenta lograrlo!', y lo hice. Fue maravilloso."

"Bien Adam, dijo el consejero, "¡intenta lograrlo!" Adam sonrió.

Adam fue capaz de dar pasos para corregir su percepción de deficiencia porque nadie le dijo: "Es tonto sentirse así". En lugar de eso, sus padres lo escucharon lo suficientemente bien para saber que necesitaba ayuda. Su consejero lo escuchó, empatizó con él y exploró las bases de su percepción. Entonces lo ayudó a desarrollar habilidades, basándose en sus propias experiencias con éxito, para ayudarle a superar sus miedos.

Una vez que usted comprende la meta equivocada, descubrirá que hay muchas formas de alentar a sus hijos a mejorar una situación. Después podrá intentar hacer mejor las cosas, en lugar de simplemente reaccionar ante la conducta de sus hijos.

> Recuerde que las percepciones que los adolescentes tienen y las decisiones que toman sobre sus experiencias, distorsionan la imagen que tengan de sí mismos y ayuda a explicar parte de su conducta.

Este capítulo introdujo varias herramientas que le ayudarán a comprender las percepciones de sus hijos. Aun cuando usted no se sienta completamente cómodo al usar estas herramientas, es útil saber que existen y que hay razones, no siempre fáciles de comprender, por las que los adolescentes se comportan de esa forma. El propósito de este capítulo no es convertirlo en terapeuta aficionado, sin embargo, introducir algunas de las herramientas de los terapeutas, le aporta la oportunidad de ampliar su perspectiva y ver un poco más allá de la conducta de sus hijos. Además esto le ayuda a ser menos prejuicioso, menos reactivo, y tener más capacidad para confiar en el proceso de crecimiento de sus hijos.

Recuerde que las percepciones que los adolescentes tienen y las decisiones que toman sobre sus experiencias, distorsionan la imagen que tengan de sí mismos y ayuda a explicar parte de su conducta. También es muy útil recordar que la realidad de sus hijos puede ser diferente a la suya. Además mantenga en mente que los adolescentes todavía no se han convertido en adultos sus valores actuales, que muchos de ustedes encuentran inquietantes, no son necesariamente los que mantendrán en la vida adulta.

HERRAMIENTAS QUE DEBE RECORDAR PARA UNA EDUCACIÓN AFECTUOSA Y FIRME

1. Recuerde que la conducta de su hijo es más un resultado de sus percepciones inconscientes que de cualquier otra cosa. Deje de buscar causas y enfermedades y comience a buscar la realidad separada de su hijo.

2. Imagine cómo su hijo lo describiría a usted ante un amigo. Hable con sus hijos para descubrir si ellos lo ven a usted realmente como usted cree que lo ven. Es probable que se sorprenda de lo motivado que se puede sentir con sus respuestas.

3. Recuerde que está haciendo algo cuando utiliza los métodos descritos en este capítulo. No tiene que casti-

gar o controlar para ser eficiente al revertir patrones extremadamente negativos con sus hijos.

4. Nunca podrá estar seguro de lo que sus hijos realmente piensan a menos que les pregunte y usted los escuche atentamente. Asumir que piensan como usted lo hace es inútil e incluso potencialmente peligroso.

5. Sus hijos tienen opiniones sobre sí mismos basadas en su lugar dentro del pastel familiar. Revisar la información sobre el orden de nacimiento, puede ser extremadamente útil para que comprenda mejor a sus adolescentes.

6. Toda conducta tiene un propósito, aun cuando su hijo y usted no estén conscientes de éste. Cuando usted analiza sus sentimientos, obtiene valiosa información sobre el propósito de la conducta de sus hijos.

7. En lugar de reaccionar ante la conducta, utilice la Tabla de la Camiseta como inspiración.

ACTIVIDAD DE APLICACIÓN PRÁCTICA

Rompiendo el Ciclo de la Meta Equivocada
Descubra cómo podría usted estar contribuyendo al problema.

1. Hable con un amigo que tenga una posición objetiva o con un terapeuta.

2. Escriba en un diario. A menudo logrará comprender lo que ocurre entre usted y su hijo cuando revisa las situaciones por escrito.

3. Haga preguntas a sus hijos. Deje que ellos sepan que usted no puede leer sus mentes. Admita que quizá no ha sido un buen escucha en el pasado, pero que ahora quiere escucharlos. Puede sugerir que usted ha contribuido al problema. (Incluso los niños pequeños, cuando se les dice "Creo que hice algo que hirió tus sentimientos," pueden decirle qué fue lo que usted hizo.)

4. Revise la Tabla de la Camiseta para que le inspire ideas

Haga algunas suposiciones en voz alta a sus hijos que sugieran que lo que usted está pensando es lo que podría estar ocurriendo. Si su suposición es correcta, habrá acertado en el blanco; su hijo se sentirá comprendido y reconocerá la exactitud de su suposición. Por otro lado, no se preocupe si su suposición no es correcta, su objetivo no es tener la razón sino obtener información. Si está equivocado, aprenderá algo.
Cuando usted comprende la percepción de sus hijos, los valora. Hágales saber que usted puede entender cómo llegaron a esa conclusión. Después, hagan juntos un plan para hacer los cambios que convengan a ambos.

MI PLAN DE LA SEMANA

Esta semana me enfocaré en....

_____

_____

Trabajaré en cambiar mi actitud pensando....

_____

_____

_____

Cambiaré mi comportamiento haciendo....

_____

_____

_____

13

¿Le Estorban los Asuntos No Resueltos de su Propia Adolescencia?

EDUCAR A UN ADOLESCENTE conlleva poner sobre la mesa muchos asuntos sin resolver de su propia adolescencia. Cualquier cosa que no haya sido solucionada cuando usted era adolescente sigue acechando en las sombras de su inconsciente, esperando otra oportunidad. Aunque estos asuntos están bajo la superficie, influyen en la forma en que educa a sus hijos adolescentes. No sólo el viejo equipaje que va cargando desde sus años de adolescencia impide que viva plenamente, sino que también a menudo crea piedras de tropiezo al tratar a sus hijos.

Atravesar por la adolescencia de sus hijos le da otra oportunidad de resolver algunos de estos asuntos. Al hacerlo, experimentará incontables beneficios. Será más eficiente como padre, tendrá mayor compasión, comprenderá mejor a sus hijos, sanará al adolescente que está dentro de usted y se sentirá mejor.

> Si piensa en los asuntos que sus hijos están enfrentando, no estará lejos de identificar los asuntos que todavía necesita usted resolver de usted mismo.

Si piensa en los asuntos que sus hijos están enfrentando, no estará lejos de identificar los asuntos que todavía necesita usted resolver de usted mismo: poder, imagen propia, imagen corporal, relaciones íntimas, amistades, relación con sus padres e independencia. Considere los siguientes ejemplos y vea si puede encontrar relación con alguno de ellos.

Un Círculo Vicioso se Repite

COMO JOVEN, Preston quería complacer a sus padres, pero hacerlo significaba que tenía que renunciar a lo que era importante para él. Lo intentó pero pronto se dio cuenta de que era imposible. Lo que parecía funcionar mejor era hacer lo que él quería en secreto y mentirle a sus padres. Su plan funcionó bien, hasta se acercó a sus padres y les anunció que planeaba casarse con una chica que ellos consideraban indigna. Sus padres se pusieron histéricos y le dijeron a Preston que lo desheredarían si no dejaba inmediatamente a esa chica. Preston la dejó y se casó con alguien una chica adecuada para su familia y enterró el dolor muy profundo en su corazón.

Cuando el hijo de Preston empezó a salir con chicas, estaba tan determinado a que no haría sufrir a su hijo controlándolo y diciéndole qué hacer, que se fue al otro extremo. Tenía una actitud tan permisiva, que su hijo pensaba que ni siquiera le importaba a su padre. Sintiéndose poco amado, el chico buscó el amor en todos los lugares equivocados, embarazó a una chica y después se encontró en la misma posición que su padre. Quería hacer lo correcto casándose con ella aunque no la amaba, perpetuando así el ciclo. Cuando Preston vio a su hijo luchando y sufriendo, se dio cuenta de lo importante que era enfrentar sus asuntos sin resolver para poder ayudar a su hijo.

El primer paso que dio fue consultar a un terapeuta quien lo ayudó a enfrentar sus viejos problemas. Después le dijo a su hijo: "Me doy cuenta que he actuado de cierta forma que podría darte la impresión de que no me importas. Me equivoqué, pensaba que te estaba dando libertad para que tomaras tus propias decisiones. Sigo confiando en ti para que lo hagas, y quiero estar aquí para ti si hay algo de lo que quisieras hablarme. Puedo ser un buen confidente porque te amo de verdad."

Es interesante que los chicos a menudo busquen lo contrario de lo que obtienen. Cuando los padres dan demasiados consejos, ellos desean que sus padres los dejen en paz. Cuando los padres los dejan en paz, desean tener un padre que se preocupe lo suficientemente para involucrarse. Así que ahora usted sabe: educar es como un acto de acrobacia en la cuerda floja que tiene éxito cuando puede hacerles saber a sus hijos que le importan, sin tomar el control de sus vidas.

Una Imagen Propia Deficiente Obstaculiza la Educación de un Adolescente

FRANK COMPARTIÓ LO SIGUIENTE con su amigo Neil mientras iban en camino a su reunión semanal de amigos. "Cada vez que programo una actividad con Nate, él se echa para atrás en el último momento. Las oportunidades de hacer una actividad planeada juntos son del 2 por ciento. Me siento triste porque no consigo pasar tiempo con él, y me siento enojado porque dice que sí pero no lo hace. Después me enojo conmigo porque digo: 'no hay problema, podemos intentarlo en otra ocasión' pero en realidad quisiera decirle unas cuantas verdades."

"¿Qué es lo que dice Nate cuando tú le dices que está bien?" preguntó Neil.

"Dice: 'lo siento mucho, pero surgió algo y sencillamente no puedo cumplir con nuestra cita,"

"¿Por qué permites que se salga con la suya cuando en realidad te molesta? Pensé que estábamos trabajando en ser más honestos en nuestras relaciones," rebatió Neil.

"Tienes razón Neil," respondió Frank, "pero me siento destrozado porque creo que es mi trabajo estar ahí para mi hijo."

Más tarde en el grupo de amigos, Frank compartió algunas cosas sobre cuando él era adolescente. En su último año de estudiante, no tenía ninguna compañera para el baile de graduación. Finalmente le pidió a un amigo que le consiguiera una chica. Se sintió avergonzado e inadecuado, pero no podía darse el lujo de perderse su baile de graduación. Uno de los miembros del grupo le preguntó si sus padres sabían como se sentía. Frank se rió y dijo: "No había adultos involucrados. Yo no compartía nada con los adultos, y nunca pensé en hacerlo. Solo tenía a mi madre y no teníamos ese tipo de relación. Me habría avergonzado que ella supiera que yo no tenía la capacidad de atraer ninguna compañía femenina. Me sentía poco amado y poco atractivo."

"Sentirte poco amado no es un tema que ha prevalecido toda tu vida?" preguntó Neil. "Me pregunto cómo manejarías la situación que me estabas platicando sobre tu hijo si tú no te sintieras así."

"Fácil," dijo Frank, "confrontaría a mi hijo y le diría que si vamos a programar algo, lo vamos a llevar a cabo, y que si se frustra después de haberlo planeado, yo me voy a molestar. Supongo que me sigo preocupando por ser amado, así que no soy honesto con mi hijo por miedo a que me rechace. Apuesto a que Nate sería más respetuoso si tuviera el valor de decirle lo que realmente ocurre dentro de mí. Probablemente ni siquiera piense en hablarme cuando cambia sus planes, porque no piensa que haya problema. ¿Cómo podría pensarlo si yo siempre le digo: 'no hay problema'?"

Como sus Miedos Pueden Revelar Asuntos sin Resolver

¿CUÁLES SON SUS MIEDOS? ¿Cuántos de sus métodos educativos están basados en el miedo – miedo de lo que digan los vecinos, miedo de que los hijos arruinen sus vidas con sus decisiones, miedo de no ser un padre lo suficientemente bueno?

Una madre en nuestra clase decidió explorar sus miedos para descubrir cuales eran algunos de sus asuntos sin resolver. Comenzó por utilizar la actividad que está al final de este capítulo. El problema que describió con su hijo adolescente era que quería que su hijo estuviera más tiempo en casa, diciendo que lo extrañaba aun cuando él no era muy agradable cuando estaba ahí.

> ¿Cuántos de sus métodos educativos están basados en el miedo – miedo de lo que digan los vecinos, miedo de que sus hijos arruinen sus vidas con sus decisiones, miedo de no ser un padre lo suficientemente bueno?

"Quizá lo quiero en casa para que pueda hacer sus quehaceres domésticos. Me siento usada cuando él quiere recibir pero no quiere dar y tengo miedo de que no sea una persona responsable y que en el futuro no sea feliz si ahora no muestra responsabilidad. Pero sobre todo, temo no ser una buena madre si no logro que cumpla con sus obligaciones domésticas."

"Primero, necesito encargarme de este asunto de no ser una madre lo suficientemente buena. ¿Qué pasaría si aceptara que lo soy, sólo por ser quien soy y trabajara para sentirme mejor con respecto a lo que soy? El problema es que no me puedo convencer de que soy una buena madre si mi hijo no es responsable y considerado."

Conforme continuó con la actividad, reveló que fue criada en un hogar con una religión estricta donde toda conducta era evaluada por lo que la iglesia y los vecinos decían. Como adolescente, no se le permitía realizar muchas actividades consideradas por la mayoría como normales para una chica en desarrollo, incluyendo salir con muchachos, porque la iglesia lo prohibía. Cuando le llegó el momento de salir con chicos, se volvió rebelde y mentirosa. Su necesidad de individualizarse y de aceptar su reloj biológico era más fuerte que su necesidad de cumplir con la iglesia.

La culpa, la vergüenza y el miedo que sintió al ser descubierta eran los asuntos que la obstaculizaban hasta ahora que educaba a su hijo, especialmente porque él hacía cosas que la sociedad desaprobaba. Cuando menos, ella trató de esconder su rebeldía.

"No puedo dejar de preocuparme porque mi hijo bebe, fuma y roba. No sólo me preocupa cómo afectará eso su vida, sino que también lo que la gente diga de mí. Y me preocupa que él quiera que lo apoye cuando es él quien debe ser comprensivo. Tengo miedo de que algunos de sus hábitos puedan causarle infelicidad en un futuro y que será mi culpa. Entonces ¿qué puedo hacer con todas estas preocupaciones?"

Con ayuda de su grupo de estudio y con los conocimientos adquiridos con la actividad. Esta madre fue capaz de obtener algunas nuevas perspectivas de la situación, dio alcance a las siguientes alternativas para su comportamiento anterior:

1. "Puedo ofrecerle a mi hijo información sobre las consecuencias de fumar y beber. Puedo convertirme en una fuente de información para él. Primero le preguntaré si está interesado en escuchar lo que tengo que decirle, para que no suene como un sermón. Si no quiere escucharme, buscaré un amigo o consejero a quien esté dispuesto a escuchar."

2. "Puedo dejar de proveerle cosas materiales innecesarias. Necesito decidir lo que estoy dispuesta a proporcionar –que tenga sentido para mí– que pueda dar voluntariamente sin resentimientos ni restricciones. Puedo prepararme para sus rabietas que probablemente vengan cuando deje de consentirlo porque he sido yo, principalmente, la que ha originado la creencia de que debe ser consentido. Puedo ayudarle a planear las cosas que quiere cuando él quiera mi ayuda."

3. "Puedo darme cuanta de que los hábitos que han causado su desdicha no son peores que aquellos que han causado la mía; y que no puedo quitarle la oportunidad de aprender lo que necesite aprender en la vida. Yo he sido perfeccionista, le he temido al rechazo, he tenido una desmesurada necesidad de complacer, le he temido a lo que piensen los demás, he sido adicta al trabajo, he sido prejuiciosa, he tenido expectativas poco realistas, he sentido rencores por los supuestos agravios en mi contra y en contra de los demás, y me he sentido decepcionada porque por no haber logrado todo lo que creía que debía lograr. ¿Qué derecho tengo de quejarme de sus hábitos cuando yo tengo tantos qué corregir?"

> Puede ser más difícil eliminar las conductas negativas de los adolescentes cuando usted no tiene una total comprensión de sus propios asuntos sin resolver y de la manera en que éstos son la base de sus conductas ineficientes.

4. "Puedo deshacerme de mi temor a que sus hábitos puedan matarlo. Cierto, la adolescencia es una etapa peligrosa, pero mi primo se accidentó en una máquina empacadora de heno y murió cumpliendo con sus labores normales siendo un adolescente. En otras palabras, no hay garantía, estoy segura que mis hábitos han causado tanto daño a mi cuerpo, como los de él al suyo. Por lo que la clave es trabajar en mi propia recuperación."

Puede ser más difícil eliminar las conductas negativas de los adolescentes cuando usted no tiene una total comprensión de sus propios asuntos sin resolver y de la manera en que éstos son la base de sus conductas ineficientes.

Como Obstruyen su Paternidad los Asuntos Sin Resolver

UNA MADRE NOS DIJO que el maestro de economía de su hijo de dieciséis años la llamó para decirle que su hijo había estado llegando tarde o que no llegaba a clase seis de cada diez días. El maestro quería saber qué iba a hacer la madre de este chico. Sin pensarlo dos veces, la madre dijo que sacaría una cita para tener una conferencia entre los tres.

Cuando se le preguntó por qué había respondido de esa manera, la madre dijo que quería parecerle buena madre al maestro. Después de explorar un poco más, se dio cuenta que se había sentido automáticamente intimidada al escuchar la voz del maestro e inmediatamente sintió que había hecho algo malo. Inmovilizada, entregó el poder al maestro.

La madre también se percató, con la ayuda de su grupo de estudio, que sentía decepción. Cuando pensó que había hecho algo malo, estaba segura que había decepcionado a la otra persona y por lo tanto estaba decepcionada de sí misma. Ella creía que para merecer el amor y la amistad, jamás debería equivocarse, pues de otra manera no iba a agradar a nadie. Entonces cuando pensó que había cometido un error, inmediatamente trató de corregir la situación para la satisfacción de la otra persona. Así, al intentar hacer lo "correcto" ante los ojos de los demás, no podía ver lo que era "correcto" para su hijo y para ella. En este caso, ella se empeñó más en no tener problemas con el maestro, que en ayudar a su hijo.

Ocupese de las Necesidades de la Situación en Lugar de Reaccionar Ante sus Miedos

EN VEZ DE ACEPTAR LITERALMENTE lo que el maestro había dicho, habría sido más útil que esta madre hablara con su hijo para averiguar lo que él sentía que estaba ocurriendo, y lo que quería hacer al respecto. O ella podría haber preguntado al maestro si había discutido el problema con el chico. También habría podido decirle al maestro que aunque no aprobaba la conducta de su hijo, creía que era decisión del chico resolver el asunto con el maestro. Habría podido preguntarle a su hijo si quería que ella fuera a la escuela con él para discutir la situación con el maestro o si prefería manejarlo solo.

Muchos padres piensan que sus hijos no hablan con ellos por algo que ellos han hecho, pero a menudo, los jóvenes no confían sus asuntos a sus padres porque necesitan discernir las cosas por sí mismos, lo cual es parte del proceso de individualización. También a veces los adolescentes no hablan con sus padres porque piensan que ya son adultos, e interpretan la ayuda de éstos como si se les tratara como niños pequeños.

Una vez que usted quite del camino sus asuntos sin resolver, incluyendo el sentimiento de que sus hijos tratan de lastimarlo, puede dejar de sentirse culpable sobre los problemas de ellos. También podrá estar disponible para ayudarlos cuando lo necesiten, en lugar de interferir para salvar su propia imagen.

Use una Varita Mágica Para Ocuparse de sus Asuntos sin Resolver.

JANA, UNA MADRE de dos adolescentes, compartió con su grupo de estudio que cuando tenía trece años, su madre había leído su diario y descubrió todo sobre su primera "salida formal". Después de leer que Jana había besado a su novio doce veces, su madre le dejó de dirigir la palabra durante varios días. No solo no respetó su intimidad, sino que también, cuando Jana trató de decirle que lo sentía, su madre le respondió despectivamente: "Deberías."

Jana imaginó cómo cambiaría ese recuerdo si tuviera una varita mágica y pudiera rehacerla de la forma que quisiera. Dijo: "Mi madre no habría leído mi diario. Sin embargo, si hubiera descubierto lo de mi novio, se habría sentado y habría hablado conmigo. Me habría dicho que estaba asustada y sus razones para estarlo, me habría contado lo que significaba para ella cuando tenía mi edad, y me habría preguntado si yo quería decirle lo que ocurría conmigo. Entonces me habría alentado a usar mi mejor juicio y me hubiera dicho que si cometía algún error, estaba segura que podría manejarlo. Me habría hecho saber que si yo quisiera hablar con ella en algún momento, podría hacerlo pues me escucharía sin prejuicios, y que si alguna vez parecía criticarme, era porque ella tenía sus propios asuntos que la molestaban."

Además de sanar su antiguo dolor, volver a escribir sus recuerdos de adolescencia con la ayuda de una "varita mágica", puede también proporcionarle información con respecto a la forma en que puede manejar la situación con sus hijos. Jana decidió hacer por su hija lo que su madre no pudo hacer por ella.

Explorando sus Recuerdos

Tratar con un chico que es adicto a las drogas puede sacar a relucir muchos asuntos sin resolver del pasado. La siguiente conversación tuvo lugar con Kay, quien acudió a terapia para ocuparse de sus propios asuntos en relación con el uso de drogas de su hija.

Kay: No quiero que mi hija sea una adicta.

Terapeuta: Sé que usted ha hecho mucho para ayudar a que su hija tenga un tratamiento y que ella sigue decidiendo usar químicos. Usted no puede obligarla a dejar las drogas, pero puede ayudarse a sí misma para dejarla en libertad. Exploremos algunos de los asuntos relacionados con esto regresando al primer recuerdo de sus años de adolescencia.

Kay: El primero que viene a mi memoria es cuando estaba un poco más grande.

Terapeuta: ¿De qué edad?

Kay: Veintiuno

Terapeuta: Qué interesante. Es casi la misma edad de su hija ahora.

Kay: Estaba divorciada, tenía la custodia de mis dos hijos pequeños. Su padre se los llevaba los miércoles por la noche y todos los fines de semana, pero los niños estaban constantemente fastidiados de cambiarse de aquí para allá. Una noche de miércoles que su padre no regresó a los niños a tiempo, estaba tan alterada que llamé a mi padre y le pregunté si podía venir a ayudarme a buscar a mis hijos. Pues bien, mi papá se molestó realmente. Todo el tiempo que estuvimos fuera buscando a los niños, mi papá estuvo protestando y quejándose. Le dije: "Nunca me quisiste." Entonces él preguntó, "¿De qué estas hablando? Siempre te he amado más que a nada en el mundo." Pero definitivamente yo no pude creerle.

Terapeuta: ¿Qué estabas pensando?

Kay: Pensaba, "He creado un desastre total en mi vida. Mis hijos no tienen un padre. Mi padre está enojado conmigo. Mis hijos siempre están molestos.

Terapeuta: ¿Cómo te sentías?

Kay: Me sentía dolida, inadecuada, estúpida y defensiva.

Terapeuta: ¿Qué hacías?

Kay: Estaba llorando, riñéndole a mi padre, acusándolo de no haberme amado nunca. Dependía de su ayuda pero pagaba un precio muy algo por ello.

Terapeuta: ¿Cuál era el precio que pagabas?

Kay: Tenía que escucharlo gritarme y denigrarme.

Terapeuta: Así que cuando él protestaba y se quejaba, tú lo interpretabas como que te gritaba, te regañaba y de denigraba. ¿Alguna otra cosa?

Kay: El padre de mis hijos estaba enojado conmigo. Fue por eso que no llevó a tiempo a los niños no cumpliendo su compromiso. Y cuando recogí a mi padre para ir en busca de mis hijos, mi madre me encontró en la puerta con una mirada de desaprobación.

Terapeuta: Ciertamente parecías convencida de que todos estaban enojados contigo o te desaprobaban. Ahora, regresemos a la situación con tu hija y veamos hay situaciones paralelas.

Kay: ¡Dios Mío! Ella ha arruinado su vida y yo la estoy regañando, denigrando y mirándola con arrogancia, desaprobación y dándole mensajes.

¿Le Estorban los Asuntos No Resueltos de su Propia Adolescencia?

Terapeuta: ¿Qué piensas?

Kay: Que ha arruinado su vida. Que no está haciendo las cosas que la harán feliz. Me está lastimando. No está cumpliendo con sus compromisos.

Terapeuta: ¿Cómo se siente?

Kay: Despreciada, culpable, arrogante. ¡Santo Dios!, tengo cada uno de aquellos sentimientos de mi recuerdo. Me siento desaprobada, culpable y avergonzada además de inadecuada por la manera en que lo estoy manejando. Me pregunto si así se sintieron mis padres, o en ese caso, mi ex-marido.

Terapeuta: ¿Qué está haciendo con su hija?

Kay: La sermoneo y la denigro, la desapruebo. Trato de solucionar las cosas y de cuidarla. Trato de controlarla y obligarla a hacer lo correcto exactamente lo mismo que todos hicieron conmigo.

Terapeuta: ¿Se da cuenta que además de todo, también está buscando ayuda y aprendiendo de su co-dependencia? Parte de su lucha es que la mitad de usted es co-dependiente y la otra mitad no. Aunque le ha estado haciendo muchas cosas a su hija que la hacen sentir peor, también está trabajando en cambiar los antiguos patrones de conducta. Eso requiere de tiempo y práctica. La simple conciencia de alguna parte de sus conductas desalentadoras pueden ayudarla para dejar de hacerlas cuando se sorprenda a sí misma en el acto.

Esta sesión cambió la vida de Kay y de su hija adolescente. Dejó de hacerle a su hija las cosas que su padre le había hecho a ella, y empezó a hacer las cosas que deseaba que le hubieran hecho. Se convirtió en una madre afectuosa y firme.

Kay habló con su hija. Le dijo que aunque pensaba que estaba cometiendo un error al consumir drogas, tenía el derecho de cometer sus propios errores en la vida. Kay compartió con su hija, "Yo he cometido tantos errores que difícilmente puedo juzgar los tuyos... ya no trataré de controlar tu vida, solo controlaré mi vida. Te amaré siempre, pase lo que pase, pero no permitiré que te aproveches de mí o me faltes al respeto. No apoyaré tu hábito a las drogas, pero te apoyaré a ti. No podrás quedarte en nuestro hogar, ni siquiera por una noche mientras consumas drogas, pero te ayudaré para que lleves un tratamiento si alguna vez decides llevarlo."

La hija estaba casi muda al sentir la seguridad y fuerza de su madre. Después de recuperarse de su asombro, sin embargo, dijo con desprecio: "Estupendo", y se marchó. Durante una semana Kay no tuvo idea de dónde se encontraba su hija, pero después la llamó y le pidió que almorzaran juntas.

Kay dijo: "Me encantaría."

Para su sorpresa, la hija le preguntó si podía acompañarla al centro de rehabilitación porque realmente quería cambiar su vida. Tan pronto como terminaron de comer, se fueron al centro y su hija se inscribió por sí misma.

Dejar en Libertad Trae a Colación Asuntos de Pérdidas del Pasado

ENTRE MÁS LUCHEN SUS HIJOS por su independencia y libertad, más se dará cuenta de que los años de adolescencia son simplemente el principio de un nuevo tipo de relación con sus hijos, posiblemente una relación en la que usted no verá mucho de ellos. Si usted es como muchos padres, este pensamiento puede traerle sentimientos de pérdida. Encima de ocuparse de cualquier pérdida que experimente con sus hijos, terminará enfrentándose a las pérdidas del pasado que todavía le duelan aún cuando estén enterradas bajo la superficie.

> Entre más luchen sus hijos por su independencia y libertad, más se dará cuenta que los años de adolescencia son simplemente el principio de un nuevo tipo de relación con sus hijos, posiblemente una relación en la que usted no verá mucho de ellos.

Cuando la hija de Anya, Mariah, se quejaba de que sus padres eran más estrictos que los padres de sus amigos, la madre descartaba lo que Mariah decía, tomándolo como reniegos normales de una adolescente. Pero después Anya empezaba a pensar si habría algo de cierto en las palabras de su hija. Se daba cuenta que en muchas formas ella y su esposo trataban de que Mariah no creciera. Se preguntaba por qué querían hacer tal cosa, y después la respuesta le caía encima como una tonelada de ladrillos. Había experimentado muchas pérdidas en los últimos cinco años. Su amiga había muerto de cáncer en mama, y una de sus compañeras había muerto en un accidente automovilístico unas cuantas semanas atrás. Entre más pensaba en sus pérdidas, más se remontaba a sus años de adolescencia cuando su mejor amiga era huérfana porque el avión donde viajaban sus padres había caído en una tormenta. Para Anya, las pérdidas eran para siempre. No había ninguna duda, ella temía "perder" a su hija.

Después Anya recordó una conversación que había tenido con su amiga, quien le explicaba la frecuencia con la que uno de sus hijos iba a casa por una corta temporada. Su amiga le platicó que cuando su primer hijo se fue de casa para ir a la universidad, ella había tenido miedo de que fuera el principio del fin. Sin embargo, pronto puso un letrero en el cuarto de visitas que decía, "Cuarto de Intermedio":

> *Ahora que todos los chicos se han ido, necesitamos cuando menos una habitación donde puedan quedarse cuando estén en el intermedio de semestres de escuela, de trabajos, de relaciones, de programas de entrenamiento o de cualquier otra cosa. El acuerdo es que los chicos podrán quedarse con nosotros mientras estén en dicho "intermedio", pero no pueden mudarse permanentemente. Habrá momentos en que quizá deseen hacerlo, porque es un gran reto estar afuera en el mundo real, pero saben que necesitan tomar valor y volver a salir para intentarlo de nuevo. Hasta ahora parece que ha funcionado muy bien. Nuestros hijos tienen un lugar dónde derrumbarse si lo necesitan. Casi siempre tenemos a uno de ellos en casa. Pensaba que íbamos a tener el nido vacío pero definitivamente estaba equivocada.*

Si usted se siente atrapado en sus viejos asuntos, le recomendamos revisar a menudo este capítulo. Intente realizar la actividad al final del capítulo para que le ayude a identificar sus asuntos sin resolver y los ponga a descansar. Lo que aprenda de la experiencia enriquecerá tanto su vida como la de sus hijos.

HERRAMIENTAS QUE DEBE RECORDAR PARA UNA EDUCACIÓN AFECTUOSA Y FIRME

1. Vea el hecho de tener un adolescente como una maravillosa oportunidad de deshacerse del viejo equipaje de su adolescencia, en lugar de arrastrarlo con usted o de descargarlo sobre sus hijos.

2. Si tiene asuntos relacionados con su imagen propia, lo más seguro es que su hijo los traiga a la superficie. Es momento de separar sus asuntos de los de sus hijos.

3. Poner atención a sus miedos puede ser una excelente forma de apuntar hacia los problemas del pasado. Conforme vaya comprendiendo cuáles son sus miedos, podrá dejarlos ir y ocuparse de las necesidades reales de la situación, no solo de aquellas que imagina.

4. Con una nueva perspectiva, las opciones aparecen como por arte de magia.

5. A veces la manera más sencilla de desestancarse es imaginar que tiene una varita mágica. "Agítela" sobre la situación, piense la manera en que le gustaría cambiarla, y vea las nuevas opciones que usted mismo puede crear.

6. Recuerde sus propios años de adolescencia para buscar situaciones paralelas entre sus recuerdos y la situación actual con sus hijos.

7. No olvide que el dolor que causan la mayoría de las pérdidas dura poco, y que sus hijos se irán y regresarán constantemente a su vida.

ACTIVIDAD DE APLICACIÓN PRÁCTICA

Utilice la siguiente actividad para identificar los asuntos sin resolver de sus años de adolescencia y para ponerse en contacto con su mundo adolescente. En lugar de pensar como un padre "debe" pensar, será capaz de recordar cómo pensaba, sentía y se comportaba cuando era adolescente. Empezará a recordar cómo era ser adolescente, lo cual le permitirá comprender mejor las percepciones de sus hijos adolescentes y le demostrará que quizá esté tomando algunas de las conductas de sus hijos de manera muy personal.

**Descubriendo sus Asuntos
de la Adolescencia sin Resolver**

1. Piense en una situación que haya ocurrido entre usted y su hijo adolescente en la que hubiera deseado que fuera diferente. Describa la situación específica por escrito.

2. ¿Cómo se sintió cuando esto ocurrió? Asegúrese de emplear las palabras de sentimientos y no palabras como: "que", "como si" o "como". Un sentimiento puede ser descrito con una sola palabra. Si utiliza más de una, estará describiendo lo que piensa, no lo que siente. Por ejemplo: "Me sentí como si mi hija me odiara" es un pensamiento. "Me sentí herida", por otro lado, describe un sentimiento. (Es posible que esté experimentando más de un sentimiento, y puede emplear las palabras sueltas que sean necesarias para describirlos, pero no en frases completas: enojada, triste, inútil, etc.)

3. ¿Qué es lo que está haciendo en la situación problemática?

4. ¿Cuál es la respuesta de su hijo ante su comportamiento?

5. ¿Cuál es su decisión sobre la respuesta de su hijo?

Recuerde un Momento de sus Propios Años de Adolescencia

1. Piense en algún momento en el que era usted adolescente y las cosas no estuvieran funcionando de la manera en que quería. Describa la situación específica por escrito.

2. ¿Cómo se sentía con respecto a dicha situación?

3. ¿Cómo se comportó en la situación?

4. ¿Cómo se comportaron sus padres o los adultos que lo rodeaban en la situación?

5. ¿Cuál fue su respuesta a dicho comportamiento?

6. ¿Qué fue lo que decidió sobre la situación?

Utilice las Percepciones del Pasado para Ayudar a su Presente

1. Revise lo que escribió sobre las dos situaciones. Describa un asunto que permanezca sin resolver de sus años de adolescencia.

2. ¿Qué información, si la hay, obtuvo de sus recuerdos que puedan ayudar a manejar más eficientemente su situación problemática actual?

MI PLAN DE LA SEMANA

Esta semana me enfocaré en....
_____
_____

Trabajaré en cambiar mi actitud pensando....
_____
_____
_____

Cambiaré mi comportamiento haciendo....
_____
_____
_____

14

¿Qué Hace Cuando la Conducta de su Adolescente le Asusta?

NOS HAN DICHO CIENTOS de adolescentes que les encantan nuestras ideas y nuestro libro porque realmente los comprendemos. Desearían que sus padres lo leyeran para que puedan llevarse mejor con ellos. Sus hijos quieren llevarse bien con usted, aunque a veces no lo parezca. Simplemente no están dispuestos a renunciar a lo que son para que usted los ame.

Aún más padres nos han dicho que la primera edición de este libro salvó su relación con sus hijos adolescentes, así como su salud mental, así que mantenga la fe conforme lea este capítulo. Sabemos que usted desea tener una buena relación con sus hijos, aunque a menudo su conducta realmente lo asusta. Y cuando lo hace, no siempre usa sus mejores habilidades educativas y su relación sufre.

Lo que puede interpretar como un problema potencial, podría simplemente ser una conducta perfectamente normal de un adolescente, que a usted le parece disfuncional. Hemos notado que una conducta que asusta a un padre, no asusta necesariamente a otro. ¿Alguna vez se ha preguntado por qué? Nosotros sí, y nuestra conclusión es esta: los padres son diferentes, al igual que los hijos son diferentes. Para algunos padres, lo que más les asusta son los eventos que *detonan sus asuntos sin resolver*; para otros sus miedos se basan en la *falta de experiencia personal*; y para otros tantos, su miedo está basado en las *experiencias personales que han tenido*.

Existen ciertos temas que hemos advertido, surgen una y otra vez en nuestras clases y talleres. Dichos temas son el centro de este capítulo. (Ya hemos hablado sobre algunos de los temas en alguna otra parte del libro, así que la información aquí es un suplemento a lo que ya ha leído.) Los temas incluyen música, películas y videos; pandillas y bravucones; drogas y otras conductas adictivas; actividad sexual y SIDA; abuso sexual; conductas suicidas; trastornos alimenticios; y adultos jóvenes que no quieren o no pueden independizarse. Comencemos con la que menos asusta, pero que aún así asusta.

Videos, Música, Juegos de Video y Películas

SUS HIJOS PUEDEN estar escuchando música, viendo videos, jugando juegos de video, o yendo al cine, que promueven la muerte, la destrucción, la violencia, la falta de respeto hacia el hombre y la mujer y cosas peores. Puede ser que tengan pornografía básica escondida bajo el colchón o pósteres sexistas colgados en sus habitaciones. Puede que visiten sitios Web que muestren escenas de sexo explícitas. ¿Qué hace un padre con esto?

> Si usted elige la prohibición, reconozca que muchos adolescentes son motivados por el fruto prohibido, así que tendrá que emplear la persuasión y la argumentación en lugar de la arbitrariedad o la negación tiránica

¿Qué Hace Cuando la Conducta de su Adolescente le Asusta?

Dentro de los límites de sus valores, puede usted permitirle a sus hijos que experimenten algunas de estas cosas o puede prohibirles hacerlo. Si usted elige la prohibición, reconozca que muchos adolescentes son motivados por el fruto prohibido, así que tendrá que emplear la persuasión y la argumentación en lugar de la arbitrariedad o la negación tiránica. Puede elegir emplear su medio de entretenimiento como una vía para enseñarles valores y discutir ideas y actitudes. O puede decirles que no está bien para usted lo que escuchan, juegan o ven porque promueven la violencia, la degradación, la explotación, o lo estereotipado. Sin embargo, es importante recordar que sus hijos pueden simplemente esconderse y hacer lo que ellos saben que usted no quiere que hagan. Tendrá mejores resultados si, respetuosamente, los involucra de alguna manera.

Una de nuestras formas favoritas de involucrar a los hijos (discutido en el capítulo 7) es pedirles que lo instruyan más sobre el por qué los jóvenes están interesados en estas formas particulares de entretenimiento. Acompáñelos a conciertos, vaya con ellos al cine (aunque probablemente se tenga que sentar en los asientos de atrás para que sus amigos no sepan que sus padres lo siguen), o juegue con ellos de tal manera que pueda usted entrar en debate con conocimiento. Cuando su hijo quiera tomar parte en una situación potencialmente riesgosa, está bien decir "no" hasta que dicha actividad sea discutida en una junta familiar. Por lo pronto usted sabe que quitar privilegios, autos, computadoras y gastos no es la respuesta para manejar eficientemente la situación con sus hijos. Ni tampoco revisar secretamente sus habitaciones para buscar contrabando.

Tenga en mente que lo negativo no es la actividad en sí, sino lo que su hijo decide con respecto a dicha actividad. Por ejemplo, la música no conducirá a su hijo a la desesperación o ira violentas. Sin embargo, las decisiones negativas son más factibles en ambientes negativos, así que sigue siendo decisión suya usar su juicio para manejar las elecciones de sus hijos.

Nosotros pensamos que no hacer nada es la peor alternativa. Cuando menos, tenga una discusión cordial con curiosidad. Las palabras que encontramos en las canciones no son malas. Cuando su adolescente elija aprobar lo que usted considera que son actividades negativas escuchando música que usted no aprueba, observe el propósito de su conducta. Enfóquese en los elementos profundos de identidad, poder, justicia y competencia. (Vea el capítulo 12 para revisar las metas equivocadas y qué hacer como padre preventivo). Proporcione un ambiente cordial en el que sus hijos puedan decirle lo que piensan sobre lo que están escuchando. Pero recuerde que aún puede haber momentos en los que usted sienta la necesidad de colocar los barandales del puente un poco más cerca para poner límites.

Tenga en mente que muchos adolescentes, si comprenden la razón de sus demandas y si sienten que tienen alternativas, estarán dispuestos a trabajar con usted. Algunas de las alternativas podrían ser: "Escucharás tu música en cualquier parte excepto en nuestro hogar. Puedes ir a conciertos cuando llegues a cierta edad. Nunca hagas eso cuando tus hermanos menores estén cerca, pues su juicio no es tan maduro como el tuyo."

Los Amigos, o la Falta de Éstos

OTRA CONDUCTA QUE ASUSTA, aunque no tanto es tener un adolescente que parezca no llevarse bien con sus iguales o que se aísle más tiempo del que parece razonable. Si su hijo está dispuesto a escuchar algunos consejos, nosotros recomendamos los siguientes:

- En vez de hacer chismes a espaldas de alguien, habla directamente con la persona.

- No comiences, ni hagas circular rumores.

- Practica sonreír cuando camines por los corredores de la escuela.

- Haz preguntas a los otros chicos sobre ellos mismos.

Es probable que usted quiera alentar o darle oportunidades a su hijo o hija para que se involucre en actividades en las que él o ella puedan conocer adolescentes con intereses similares. A veces tendrá que tener mano dura e insistir a su hijo que debe intentar las cosas cuatro veces antes  de abandonarlas. A menudo nos sorprende la cantidad de jóvenes que necesitan este tipo de ayuda por parte de sus padres.

También puede ayudar a sus hijos a explorar, a través de conversaciones cordiales, los resultados a largo plazo que ellos creen que tendrá su conducta al relacionarse. Si critican a todos o tienen miedo de pedir integrarse a un grupo y en lugar de eso se quedan en casa a esperar que les llamen, entonces tienen muy pocos amigos. Si ellos hablan demasiado y no escuchan a sus amigos, o si son egoístas y se niegan a compartir el centro de atención o las experiencias, seguramente están alejando a los demás. Si les dice a sus hijos cómo comportarse, lo más probable es que tenga muy poca influencia sobre ellos. Pero recuerde que sus hijos observan la manera en que usted actúa, y a menudo imitan sus peores hábitos. Por ejemplo, ¿usted grita a la gente cuando maneja o habla sobre la conducta "estúpida" de alguna persona? ¿les habla despectivamente a los vendedores o a la gente que proporciona servicios? No se sorprenda si su hijo ha tomado una página de su libro. A veces el mejor método para ayudar a un adolescente en la forma de relacionarse con sus iguales es no entrometerse y dejar que lo resuelva solo. Esta es una idea especialmente buena cuando los adolescentes exageran una situación. Su hija puede convertir una pelea con una amiga en una situación en la que no tiene un sólo amigo en todo el mundo. Generalmente después de uno o dos días, todo se arregla, sin embargo, si usted se entromete, la situación puede prolongarse y terminar peor de lo que realmente fue.

Cuando a Usted no le Gustan los Amigos de sus Hijos

Muchas batallas se pelean cuando los adolescentes eligen amigos que sus padres no aprueban. Esta es una preocupación razonable para muchos padres, porque los amigos tienen influencia en las elecciones y conductas entre unos y otros. Sin embargo, la manera en que la mayoría de los padres manejan este problema, solamente intensifica la batalla, provocando que sus hijos sean aún más fieles a sus amigos. Sabemos de muy pocos padres (de hecho ninguno, pero imaginamos que deben existir algunos) que han tenido éxito al prohibir a sus hijos que tengan ciertos amigos. Sin embargo, a menudo los padres que hacen tal cosa terminan por ampliar la brecha en la relación con sus hijos. Ya que los padres no pueden vigilar a sus hijos en cada momento del día, es imposible controlar quiénes son sus amigos.

En lugar de controlar los amigos de sus hijos, pruebe hacer lo contrario. Recíbalos en su casa, sea cordial y bromee con ellos. Usted puede tener más influencia cuando crea un ambiente cordial de hogar donde sus hijos se sientan más cómodos. Cuando les da a sus hijos este tipo de espacio, a menudo se aburren de esa amistad por sí mismos. También, la mala conducta de algunos adolescentes podría ser una indicación de que este amigo no tiene un ambiente alentador en su casa. Mantenerse en su casa podría ser la oportunidad para que él o ella experimenten dicho ambiente.

Si usted está preocupado sobre la influencia que otros adolescentes puedan tener en sus hijos, sea honesto en cuanto a sus propios miedos. Emplee todos los métodos discutidos en este libro representaciones, juntas familiares, resolver los problemas de manera conjunta y hacer preguntas de curiosidad para que su hijo esté equipado con la mayor cantidad de habilidades para manejar situaciones potencialmente peligrosas. Hacerlo, no solo ayuda a discutir sus sentimientos, sino que también proporciona a sus hijos habilidades para pensar y para prepararse por anticipado. Desde luego, esto no garantiza que su hijo no cometa errores, pero disminuye las probabilidades.

Tenga en mente que así como la conducta de su adolescente no durará para siempre, la conducta de sus amigos tampoco. Muchos padres, al descubrir que algunos de los amigos de sus hijos se han convertido en excelentes personas, se sienten avergonzados de haberlos tratado tan mal.

Pandillas y Bravucones

AHORA, ALGUNOS de los problemas más espeluznantes que los adolescentes y sus padres enfrentan. Es probable que usted y sus hijos adolescentes se preocupen sobre las pandillas, los bravucones y otros adolescentes fuera de control. Si es así, sus hijos necesitan su ayuda, al igual que la ayuda de la escuela, para seguir una política de cero tolerancia ante la violencia o las armas dentro y en los alrededores de la escuela.

Se debe tomar muy en serio a los jóvenes que piden ayuda a sus padres o a la escuela para encargarse de la discriminación, la violencia, las novatadas, u otros asuntos de seguridad. Hemos escuchado historias tanto de padres como de adolescentes, que piden asistencia a las autoridades para que se encarguen de la violencia y sencillamente lo ignoran o lo aplazan. Existen muchos programas que los empleados de las escuelas pueden investigar y poner en práctica para obtener ayuda con asesoría entre iguales, mediaciones, manejo de conflictos, y disciplina positiva en el salón de clases. Las escuelas que emplean métodos educativos con amor y respeto para ayudar a los chicos a manejar positivamente las diferencias, tienen considerablemente menos violencia, si es que llega a existir alguna.

Algo que hemos visto es que la mayoría de la gente se enfoca en las soluciones equivocadas para la violencia en las escuelas. Hablan sobre el control de armas, uniformes, castigos corporales, guardias, y hacer responsables a los padres. Lo que muy pocos discuten es el valor de enseñar a los niños la autodisciplina, la responsabilidad, el respeto por sí mismo, por los demás y las habilidades para resolver los problemas todo esto aprenden los adolescentes al participar en efectivas juntas de clase[6] regulares. Las escuelas tienden a encontrar muy pocos problemas cuando utilizan el método de juntas de clases para ayudar a que todos los estudiantes sientan pertenencia y para enseñar a los alumnos a emplear su poder de manera constructiva.

Las investigaciones muestran que las tres principales razones por las que los chicos se integran a pandillas son, un sentimiento de pertenencia, un sentimiento de poder o seguridad, y por protección. Es menos probable que los jóvenes se integren a pandillas cuando se sienten respetados y aceptados en su casa y en el salón de clases por lo que son, y cuando experimentan autoridad como algo diseñado para ayudarles a ser mejores, y no para herirlos, castigarlos, avergonzarlos o rescatarlos.

---

[6] Lea el libro Disciplina Positiva en el Salón de Clases, por Jane Nelsen, Lynn Lott y H. Stephen Glenn. 3ª Edición Revisada. Roseville, CA: Prima Publishing 2000.

¿Qué Hace Cuando la Conducta de su Adolescente le Asusta?

Una solución extrema que no siempre es una opción sería cambiarse a otro vecindario donde no prevalezcan las pandillas. En algunos vecindarios, los padres han resuelto el problema de las pandillas formando grupos de voluntarios que caminan por las calles y platican con los jóvenes de una manera cordial. En otros lugares, los adolescentes han sido entrenados para caminar por las calles con uniforme, hablando con otros chicos y reportando por intercomunicadores portátiles los eventos que necesitan supervisión de adultos. Muchas ciudades han creado centros juveniles para proporcionarles a los pandilleros, otras alternativas para sentir pertenencia e importancia y para resolver su aburrimiento.

Conforme sus hijos crezcan, es probable que sean confrontados por algún bravucón que los amenace, los intimide o les robe. La mejor defensa que les puede enseñar a sus hijos es una buena ofensiva. Enséñeles o deles permiso de decirle al bravucón, con decisión que deje sus cosas en paz, empleando el mismo tono de voz que usa cuando sus hermanos invaden su espacio. También puede preferir enviar a su hijo o hija a clases de autodefensa, lo cual cambiará enormemente la manera en que su hijo piense y se conduzca. No esté entrenando a sus hijos para ser armas mortales o para enfrentar la violencia con violencia; solo los está proveyendo de confianza en sí mismos y de la capacidad de defenderse, lo cual generalmente hace la defensa innecesaria.

Aunque existen muchas formas de ayudar a los jóvenes con sus dificultades encontramos que enviar a un adolescente a buscar ayuda sin que sus padres se involucren, o prescribirle drogas para curar problemas complejos puede dar como resultado problemas peores. La mejor opción sería hablar con el joven y ocuparse de los asuntos más profundos. Por ejemplo, si usted nota que su hijo está almacenando armas o leyendo libros sobre cómo fabricar bombas, busque la ayuda de un profesional quien podrá asistirlos a ambos sin prescribir ningún medicamento. En nuestra experiencia, la prescripción de drogas tiene el efecto contrario del esperado, a menudo haciendo que los adolescentes se depriman más y se vuelvan más violentos.

Uso de Drogas y Otras Conductas Adictivas

EL MIEDO AL ABUSO de las drogas es el problema número uno que invade a los padres de ahora. Usted ha escuchado historias sobre las vidas arruinadas y muertes de adolescentes por sobredosis de drogas y por accidentes relacionados con el alcohol. Usted sabe que alguien podría poner algo en la bebida de su hija en una fiesta y entonces ella tendría un "viaje" que nunca tuvo la intención de tener, posiblemente terminando en una violación o algo peor. Al igual que la mayoría de los padres, probablemente usted esté luchando por no saber qué hacer con toda esta información.

Muchos padres tienen miedo del abuso de las drogas porque por ellos usaron o abusaron de las drogas cuando eran más jóvenes. A muchos de estos padres les preocupa que sus hijos hagan lo mismo que ellos hicieron pero que no se recuperen. Otros padres nunca consumieron drogas pero tienen muchos miedos y prejuicios sobre el consumo de drogas. Algunos ni siquiera se dan cuenta que las drogas son un problema potencial hasta que descubren a sus hijos consumiendo alcohol o marihuana. Estos padres generalmente descubren por casualidad la información al encontrar un paquete, un rollo o papeles de cigarro mientras guardan ropa o lavan un termo lleno de algo que no huele a café ni agua; o quizá encuentran latas de cerveza vacías en el carro de la familia.

Existen otros signos, como cambios bruscos de conducta, agresividad, depresión, alteraciones en el sueño o en los hábitos alimenticios, pérdida de peso, aislamiento y falta de interés en las actividades que solían ser importantes, que a menudo son malinterpretadas por profesionales bien intencionados como enfermedades mentales. Nos asombra que muchos padres prefieren tratar una enfermedad mental en lugar de aceptar que su hijo o hija tiene problema con las drogas o que es un adicto.

Hay mucha negación sobre el consumo y abuso de drogas, lo cual creemos que es una mala interpretación o falta de comprensión. Nos hemos encontrado con profesionales que han dicho que la marihuana no es adictiva y que hasta puede ser buena para los jóvenes. Otra información errónea incluye pasar por alto otras substancias como el tabaco, el alcohol, el azúcar y los medicamentos de prescripción o de mostrador, sin darse cuenta que también son drogas. Después están las substancias que quizá usted no conozca tal como la GHB y las "elevadoras", sin mencionar aquellas que probablemente conoce, incluyendo la cocaína, los inhalantes, el éxtasis, la heroína, las anfetaminas, los barbitúricos, y los alucinógenos. Pero el abuso también puede suceder tanto con "substancias" como con conductas que ni siquiera sabe que son potencialmente adictivas, como la televisión, los juegos de video, las computadoras y el Internet, las compras, gastar dinero, apostar y más. Aunque nos enfocamos en las drogas en esta sección, puede sustituir cualquiera de las conductas/substancias que mencionamos para aprender más sobre lo que está ocurriendo con su adolescente y qué hacer al respecto.

Si las drogas asustan a los padres y potencialmente dañan a los jóvenes, ¿por qué son tan populares? Algunos jóvenes dicen que quieren experimentar y descubrir qué efecto tiene la sustancia; otros dicen que quieren ser parte de un grupo; algunos otros dicen que al consumir sustancias son menos tímidos, menos aburridos, más libres, más rápidos, más sensuales, más divertidos y más felices. Muchos otros consumen drogas para imitar a sus ídolos en el mundo del entretenimiento o a escritores famosos quienes han glorificado el consumo de drogas. Algunos disfrutan el escape a una realidad diferente o a un "lugar de sensaciones." Los jóvenes usarán estimulantes para perder peso o permanecer despiertos y estudiar para sus exámenes finales, o un muchacho puede darle un sedante a una chica para que quede semi-inconsciente y entonces forzarla a tener sexo sin arriesgarse a que lo descubran. Algunos jóvenes consumen drogas porque piensan que los hace ser más grandes. Otros dicen que alguien divertido los introdujo a las drogas, y quieren ser como esa persona, por eso empiezan a consumirlas.

A pesar del efecto secundario de dañar la relación con sus padres y los viejos amigos, de la resaca, las nauseas, el vómito, los desmayos, los cambios bruscos de humor, las taquicardias, la reducción de inhibiciones, las dificultades para respirar e incluso la posibilidad de muerte, los jóvenes continúan consumiendo sustancias hasta que llega el momento en que deciden dejar de hacerlo. Los adolescentes han crecido en una cultura que acentúa el "bienestar a corto plazo" y la "prisa". Por lo tanto, consumir drogas viene al caso con la norma cultural. Muchos jóvenes carecen de un vocabulario que describa los sentimientos, no tienen a una persona con quien se sientan seguros de hablar o un lugar donde sea seguro expresar sus sentimientos. Para estos jóvenes, las drogas les proporcionan la forma de adormecer los sentimientos y creer que los problemas desaparecen. Los jóvenes extremadamente controlados o protegidos consumirán drogas como una manera de rebelarse contra el control de sus padres.

> Los adolescentes han crecido en una cultura que acentúa el "bienestar a corto plazo" y la "prisa". Por lo tanto, consumir drogas viene al caso con la norma cultural.

El Miedo Paternal es una Respuesta Natural Ante la Información Sobre el Consumo de Drogas de los Jóvenes

No hay duda que usted tiene miedo. Quizá esté recordando algunas de sus propias experiencias con las drogas, o recordando a un amigo o a un familiar que haya luchado contra la adicción. Mucha de la literatura actual sugiere que usted debe saber lo que ocurre todo el tiempo en la vida de sus hijos. Le dicen que vigile a las amistades de sus hijos, supervise sus relaciones, se comunique con otros padres, supervise las fiestas de los jóvenes, y se niegue a dejarlos ir a cualquier parte en la que pueden encontrar drogas. Le dicen que estos métodos protegerán a sus hijos de usar o abusar de las drogas. Es una afirmación simplista y poco realista, si considera lo que realmente ocurre y lo ineficientes que en realidad son estos métodos.

La mejor manera de ayudar a que sus hijos tomen decisiones inteligentes sobre las drogas es darles poder en todos los sentidos que hemos sugerido en este libro. Cuando sus hijos tienen oportunidad de contribuir, se sienten escuchados y tomados en serio y saben que pueden hablarle sobre lo que en realidad les ocurre, y cuando usted les da la oportunidad de aprender habilidades y experimentar el éxito, es menos probable que abusen de las drogas. Observe que decimos abusar de las drogas y no consumir drogas, pues sus hijos pueden elegir probarlas le guste o no. Esa es la  realidad. Es probable que los jóvenes que tienen confianza en sí mismos y las habilidades que hemos discutido, experimenten con el alcohol y las drogas, pero es muy poco probable que abusen de éstos.

Sugerencias para Ocuparse de los Adolescentes y las Drogas

Después de toda esta información sobre el consumo de drogas, es probable que todavía se pregunte, "¿Qué puedo hacer?" Nosotros le daremos el consejo de la Oficina de Política Nacional para el Control de Drogas, encontrada el 8 de Septiembre de 1999, en un artículo del periódico *San Francisco Chronicle*, algunas de las sugerencias incluyen lo siguiente:

> "Lo mejor de este tema es que usted no tiene que manejarlo bien. Simplemente tiene que intentarlo, sus hijos captarán el mensaje de que le importan, que comprende algo sobre los conflictos que enfrentan y que usted está disponible para cuando lo necesiten."
>
> "Comience por cualquier cosa. (Pregunte) '¿Conoces algunos muchachos que consuman drogas? ¿Cómo te sientes al respecto? ¿Por qué crees que los chicos se involucran en las drogas?'"
>
> Desde el punto de vista del lenguaje práctico, inequívocamente diga: "Las drogas son una manera de dañarte a ti mismo. Te amo demasiado para ver que tiras tu vida a la basura."
>
> "Está bien que no sepa mucho sobre drogas. Sus hijos sí saben, pero necesitan saber cómo se siente usted al respecto, y si le importa."

Algunos jóvenes no consumirán drogas si usted les dice que no lo hagan, así que adelante, dígaselos si cree que es lo adecuado. Algunos de ustedes pueden mostrar su preocupación sobre el problema de las drogas involucrándose en bailes libres de droga, en fiestas seguras, en programas seguros de paseos y en programas de "di no a las drogas". Aun cuando sea poco realista pensar que estas actividades por sí mismas pueden atacar el problema de las drogas, todos los esfuerzos son importantes y estos programas han marcado una diferencia. Ante todo, probablemente usted se sentirá mejor sabiendo que está haciendo algo, cualquier cosa, para marcar una diferencia.

OTRAS UTILES SUGERENCIAS

1. Obtenga y dé información, utilizando frases como "Sentimos que ___. ¿Cuáles son tus ideas?"

2. Comparta sus valores.

3. Dé a sus hijos un espacio seguro para aprender de sus errores, alentándolos a hablar con usted cuando estén listos.

4. No evite ni disminuya las consecuencias de la conducta de sus hijos.

5. Sepa cuando pedir ayuda para todos.

Los Tipos de Uso

Existen diferentes tipos de uso de drogas. La gente sin información piensa en el abuso de las drogas como única alternativa a la abstinencia. Pero en realidad el uso de drogas va desde la abstinencia (cero consumo) por un extremo, hasta la dependencia química, por el otro extremo, pasando por el uso experimental, el uso social, el uso regular, y el uso problemático. Estar conscientes de que existen diferencias, puede ser útil para usted, y su respuesta al problema requiere que sea el adecuado al tipo de uso.

Existen muchos adolescentes que, por razones propias, han elegido la abstinencia y viven sus vidas sin drogas. Algunos de ellos son siempre los conductores asignados en las reuniones sociales, mientras los otros conviven con la gente que ha hecho la misma elección que ellos.

El uso experimental significa: "He oído hablar de eso. Quiero probarlo. Quiero saber que se siente. Muchos de nosotros vamos a reunirnos para averiguar que pasa si nos emborrachamos o qué pasa si tomamos píldoras." Un adolescente experimentando puede probar una droga una sola vez y no volver a hacerlo. Puede ser que esto no haga del consumo de drogas algo menos espeluznante para usted, pero le sugerimos que no exagere en sus reacciones. Aliente una conversación cordial y comparta su miedo de que su hijo o hija pueda caer en algo que pueda ser peligroso, y que desea que se detenga ahora. Algunos de ustedes pueden sentirse reconfortados al saber que a menudo los adolescentes que salen a fiestas han visto lo que ocurre cuando alguien tiene un "mal viaje"; estos chicos tienen sus propios límites y métodos para probar solamente aquello que sienten que es seguro probar.

El uso social involucra el uso de drogas para ocasiones sociales sin permitir que la droga tome el control. Un consumidor social puede detenerse después de una pequeña cantidad de droga, mientras que un adicto no puede consumir sólo un poco ni detenerse. Es probable que aún siga usted preocupado, porque cualquier uso que la gente practique, lo van incrementando, y la calle está llena de adictos que empezaron a consumir droga socialmente y terminaron con una adicción en toda la extensión de la palabra. Diga lo que piensa, cómo se siente y qué es lo que quiere, y asegúrese de ser muy claro con sus hijos.

El uso regular es el consumo que se ha vuelto un ritual y por lo tanto es potencialmente más peligroso porque puede convertirse en una adicción. Hemos trabajado con muchos adolescentes que se embriagan todos los días o beben regularmente y aún así son capaces de mantener sus relaciones, su trabajo escolar así como su respeto y dignidad. Sin embargo, muchos se han movido hacia el siguiente punto de uso: el uso problemático.

El uso problemático ocurre cuando el consumo de las drogas conduce a los adolescentes a tener problemas para manejar sus vidas. Tienen problemas en la escuela, con la familia y en el trabajo. Especialmente con los adolescentes, entre más consumen, menos desarrollan sus habilidades para enfrentar retos y volverse competentes. Consumen químicos para reprimir sus sentimientos en lugar de expresarlos. Incluso pueden causarse un daño físico serio por el consumo prolongado. Si usted piensa que el uso de su hijo es problemático, dígale que lo ama y que quiere ayudarlo o buscar ayuda para que salga del problema. No acepte promesas de cambio. Aunque su hijo puede ser sincero, no se da cuenta del contenido de químicos que hay en su organismo. Además, cuando usted habla con una persona adicta, no está hablando con una persona racional; no espere razonamientos, no los habrá. Sin embargo, si usted busca ayuda en la etapa del uso problemático, podrá evitar la siguiente etapa. La línea entre el uso problemático y la dependencia química es diferente en cada persona. Algunas personas nunca cruzan la línea y otros sí. Algunas personas se vuelven dependientes de los químicos sin pasar por todas las fases de uso. La dependencia química ocurre cuando la droga dirige la vida de su hijo o hija. El siguiente poema fue escrito por un adicto a la marihuana quien empezó consumiéndola regularmente a la edad de catorce años y no fue capaz de detenerse. Ahora tiene un poco más de treinta años de edad.

El Despertar

He envenenado mi cuerpo
por muchos años
es tiempo de ser realista
es tiempo de pensar con claridad.

*Mi vida va pasando
año tras año
deseo amarme a mí mismo
cuando miro en el espejo.
Por favor Dios, ayúdame
a ser fuerte y sincero
quiero encontrar el amor verdadero
pero no puedo estando en esta nube.
Lo diré de nuevo,
lo diré en voz alta,
"hagámoslo esta vez, amigo,
no me dejes caer de nuevo"*

Cuando usted y sus hijos comprendan el tipo de uso de drogas, ambos estarán en mejor posición para evaluar lo que sucede y qué hacer al respecto. Existen todavía muchos estereotipos sobre lo que hace a un verdadero adicto. Si usted o sus hijos buscan las conductas extremas como las de los adictos que han visto en las calles, pueden estar minimizando la seriedad de la relación de sus hijos con las drogas. El poema anterior describe muy acertadamente la desesperación e impotencia de la adicción. Si usted se encuentra al poeta en la calle, nunca sabrá que es adicto; si lee su poema, no podrá ayudarlo pero sí escuchar su grito de ayuda. Él quiere ser "cachado" y ayudado porque las drogas le han quitado el control. Si sus hijos están en esta situación, haga todo lo posible para someterlos a un tratamiento.

Ya sea que usted piense que el abuso de drogas es una enfermedad, o que es una

> Cuando usted y sus hijos comprendan el tipo de uso de drogas, ambos estarán en mejor posición para evaluar lo que sucede y qué hacer al respecto.

decisión, todo consumidor problemático y adicto sabe que las conductas se detienen cuando el consumidor decide detenerla y no antes. Su trabajo como padre es ayudar a sus hijos a tomar decisiones, si puede hacerlo. La dependencia química es como estar en un elevador que va bajando, la gente no necesita apretar el botón antes de bajarse puede bajarse en cualquier piso. Con muy pocas excepciones, sin embargo, una vez que la persona es químicamente dependiente, la única opción para romper el ciclo es la abstinencia junto con la intervención y ayuda de profesionales (tratamientos, terapias, grupos como Alcohólicos Anónimos).

Eligiendo a un Terapeuta

Si requiere de ayuda profesional, el criterio más importante a considerar al elegir un terapeuta es que debe encontrar alguno con el que su adolescente pueda relacionarse. Aun cuando es importante para usted sentirse cómodo, es necesario que siga buscando hasta que su hijo o hija se sienta a gusto. Aléjese del terapeuta que recomiende un método punitivo y restrictivo para educar a los adolescentes. También le recomendamos ser muy cuidadoso en cuanto a los terapeutas que recetan medicamentos. Generalmente, esto como poner una cinta para tapar la luz de alarma de falla mecánica en el tablero de su auto. ¿Realmente cree que es útil disimular el problema de drogas en lugar de encontrar un buen terapeuta que le ayude a ocuparse del problema?

Si es posible, pregunte a la gente que conoce si pueden recomendarla a algún terapeuta con el que se sientan satisfechos. Si ninguna de las personas que conoce ha estado con un terapeuta, pida en los grupos de Alcohólicos Anónimos o en los grupos de iglesias algunas referencias. Cuando encuentre un terapeuta, no dude en pedirle una entrevista para ponerse al corriente, de tal manera que pueda usted aprender sobre su filosofía básica y podrá decirle sobre sus perspectivas que tiene sobre su hijo o hija.

Recuerde, cuando los adolescentes son dependientes químicos, no querrán ver a ningún terapeuta porque querrán proteger su consumo de drogas. Busque un grupo de Alcohólicos Anónimos para usted y trabaje para intervenir en la ayuda de su hijo.

Las Intervenciones Pueden Ayudar en Cualquier Momento

Otra forma en la que puede usted ayudar a su hijo con el problema de las drogas es hacer una intervención. Las intervenciones son también de diferentes tipos que van desde lo informal hasta lo formal, ésta última se hace con la ayuda de un intervencionista entrenado. Una intervención es la forma en la que usted saldrá de la negación y comenzará a ocuparse de lo que realmente está sucediendo. Hacer una intervención significa dejar de rescatar, sobreproteger, controlar o tomar responsabilidad de la vida de su adolescente. Las intervenciones requieren que usted sea completamente honesto y deje de caer en los juegos.

Algunas intervenciones informales suceden cuando usted comienza a observar algunos de los mensajes que había estado dando su hijo inadvertidamente sobre las drogas. ¿Usa usted medicamentos de aparador o de prescripción médica para tratar todos sus sentimientos? ¿Se instala frente a al ordenador o frente al televisor, o se dedica a las compras, a leer, o a comer para evitar enfrentarse con sus sentimientos? Si su respuesta es afirmativa, no tema abrirse al diálogo con su hijo con respecto a esto.

Hay una maravillosa historia de intervención sobre Gandhi. Una madre se acercó a él y le dijo, "Por favor, dígale a mi hijo que deje de comer azúcar." Gandhi dijo: "¿Podría volver en tres días?" La madre regresó después de tres días con su hijo y Gandhi le dijo al chico: "Deja de comer azúcar" La madre preguntó, "¿Por qué tuvo que esperar tres días para decirle eso? Gandhi respondió: "Bueno, tuve que dejar de comer azúcar yo mismo, antes de poder decirle a él que hiciera lo mismo."

Más Intervenciones Informales

Addison le dijo a su hijo adolescente: "Me preocupa tu forma de beber. He notado que tomas mucho y muy rápido. Tu abuelo es alcohólico, y las investigaciones han mostrado que los niños que tienen uno o más familiares químicamente dependientes tienen mayor riesgo de ser también químicamente dependientes. Espero que pienses un poco sobre lo que te estoy diciendo. Te amo y no quisiera que pases por el dolor de la adicción."

Clara les dijo a sus hijos adolescentes: "Sé que habrá momentos en los que quizá decidan consumir drogas. No me parece bien que haya drogas en nuestro hogar o en ninguna fiesta que hagan aquí. Me doy cuenta que esto puede causarles algunos problemas a ustedes, pero me alegra poder ayudarles a organizar sus fiestas que puedan ser divertidas sin drogas. Si alguna vez deciden consumir drogas, quiero que sepan que aunque yo prefiero que no lo hagan, los amo y estaré aquí para escucharlos sin juzgarlos, si desean mi ayuda o quieren hablar conmigo al respecto."

Bob les dijo a sus hijos gemelos, que insistían en que la marihuana no era un problema y que sólo estaba nervioso y no entendía: "No estoy en esto. Tienen razón, no sé mucho al respecto, pero en realidad no me gustaría. Ni siquiera apruebo el consumo de la marihuana. Pero quisiera saber qué es para ustedes; quiero que me hablen más de ella; quiero que me ayuden a comprender lo que para ustedes significa."

Michael, padre de un chico de catorce años, fue muy claro con su hijo en cuanto a tener fiestas en su casa: "Sé que ustedes consumen alcohol y drogas en las fiestas, y sé que tú no tienes los mismos valores que yo tengo, pero no quiero que tengas ninguna fiesta aquí con gente que consume marihuana y alcohol. Si veo a alguien consumiendo cualquiera de ellas, les pediré que se vayan. Si eso te va a hacer sentir avergonzado, tendrás que arreglártelas para tener una fiesta sin drogas, o puedes despedir a tus amigos que estén consumiéndolas antes de que yo lo haga. Sé que sientes de diferente manera al respecto, y lo entiendo. Sé que piensas que soy anticuado, pero así es como planeo manejar la situación en esta casa. Me preocupa y me asustan los efectos a corto y largo plazo de las drogas sobre los adolescentes, y aunque sé que no puedo obligarte a que dejes de consumirlas, prefiero que no lo hagas en nuestro hogar."

A veces las intervenciones tienen que ser acompañadas de decisiones difíciles por parte de usted. Cuando Thomas tenía 21 años, consumía en exceso cocaína y marihuana. Acudió a un centro de rehabilitación y se comportó bien por algún tiempo. Después comenzó a consumir drogas otra vez. Su madre minimizó la situación por un tiempo antes de que finalmente tuviera el valor de decirle a Thomas que ya no podía vivir en casa mientras eligiera abusar de las drogas. Thomas se fue, jurando que nunca jamás perdonaría a su madre. Un mes más tarde, Thomas quiso ir a casa y dormir en el sofá "solo por unos cuantos días" hasta que pudiera encontrar un lugar para vivir. Aunque su madre sabía que Thomas la estaba engañando y manipulando, le fue muy difícil negarse a una solicitud tan razonable solo por unos cuantos días.

Los adictos mienten y manipulan, así que sería completamente predecible que Thomas dijera cosas como: "¿Puedo dormir en el sofá esta noche? Me mudaré a un departamento muy pronto, "o "Mañana buscaré un empleo," o "No puedo creer que me quieras sacar de tu vida para siempre," etc.

La madre, recordando que Thomas era mejor observando que haciendo, finalmente hizo una intervención cuando dijo: "Thomas, quiero dejar de controlar lo que haces, pero también planeo dejar de rescatarte cada vez que te metes en problemas. Tengo confianza en que tomarás decisiones por ti mismo, que aprenderás de tus errores, y que te las arreglarás para resolver los problemas que se te presenten o que tú mismo crees. Específicamente, esto significa que ya no te proporcionaré un lugar para quedarte. También significa que ya no te insistiré para que te sometas a un tratamiento de rehabilitación, pero sabré cuando te estés ayudando a ti mismo. Sabes que siempre estoy dispuesta a ayudarte cuando tú estés dispuesto a dejarte ayudar."

La madre, ciertamente encontró la manera de dar a entender el mensaje de amor sin acudir a rescatar a su hijo adicto. En muchas palabras, le estaba diciendo a Thomas, "Sé quien eres; siéntete de la forma que te sientes; haz lo que quieras hacer. Te amo porque eres tú. No siempre me gustan o estoy de acuerdo con las decisiones que tomas, y probablemente te dejaré saber mis pensamientos y sentimientos, pero no cambiará mi amor por ti."

Existen muchas posibilidades de ayuda en el mundo si está usted luchando con un adolescente que abusa de las drogas. Obtener ayuda significa que es usted lo suficientemente sabio para hacer uso de todo el apoyo disponible a través de amigos, terapeutas, grupos de apoyo como AA, libros de paternidad, libros de información sobre drogas, y programas de tratamiento que cuenten con especialistas de intervención.

A menudo les explicamos a nuestros clientes que buscan terapias que ahora están en la liga de campeonato, quienes son lo suficientemente sabios para saber que necesitan un entrenador. Los campeones olímpicos o los equipos de campeonato ni siquiera considerarían tratar de trabajar sin un entrenador. Los campeones son los que tienen que hacer el trabajo, pero el entrenador puede estar lo suficientemente alejado para ver con perspectiva y objetividad. El entrenador enseña las habilidades necesarias, pero el campeón es quien debe practicar y aplicar dichas habilidades. Simplemente busque un entrenador que pueda ayudarlo a luchar contra el abuso de las drogas usando métodos que no incluyan drogas, que comprenda el abuso y no trate de convencerlo de que su hijo o hija tiene una enfermedad mental.

Alcohólicos Anónimos tiene algunas de las mejores sugerencias para ayudarlo a mantener la fe cuando se enfrenta a un hijo o hija adictos. Quizá haya visto el letrero que algunos autos tienen que dice: "Déjelo en manos de Dios" o quizá haya escuchado la oración que dice: "Dios, concédeme la serenidad para aceptar las cosas que no puedo cambiar, el valor para cambiar las cosas que sí puedo cambiar y la sabiduría para ver la diferencia." Utilice estas y otras citas que le ayuden a recordar que la mayoría de los adolescentes maduran. Los años de adolescencia no son para siempre. Alguna vez usted fue uno de ellos, y maduró, ellos también lo harán.

Actividad Sexual en los Adolescentes, Embarazos y Sida

COMO PADRES, es probable que quieran pensar que sus hijos son asexuales, esperando a que tengan la edad suficiente para darles la "gran plática". Adivine otra vez. Sus hijos pueden tener valores sobre la actividad sexual muy diferentes a los suyos. Muchos jóvenes no solo son sexualmente activos a edades muy tempranas, sino que también experimentan múltiples patrones. Es importante discutir su preocupación respecto al SIDA y la propagación de enfermedades de transmisión sexual, al igual que compartir sus valores y ser abierto para escuchar los valores de sus hijos. Debido a que muchos jóvenes sienten vergüenza de hablar abiertamente sobre el sexo con sus padres, podría usted encontrar otro sitio donde sus hijos se sientan seguros de discutir las preocupaciones y temas.

Nunca etiquete a su hijo o hija o le falte al respeto diciéndole adjetivos como "prostituta," "mujerzuela" o "pervertido." No es inusual que algunos jóvenes experimenten relaciones bisexuales y se cuestionen sus preferencias sexuales. Estos temas pueden ser sumamente incómodos tanto para usted como para sus hijos, así que busque un sitio seguro donde discutir sus diferencias.

La mayor causante de los embarazos en adolescentes es la falta de educación sexual y el fracaso, por parte de los adultos significativos en la vida de los adolescentes, de admitir y hacer frente a la actividad sexual de los jóvenes. En realidad no puede usted evitar la educación sexual, porque incluso negarse a hablar sobre sexo, es una forma de educación que puede provocar conclusiones perjudiciales como "el sexo es secreto, malo, y no se puede discutir con los padres." En la mayoría de los casos, estas conclusiones no previenen la experimentación sexual, simplemente invitan a la culpa, la vergüenza y el silencio después de haber tenido lugar. Sugerimos que ambos padres hablen sobre sexo con sus hijos, discutiendo la diferencia entre el sexo y el amor. Haga que el objetivo de la conversación sobre educación sexual, sea el debate, no los acuerdos.

Incluso cuando usted está abierto y dispuesto a discutir sobre el sexo con sus hijos, es posible que ellos se sientan demasiado avergonzados para hablar con usted. Los jóvenes tienen una necesidad de privacidad y esta es un área donde dicha necesidad se siente con mucha fuerza. Para salvarles la vida y prevenirlos de tener hijos demasiado jóvenes, es necesario que tenga información a la mano sobre control natal y sexo seguro. La prevención del SIDA es más exitosa usando condones, pero es probable que la mayoría de los adolescentes no tengan la audacia, el dinero o el deseo de ir a una tienda a comprarlos. Los adolescentes están seguros de ser invencibles e incluso pueden pensar que son inmunes al SIDA. Por esta razón, algunos padres han decidido guardar una

> Como padres, es probable que quieran pensar que sus hijos son asexuales, esperando a que tengan la edad suficiente para darles la "gran plática".

dotación de condones junto al jabón, la pasta de dientes y al papel higiénico de reserva, en el closet de blancos, aún cuando ellos mismos se sientan incómodos de hablar con sus hijos sobre sexo o cuando los hijos se sienten incómodos de hablar con ellos. No obstante, estos padres notan que tienen que reabastecer la dotación de vez en cuando, y es lo menos que pueden hacer si sus hijos o algunos de sus amigos han decidido ser sexualmente activos.

Los padres que compran condones para sus hijos adolescentes pueden o no aprobar que tengan relaciones sexuales, pero no quieren verlos morir de SIDA o que traigan criaturas al mundo antes de estar listos para ser padres y amarlos. Una de cada cuatro chicas adolescentes estarán embarazadas antes de los veinte años de edad. Por lo tanto, dentro de los límites de sus creencias religiosas, morales y éticas, es importante que desarrolle una estrategia para enfrentar la sexualidad de sus adolescentes.

Abuso Sexual e Incesto

El abuso sexual es uno de los procesos disfuncionales más dolorosos de enfrentar para cualquier persona. El siguiente poema lo dice todo:

Dolor

El dolor es algo muy triste de ver
Lastima demasiado dentro de ti
Pero a nadie le importa verlo
Ese dolor que está dentro de ti
Lastima como ningún otro
Lastima tanto
Que deseas poder morir
Sabes que el dolor no terminará
No terminará jamás

¿Qué Hace Cuando la Conducta de su Adolescente le Asusta?

Llorando hasta quedarte dormida
No importa qué tanto te esfuerces
Para que ese dolor cese
Pero el dolor sigue creciendo
Creciendo por siempre profundo
Este tipo de dolor deja cicatrices muy profundas
Sientes que no puedes continuar
Sabes que debes y por eso lo intentas
Cada día que vives así
Te hiere aún más
Tu dolor es tan real y profundo
Que sientes que nadie comprende.
Lo ves mi amiga
Yo te entiendo porque yo también
Estoy herida como tú
Algún día, pronto tú también
Ya no te sentirás triste
Todo se mejorará
Quizá no tan pronto
Pero no olvides
Que la felicidad te está esperando
A llegar y la tomes de la mano.

Emily, una sobreviviente de incesto de trece años de edad, escribió el poema titulado "Dolor". La experiencia de Emily no fue descubierta hasta que su madre acudió con un terapeuta para tratar otros asuntos. Su madre sentía demasiada presión en la familia, pero no podía determinar la razón. Simplemente sabía que no se sentía bien en su casa, así que decidió buscar ayuda. Como resultado de esto, se volvió más abierta y emocionalmente honesta. Sus habilidades de comunicación comenzaron a acercarla a su hija de trece años. Un día, su hija le dijo que uno de sus familiares la estaba acosando. Finalmente resultó que había habido abuso sexual en casa de ese familiar por años, y nadie se había dado cuenta. Esto no es inusual en un proceso disfuncional, y debido a que la negación juega un papel importante en la disfunción, mucha gente no admite el problema hasta que éste surge inadvertidamente.

La educación de Emily había sido muy estricta, y sus padres la habían sobreprotegido. La familia de Emily le enseñó a hacer y a escuchar lo que los mayores decían. Debido a que sus hermanos habían sido rebeldes, Emily tomó el rol de "la hija buena" en la familia. Se enfocó en hacer lo que los otros querían. En cierta forma, esta situación era una extensión de su pensamiento no lograba ver otra alternativa de hacer lo que los mayores querían que hiciera. Cuando los autores le pidieron que cooperara, temía no ser amada si se negaba a hacerlo. Afortunadamente para Emily, cuando habló sobre el abuso, su madre nunca cuestionó la verdad de sus afirmaciones.

No podemos dejar de enfatizar lo importante que es que tome en serio a sus hijos cuando le dicen algo de esta naturaleza. Ya han sufrido tanta vergüenza, culpa y degradación; se han sentido desolados y piensan en sí mismos como "malos", que lo último que necesitan es que usted los cuestione o los culpe.

Una vez más, esta es un área donde la ayuda profesional es esencial a través de terapias o grupos de apoyo. Muchas comunidades tienen programas de Padres Unidos y otros servicios similares para ayudar a enfrentar el abuso sexual y el incesto.

Más a menudo, el autor del incesto o del abuso sexual negará lo que ocurrió y acusará a la víctima de estar mintiendo. Su negación es similar a la del adicto que protege su consumo de drogas. En este caso, los agresores pueden también guardar la apariencia. Sin embargo, ellos también necesitan ayuda. La recuperación de los agresores comienza cuando se dan cuenta que todavía son seres humanos valiosos con ciertas conductas que deben detener inmediatamente. Necesitan escuchar que la ayuda está disponible para que puedan manejar los sentimientos, pensamientos y conductas que los llevan en primer lugar a esta situación.

El proceso de recuperación para alguien que ha sido sexualmente agredido, es largo, pero es mucho más fácil si ayuda a su hijo o hija antes de que reprima la información. De otra manera, puede tomar años y años de dolor hasta que la información surja a la superficie para que pueda ser tratada. La represión nunca logra que el dolor se vaya; hablar del problema y enfrentar los sentimientos es la única forma de hacerle frente.

Al igual que en la dependencia química, el proceso de recuperación involucra a la familia entera, ya que todos tienen una reacción y son afectados por el problema. Aquellos miembros de la familia que no estén dispuestos a participar en la terapia y en los grupos de apoyo continúan sufriendo hasta que obtienen ayuda.

Suicidio en los Adolescentes

EL SUICIDIO es una opción. Cuando sus adolescentes pierden la confianza en sí mismos, el suicidio se vuelve una de sus opciones. La pérdida de la confianza en sí mismo junto con la creencia de que el control está fuera de sus manos puede llevarlos al suicidio. Muchos suicidios de adolescentes también están relacionados con las drogas. Si sus hijos no han aprendido a hacerle frente a las dificultades de la vida por sí mismos, o a resolver sus problemas y permanecer de pié, entonces el suicidio puede parecerles la única opción que les queda. Muchos chicos no han aprendido que los errores son oportunidades para volver a intentarlo, y no el fin del mundo. Desafortunadamente, debido a que los adolescentes pueden ser demasiado intensos y dramáticos, pueden elegir la solución final a un problema temporal sin mucha premeditación.

> Muchos chicos no han aprendido que los errores son oportunidades para volver a intentarlo, y no el fin del mundo.

Perder un hijo ha sido una de las experiencias más difíciles que los padres puedan enfrentar, y perder un hijo por suicidio puede ser doblemente difícil. Desearíamos poder darles una fórmula para asegurarnos que nadie nunca tenga que pasar por este tipo de dolor, pero por desgracia eso es imposible. Todo lo que podemos decir realmente es que es de vital importancia prestar mucha atención a los signos de alarma y buscar ayuda inmediatamente.

Tome en serio a sus hijos si muestran signos de suicidio. Aliéntelos a hablar o ayúdelos a encontrar a alguien con quien puedan hablar. Muestre interés y escúchelos de verdad, aunque en el pasado haya amenazado con suicidarse sin haberlo cumplido. Ellos necesitan un rayo de esperanza que les haga saber que, por muy malo que parezca ahora, siempre hay un mañana cuando "eso también pasará". Una madre que sospechaba que su hija podía estar pensando en el suicidio le dijo: "Cariño, recuerdo un par de veces que tuve ganas de suicidarme. Me sentía tan mal; no podía imaginar que las cosas se mejoraran, pero se mejoraron. Odio pensar lo mucho que me hubiera perdido de haberme matado. Lo más importante, me hubiera perdido de ti."

Cuando hable con sus hijos sobre el suicidio, es importante usar palabras como suicidio y muerte. No se acobarde con estos términos por miedo a introducir la idea que cree que sus hijos todavía no tienen. Pregunte si tienen un plan o si ya lo han intentado. Averiguar su plan le demostrará lo lejos que han llegado en sus pensamientos, un adolescente con un plan es como un cañón suelto.

Puede preguntarle a su hijo que diferencia habría en su vida si se suicida. Al hacerlo, probablemente descubrirá lo que lo tiene en conflicto. La siguiente conversación muestra la manera equivocada de reaccionar. La incluimos aquí porque, desafortunadamente, es la respuesta más común de los padres, en lugar de hacer lo que se necesita hacer. Muestra la falta de compasión, una actitud prejuiciosa y la falta de interés para escuchar.

Cliff: A nadie le importa si vivo o muero.

Papá: Siempre sientes tanta lástima por ti mismo.

Cliff: Bueno, tú y mamá se separaron y esperas que viva con esa desagradable persona que se dice ser mi madrastra.

Papá: ¡Cómo te atreves a hablarme así! Tu madrastra hace lo mejor que puede.

Cliff: ¿Ah, de verdad? ¿Entonces por qué me golpea y me denigra frente a mis amigos?

Papá: Cliff, conozco a tu madrastra, y sé que eso no es verdad ¿Por qué dices esas mentiras?

Cliff: Nadie me cree. ¡Los odio a todos y quisiera estar muerto! ¡Tanto que les importa!

Papá: Cliff, vuelves a exagerar. Sabes que no quieres lo que estás diciendo. Mejor cálmate y piensa en algo para llevarte mejor con tu madrastra.

En esta familia, Cliff no se suicidó, pero huyó de su casa a la edad de catorce años y nadie sabe dónde o cómo está.

Si el padre de Cliff lo hubiese tomado en serio, habría utilizado las habilidades para escucharlo descritas en el capítulo 7. También habría reconfortado a Cliff diciéndole que estaba preocupado y que quería ir con él a consultar a un consejero para que ambos pudieran obtener ayuda con este problema. Cuando usted opera de esta manera con sus hijos – cuando acepta sus errores – necesita enterrar el hacha, admitir sus errores y volverlo a intentar.

No dude en buscar ayuda profesional si hay alguna indicación de suicidio. Stella se sentía incapaz de manejar la desmotivación de su hija Traci, quien parecía cada vez más deprimida. Stella le preguntó a Traci si estaba dispuesta a consultar un terapeuta. Traci estuvo de acuerdo pero quería que su madre fuera con ella. La terapeuta le pidió a Traci que llenara una grafica, la cual contaba con cuatro espacios que representaban aspectos de la vida: familia, amigos, escuela y amor. Le pidió que valorara cada sección con una escala del uno al diez, en donde diez representa lo mejor. Traci marcó con un 2 la sección de la familia (Sus padres hablaban de divorcio, pero ella los quería mucho a ambos), un 0 en la sección de amigos (acababa de tener un gran pleito con su mejor amiga y pensaba que no había esperanza de resolverlo), un 1 en la sección de la escuela (estaba reprobando – probablemente por todos los demás problemas), y un 10 en la sección del amor (sentía que lo único bueno en la vida era su comprensivo novio).

La consejera dijo: "No hay duda que te sientes muy desalentada. Tres de las cuatro áreas de tu vida parecen ensombrecidas. Sin embargo, ¿sabes que el suicidio es una solución permanente a un problema temporal?"

Traci pensó un momento y después preguntó: "¿Realmente cree que estos problemas son temporales?"

La consejera preguntó: "¿Qué piensas tú?"

Traci dijo: "Supongo que lo son, pero no veo ninguna solución por ahora."

La consejera preguntó: "¿Quieres que te ayude a encontrar soluciones?"

Traci aceptó y la consejera sugirió que atacarían un problema a la vez. Traci eligió la sección de los amigos, entonces hicieron una dramatización donde la consejera representó el papel de la amiga encontrando la forma de resolver el problema. Traci se sintió muy motivada y esperanzada y dijo: "Ahora sé que las cosas van a mejorar. En realidad no me hubiera gustado intentar darle una solución permanente a un problema temporal." Esta frase tuvo obviamente un profundo impacto sobre ella. Es una buena frase para compartirla con sus hijos de vez en cuando aunque no se sientan desmotivados y así la tendrán para una futura referencia.

Trastornos Alimenticios

CUANDO ALGUNAS CONDUCTAS que asustan, como el sexo, el suicidio, o el abuso sexual están involucradas, es muy fácil tener la tendencia de ignorar el tema y esperar que se resuelva por sí solo. Cuando la dieta está involucrada, como la mayoría de los padres, probablemente usted tome la posición contraria y se involucre excesivamente en un área que a menudo no es de su incumbencia.

La preocupación paternal por la salud de los hijos puede salirse de las proporciones razonables en cuanto al tema de la comida, especialmente porque muchos de ustedes tienen sus propios conceptos de peso, apariencia y dieta. Tratan de ser buenos padres asegurándose de que sus hijos coman adecuadamente. Con mucha frecuencia, en lugar de proporcionar alternativas saludables y confiar en que sus hijos coman cuando tengan apetito y dejen de comer cuando estén satisfechos, ustedes interfieren en este proceso natural y, sin saberlo, plantan la semilla de los trastornos alimenticios.

La mayoría de los trastornos alimenticios comienzan en la infancia. Por muchas diferentes razones, algunos niños dejan de regular su alimentación internamente, dejan de escuchar los mensajes de sus cuerpos y dejan de confiar en sí mismos para comer lo que es adecuado para ellos. Debido a que todo puede llegar a ser intenso cuando estos niños se convierten en adolescentes, los problemas alimenticios en los años de adolescencia pueden tomar proporciones serias e incluso poner en peligro la vida.

Los adolescentes con trastornos alimenticios se hacen dependientes de procesos externos para controlar su peso. En los casos más extremos, dejan de escuchar por completo los mensajes de su cuerpo al punto de acercarse a la muerte.

Al igual que con la dependencia química, los jóvenes que experimentan trastornos alimenticios, llegan al punto donde no pueden dejar de hacerse daño sin ayuda. Sus patrones de alimentación ya no son voluntarios sino compulsivos.

Algunos de los trastornos alimenticios más comunes que vemos en los adolescentes son la obesidad extrema; la anorexia o casi inanición por una cantidad restringida de alimentos; y la bulimia, una condición en a que la gente come cantidades exageradas de comida y después se provocan el vómito o utilizan laxantes como un método para permanecer delgadas. Los últimos dos patrones son los más comunes, pero no exclusivos en las mujeres.

Trastornos Alimenticios y Métodos de Control

La mayoría de los trastornos alimenticios tienen que ver con los métodos de control que tiene el adolescente. En algún momento, los jóvenes con trastornos alimenticios pierden su propio sentido de poder sobre sus cuerpos y comen fuera de control (obesidad), o llegan a la inanición (anorexia), o vomitan (bulimia) para compensar su falta de poder. En otros casos, deciden que son malos o indignos y se castigan a través de la comida o con la falta de la misma.

Decir que un adolescente con trastornos alimenticios está desmotivado es subestimar el asunto. Sin embargo, la razón por la que eligen manifestar su desmotivación a través de la comida, es generalmente un efecto de la atmósfera creada por la sociedad, o por los padres o por el sistema de alimentación familiar.

Este es uno de los casos en donde cambiar un poco su comportamiento puede hacer grandes diferencias en su adolescente, quien podrá entonces cambiar su conducta en gran medida. Una de las mejores maneras de prevenir o detener patrones potencialmente dañinos que se salgan de control, es dejar de interferir en la ingesta de alimentos de sus hijos. Esto incluye dejar de ponerles dietas, regañarlos, criticarlos, llevarlos a clínicas y visitar médicos sin preguntarles, controlar los alimentos o la cantidad que se les permite comer, o retirarles la concesión de dinero para que no puedan comprar comida. También puede observar sus propias actitudes con respecto al peso y el ejemplo que está dándoles con sus patrones alimenticios. Sin embargo, si su hijo tiene sobrepeso, puede usted dejar de llevar comida chatarra a su casa y proporcionarle alimentos saludables.

Aunque algunos de estos desórdenes alimenticios pueden ser aterradores, la mayoría pueden prevenirse con el simple hecho de dejarles la responsabilidad de lo que comen. Una madre aprendió que cada vez que su hija decía que se pondría a dieta, era mejor decir: "Está bien," y ver lo que ocurría en lugar de sermonearla, asustarla o incluso ayudarla. Generalmente, su hija ya delgada hacía dieta por unos cuantos días y regresaba a sus patrones alimenticios normalmente balanceados y saludables (los cuales incluían una cierta cantidad de comida chatarra). Y si su hijo o hija decide volverse vegetariana, pregúntele cómo puede apoyarla. Por otro lado, si usted es vegetariano y su hijo insiste en comer carne, siga el mismo consejo.

Exprese sus preocupaciones, si debiera hacerlo, sin prejuicios con frases como: "Estoy preocupada por tus dietas excesivas porque ya estás delgada." Después pídale a su hija que describa la forma en la que está comiendo. Hágale saber que los secretos enferman a la gente, así que si usted sospecha que está provocándose el vómito o dejando de comer, dígalo primero. Hágale saber que usted la ha visto vomitando, si es que así ocurrió, y que ha programado una consulta médica ya que esta es una situación seria.

Nosotros creemos que la mejor manera de ayudar a sus hijos a estar en forma, es el ejercicio regular. Proporcióneles oportunidades para que se ejerciten, y ¿por qué no? Acompáñelos si le es posible. Mantener el peso normal es una función tanto de regulación interna como del ejercicio. Inscribirse a un club deportivo y social, ir a esquiar, y comprar un equipo para ejercitarse son simplemente algunas de las sugerencias dentro de muchas otras posibilidades. Tener esto disponible y dejando de controlarlos puede ser mucho mejor para los adolescentes.

Nunca insista en que su hijo se coma todo lo que tiene en el plato o que coma cuando usted tiene apetito. Su trabajo es alentarlo a escuchar los mensajes de su cuerpo y tomarlos en serio. Sabemos que usted nunca ofendería a su hija llamándolo "mantecosa," "flaca," o "gorda", así que no tenemos que mencionarlo, pero es probable que haga comentarios más sutiles con relación a lo linda que se vería si perdiera algunos kilos, o si se vistiera diferente. La mayoría de los adolescentes ya son tan cohibidos sobre su apariencia, que comentarios de este tipo solo empeoran las cosas. Cuando escuchamos las historias sobre gente que tiene anorexia o bulimia, a menudo oímos que empezaron cuando alguien les llamó gordos.

Debido a que cualquier conducta de desmotivación tiende a ser una forma equivocada de enfrentar los pensamientos y sentimientos, también es importante escuchar a sus hijos sin minimizar ni ignorar sus sentimientos. A través de las habilidades de comunicación enseñadas en el capítulo 7, puede usted ayudar a sus hijos a aprender cómo expresar sus sentimientos con palabras, en lugar de hacerlo a través de conductas negativas. Si usted se descubre enfocándose en los logros que hagan en lugar de enfocarse en motivar la capacidad, necesitará entonces dar marcha a tras porque la presión que ejerce sobre sus hijos les deja el mensaje de que los ama solo si son "perfectos."

Muchos jóvenes que han sido abusados física, sexual o verbalmente, o que han crecido en familias donde uno de los padres es químicamente dependiente, han tomado la decisión equivocada de que algo está mal en ellos, que son diferentes, y que no valen. No solo pueden encontrar bienestar en la comida, sino que también pueden tener sobrepeso ya que es una manera inconsciente de probar su falta de autoestima.

Si los trastornos alimenticios de su hijo o hija han llegado al extremo, busque ayuda profesional, la cual incluye una visita al doctor para que revise su condición física, una serie de citas con un terapeuta, y la ayuda de un nutriólogo, si es necesario. En los casos extremos, su hijo o hija puede requerir ser médicamente estabilizada antes de poder aprender a cambiar los síntomas y ocuparse de los asuntos de fondo en terapia psicológica. Una vez más, entre más se involucre la familia en el proceso de terapia, más rápida será la recuperación del adolescente.

Adultos Jóvenes que no Quieren o no Pueden Independizarse

ACTUALMENTE TENEMOS un nuevo fenómeno los hijos que no se irán de casa. Estas son personas que se encuentran en los veinte años y que no se han convertido en adultos responsables con buen juicio.

En vista de los problemas que hemos estado explorando, puede ser sorprendente pensar que los chicos que no quieren dejar su casa, presentan una conducta disfuncional, pero nosotros creemos que los hijos que no tienen el valor o el empuje para iniciar su propia vida lejos de sus familias, tienen un serio problema. También estamos preocupados sobre los cambios en nuestra cultura que deja a muchos padres pensando que es su trabajo proporcionarles espacio y hospedaje, auto, dinero y servicios de limpieza a sus hijos que son adultos jóvenes. Hubo un tiempo en el que las madres temían el momento del nido vacío. Ahora, muchos padres anhelan tenerlo, preguntándose si sus hijos ya mayores algún día dejarán su casa y vivirán su vida.

¿Por qué hay miles de hijos adultos viviendo todavía con sus padres? Muchos desean vivir en casa de sus padres porque no pueden vivir en ningún otro lado llevando el estilo de vida que sus padres los acostumbraron a tener con muy poco esfuerzo de su parte. Otros permanecen en casa porque sus padres, sobreprotectores, los han convencido por completo que nunca tendrán éxito viviendo solos y no tiene sentido ni siquiera intentarlo, han perdido la confianza en sí mismos. Otros permanecen en el hogar porque tienen un padre o madre alcohólico o severamente desmotivado y están convencidos de que morirá sin ellos.

Si sus hijos adultos viven todavía con usted, lo más amable que puede usted hacer es pedirles que se vayan. Puede darles una fecha límite y ofrecerles ayuda para que encuentren un empleo, hagan un presupuesto y encuentren un lugar dónde vivir. Si hubiese ayudado financieramente a un hijo que estudia en la universidad, entonces puede considerar ayudar a su hijo o hija adultos con una pequeña suma mensual hasta que pueda despegar por completo. La mejor regla general es ayudar a quien se ayuda a sí mismo.

Resumen

SABEMOS QUE LO HEMOS dicho un millón de veces, y es probable que adivine lo que vamos a decir. Qué bueno, ya captó la idea. Pero solo en el caso de que no pueda adivinar, se lo diremos otra vez: Conozca a sus hijos, ámelos incondicionalmente, dedíqueles tiempo de calidad, proporcióneles oportunidades para que aprendan habilidades, tenga confianza en ellos. Estos son los ingredientes que les darán la mejor prevención para la mayoría de los problemas. Y lo más importante, disfrútelos cada vez que pueda.

HERRAMIENTAS QUE DEBE RECORDAR PARA UNA EDUCACIÓN AFECTUOSA Y FIRME

1. Cuando sus hijos hagan algo que le asuste, dígales que está asustado. Pídales que dejen de comportarse de esa manera, haciéndoles saber que lo que están haciendo puede no ser un problema para ellos, pero que el pensamiento de perderlos es un problema para usted. Si ellos comprenden sus razones, es probable que accedan, especialmente si respetan su opinión.

2. No espere que sus hijos enfrenten pandillas, bravucones y violencia solos. Encuentre la manera de ayudarles con cualquier dificultad que tengan de este tipo.

3. Recuerde los tipos de uso de drogas que existen si empieza a caer en pánico. Revise las diferentes conductas paternales en cada nivel de consumo.

4. No importa qué tan preocupado esté sobre la manera más correcta de decir las cosas, deje ir su miedo de cometer errores y haga un esfuerzo para hablar con sus adolescentes, decir lo que piensa y lo que siente. Es peor no hablar.

5. Si una intervención es lo adecuado, hágalo. Tendrá muchas oportunidades de volverlo a intentar incluso si el primero, el segundo o el tercer intento no funcionaron.

6. La mayoría de los adolescentes de ahora son sexualmente activos, lo apruebe usted o no, por lo tanto empiece a hablar con sus hijos y abra los caminos del

diálogo en lugar de tratar de obtener promesas que probablemente no serán cumplidas.

7. Si usted cree que el abuso físico o sexual ocurre en su casa, busque ayuda inmediatamente. Usted no será juzgado, y el resto de su familia podrá librarse del dolor.

8. Tome toda amenaza de suicidio con la suficiente seriedad para hablar con su hijo o hija ya sea solo o con la ayuda de un consejero. Incluso si su hijo utiliza la expresión: "Podría suicidarme", como una forma de remarcar un punto y no como una amenaza, es necesario que le explique por qué ese comentario en particular no es conveniente, y sugiera otras formas de expresar sentimientos.

9. Deje de controlar lo que sus hijos comen o su apariencia, y observe cómo desaparecen muchos desórdenes alimenticios como por arte de magia.

ACTIVIDAD DE APLICACIÓN PRÁCTICA

Secretos de Adolescentes
Es muy fácil hacer una "catástrofe" de los resultados de la conducta normal de un adolescente y creer que la manera en que se comportan ahora, será la manera en que se comportarán para siempre. Recordar sus años de adolescencia puede ayudarle a aliviar sus angustias y recuperar la confianza en sus hijos.

1. Haga una lista de cuando menos tres cosas que hizo usted de adolescente y que no quiso que sus padres lo supieran.

2. ¿Hay en su lista algún asunto que todavía no le ha contado a nadie?

3. ¿Qué relación encuentra, si es que la hay, entre sus propios secretos de adolescencia y sus miedos o prejuicios sobre su hijo?

4. A sus hijos les encanta que usted les comparta secretos, porque entonces no se sienten como los únicos "malos" de la familia. Lo hace parecer más humano también, lo cual es un gran valor hoy en día.

MI PLAN DE LA SEMANA

Esta semana me enfocaré en....

_____

_____

Trabajaré en cambiar mi actitud pensando....

_____

_____

_____

Cambiaré mi comportamiento haciendo....

_____

_____

_____

15

Conclusión
¿Puedo Cambiar?
¿Vale La Pena?

CAMBIAR NO ES FÁCIL, pero por supuesto que puede usted hacerlo si sabe que vale la pena. ¿Vale la pena para usted, tener una buena relación con sus hijos ahora y una maravillosa relación cuando los años de la adolescencia pasen? ¿Vale la pena para usted, proporcionarles oportunidades para que desarrollen conceptos y habilidades que les ayudarán a convertirse en felices miembros contribuyentes de la sociedad? ¿Vale la pena para usted, disfrutar de su paternidad y vivirla como una experiencia gratificante en vez de frustrante y desalentadora?

El Padre Indiferente

SABEMOS QUE USTED no es un padre indiferente, pero ¿sabía que algunos padres lo son? Tratarán de poner en práctica algunos de los métodos que hemos sugerido, y probablemente experimentarán cierto éxito. Sin embargo, a la primera dificultad, olvidarán sus metas a largo plazo, se rendirán, y regresarán a sus viejos e irrespetuosos métodos.

A estos padres indiferentes no les importa si alguna vez se enfrentarán a sus asuntos sin resolver. Vivirán en la negación y se instalarán frente al televisor, o se volverán adictos al trabajo o a las actividades.

Estos padres indiferentes se revolcarán en sus culpas la primera vez que sus hijos cometan un error, en lugar de emocionarse sobre la posibilidad de que aprendan de su error y de darles el ejemplo y enseñarles que los errores son maravillosas oportunidades para aprender.

Los padres apáticos prefieren las soluciones rápidas que obtienen cuando usan la permisividad o el control. No se molestan en pensar en los efectos a largo plazo – ni en lo que sus hijos están sintiendo, pensando, aprendiendo y decidiendo en relación con lo que harán en el futuro.

Ya que usted no es uno de esos padres indiferentes, tendrá que ocuparse de sus asuntos aún sin resolver (lo cual puede llevarle toda una vida de emocionantes descubrimientos); aprenderá de sus errores; mantendrá en mente sus metas a largo plazo (para usted y para sus hijos); y disfrutará realmente a sus adolescentes la mayor parte del tiempo. Además de mantenerse actualizado.

La Sociedad Cambia Y Crece

NO FUE HACE MUCHO TIEMPO que la palabra *adolescente* no se encontraba en el diccionario. En aquellos días los adolescentes eran aprendices que aprendían una habilidad, se casaban y, como adultos, a menudo no vivían más de treinta y seis años.

Aunque los patrones políticos, económicos y de salud han cambiado dramáticamente en nuestra sociedad, parece ser más difícil ponerse al día con los cambios emocionales y sociales. En uno de nuestros talleres, invitamos participantes para analizar las diferentes características de los adolescentes en las décadas de 1920, 1960 y 1980. Los participantes se asombraron de las enormes diferencias, y aún más asombrados de ver lo poco que la educación ha cambiado. Las habilidades educativas obviamente no están actualizadas. El único cambio importante que los participantes en el taller pudieron ver fue la importancia que actualmente se le da de ayudar a los hijos a desarrollar una autoestima sana. Sin embargo, concluyeron que esto es un entendimiento principalmente intelectual, porque los padres todavía utilizan los antiguos métodos de control y la sobreprotección que les dificulta a los niños sentirse bien de sí mismos.

> Su reto como padre es superarse y cambiar tan rápido como los tiempos y tan rápido como lo hacen sus hijos.

Su reto como padre es superarse y cambiar tan rápido como los tiempos y tan rápido como lo hacen sus hijos. El primer paso es dejar de tratar a sus hijos como bebés, especialmente a los adolescentes. Es necesario que los trate como gente que merece respeto y que es capaz de aprender, contribuir y superarse.

¡Ya he Cometido Muchos Errores! ¿No es Demasiado Tarde?

MUCHOS PADRES SE PREGUNTAN si no es demasiado tarde para reparar una relación severamente dañada que tienen con sus hijos adolescentes. Nunca es demasiado tarde. Las relaciones pueden ser reparadas y rescatadas. Beth nos comentó sobre la reparación de su relación, extremadamente disfuncional, con su hijo después de aprender algunos de los principios que enseñamos en este libro:

Mi hijo mayor se fue de la casa a la edad de catorce años para recorrer el país pidiendo aventón. Ahora que miro hacia atrás, me doy cuenta de lo sabio y hábil que era para dejar una situación donde yo vacilaba entre el control y la permisividad excesivas, terminando por recriminarlo por no cooperar.

Acabo de aprender sobre los principios para darle poder a los adolescentes y fui capaz de darle poder a él en un momento en que era muy aterrador para mí hacerlo. Se estaba involucrando en drogas y yo me preguntaba sobre su repentino interés por desyerbar el jardín y descubrí que sembraba marihuana en nuestro patio trasero. Cuando le dije que eso no era aceptable, me amenazó con volverse a ir de casa. Ya había huido una vez cuando teníamos peleas. Me di cuenta que debía hacer algo para detener sus patrones destructivos de discusiones y manipulación que ambos estábamos siguiendo.

Un día me senté con él y decidí ser completamente honesta. Empecé diciéndole que lo amaba incondicionalmente y después le dije que no estaba de acuerdo en que consumiera drogas, pero que lo reconocía. "¿Quién soy yo para hablar? Yo hago cosas que no me hacen feliz. Soy complaciente y una adicta al trabajo. Todas las cosas que hago son aceptadas por la sociedad, pero no son saludables. No creo que las drogas sean la respuesta, y no comprendo su consumo, pero no las conozco. No estoy dispuesta a permitirte que siembres marihuana en mi patio trasero porque es ilegal, y no estoy dispuesta a arriesgarme por las consecuencias de infringir la ley. Si tú eliges hacerlo, entonces no podrás vivir aquí. Si decides irte, espero que recuerdes que te amo incondicionalmente. Espero que te mantengas en contacto e incluso te sientas libre de contarme tus experiencias con las drogas. Espero que algún día dejes de consumirlas porque sé que no son la respuesta, ni tampoco lo que yo hago."

Él decidió irse diciendo: "Supongo que prefieres que siembre marihuana en un lugar abierto donde me puedan sorprender, que en la seguridad de mi patio trasero."

Yo no permití que esa acusación me atrapara y le dije: "desearía que no te fueras, pero sé que harás lo que quieres y que ya no te puedo detener."

Cuando por primera vez se fue de casa, la policía lo detuvo muchas veces y lo molestaba. Me pidió que le diera una nota diciendo que tenía permiso para pedir aventones. Sé que mucha gente pensaba que estaba loca, pero yo sabía que de todas formas lo iba a hacer, sabía que no podía controlarlo. Decidí seguir mis instintos de dejarlo libre y apoyarlo en lo que de todas formas haría.

Por supuesto, recibí muchas llamadas de alguaciles de diferentes estados que pensaban que era una madre extremadamente negligente. Estaba segura que mucha gente coincidiría con este concepto y a veces temía que tuvieran razón. Permanecer al margen y no dar otra cosa que amor incondicional parecía aterrador, pero los resultados a largo plazo hablan por sí solos.

A la edad de catorce años, mi hijo encontró varios empleos y pudo sobrevivir. Encontró amigos y puso departamentos. Se hizo ayudante de carpintero y con el tiempo se convirtió en un carpintero calificado, y construyó su propia casa. Le tomó ocho años decidir que las drogas no cabían en su vida. Puede ser que me engañe a mí misma, pero creo que una de las razones por las que fue capaz de llegar a esa

conclusión fue porque le quité una razón para continuar: rebelarse contra mí.
Ahora es un adulto, casado y tiene dos hijos. Hemos construido una maravillosa relación. Un punto central en mi vida fue cuando un día me llamó y dijo: "Mamá eres una de mis mejores amigas. No. Eres mi mejor amiga."
Y eso es lo que yo siento por él, es una de mis personas favoritas. Compartimos cosas que solo los mejores amigos comparten. Él sabe que nunca lo juzgaré por nada, y yo sé que nunca me juzgará por nada.

¡Está Bien, Está Bien!
¿Pero por que es tan Difícil Cambiar?

PUEDE SER MUY DIFÍCIL dejarlos libres y confiar en las capacidades básicas de sus adolescentes para que aprendan sin ser controlados o sobreprotegidos por usted. Una razón básica para esta dificultad es no comprender la diferencia entre educar con miedos y educar con valor.

Educar con Miedos

Educar con miedos es no dejarlos libres porque es muy difícil. Usted está asustado y le teme a un daño permanente. Cree que el control funciona, y toma el camino fácil en lugar de enfrentar sus miedos, ocuparse de sus asuntos, y superarse. La educación con miedos se da cuando no logra ver las alternativas de pequeños pasos, así que piensa que su única opción es no hacer nada, y eso no va con usted. Después de todo, probablemente usted fue criado por unos padres que eran controladores o permisivos (o ambas cosas) y usted creció bien – ¿no es cierto?

Conclusión

La educación con miedos se preocupa más por lo que otros pueden pensar o decir que en hacer lo que es mejor para sus hijos, incluyendo permitirles aprender de sus errores. Significa estar más interesado en la perfección que en el desarrollo de sus hijos. Usted piensa que es su trabajo "sobre educarlos." Quizá no tenga nada mejor que hacer. Pero educar con miedos es reactivo porque está seguro que solo tiene una oportunidad para enfrentar una determinada situación y no se atreve a cometer un solo error porque su hijo podría sufrir un daño irreparable.

Los padres temerosos no tienen la intención de herir a sus hijos, pero hay muchas cosas que hace sin saberlo que obstaculizan el crecimiento y desarrollo de sus hijos. La sobreprotección, el control, las reglas rígidas y la falta de comunicación son algunos de los métodos que les roban la fortaleza y la capacidad a los adolescentes. No puede controlar lo que otros padres hacen, pero puede dejar de hacerlo con sus hijos

> La educación con miedos se preocupa más por lo que otros pueden pensar o decir que en hacer lo que es mejor para sus hijos, incluyendo permitirles aprender de sus errores.

Educar con Valor

Educar con valor significa enfrentar los miedos sí, da miedo dejarlos libres y permitir que sus hijos cometan errores y hacer que de todos modos se necesita hacer por el bien de todos. Educar con valor significa tomarse el tiempo para enseñar habilidades aunque sea más fácil criticar o rescatar.

1. Rodéese de gente que tenga las mismas metas. (Esto podría significar empezar su propio grupo de apoyo de padres de familia).

2. Lea este libro una y otra vez. Aprenderá algo nuevo con cada lectura.

3. Realice las actividades que se encuentran al final de cada capítulo.

Educar con valor es confiar en las aptitudes básicas de sus adolescentes y saber que pueden aprender cuando se les da el especio y apoyo que necesitan.

Cuando usted piense en sus hijos como personas competentes y hábiles, que tienen la capacidad de aprender lo que es bueno para ellos a través de la experiencia, le será más fácil ser valiente.

Ruth ejemplifica las habilidades de un adolescente. A la edad de quince años, fue capaz de planear el menú, hacer las compras en el mercado, cocinar, lavar su ropa, irse sola a la escuela, resolver su tarea escolar, ir a la biblioteca para hacer investigaciones de proyectos, tener buenas calificaciones, hornear y empacar galletas para todas sus amigas de la escuela, así como comprar regalos para sus amigas con el dinero que había ganado, ahorrado y administrado.

Ruth se las arregló para pagar una parte de su auto y el seguro del mismo. A la edad de dieciséis años, tenía un auto y a los diecisiete hizo su primer viaje largo sin compañía a Los Angeles, donde vivió sola durante un mes mientras tomaba clases de danza. Estas habilidades y talentos no fueron accidentales.

En la familia de Ruth, los hijos participaban en juntas familiares, hacían labores domésticas, tenían concesiones de dinero que ellos mismos manejaban, se encargaban de sus tareas escolares sin la intervención de sus padres, y se les permitía dedicarse a lo que ellos sintieran que estaban listos para de hacer con el apoyo y la ayuda de sus padres. Nadie forzaba a Ruth a ser independiente, pero se le dio el estímulo y le enseñaron las habilidades de vida necesarias para lograrlo.

Capacitacion Accidental

ALGUNAS VECES SE LES PERMITE a los adolescentes resolver cosas pro sí mismos simplemente porque sus padres no saben lo que sus hijos están haciendo y por lo tanto no interfieren. Roy compartió este ejemplo de capacitación accidental.

> *Me alegra tanto no haberme enterado que Ian faltaba a clases para practicar el surfeo durante casi todo el año escolar. Él tenía un amigo en la oficina administrativa que lo cubría y sus calificaciones eran buenas, así que nunca lo descubrí. Cuando finalmente Ian me contó sobre sus escapadas le dije: "¿Cómo fue que nunca me enteré de esto?" Él dijo: "¿No te alegra no haberlo sabido? Hubiéramos peleado constantemente y no habría cambiado nada excepto nuestra relación. Además aprendí lo que necesitaba aprender, cuando no pude entrar a la universidad debido a mis calificaciones y tuve que inscribirme en la universidad estatal. Pero ¿sabes qué papá? Probablemente volvería a hacer lo mismo, pues hice muchos amigos en el surfeo y en la universidad, y me costó mucho menos descubrir en qué me quería especializar.*

La Perspectiva Ayuda

DURANTE LA INDIVIDUALIZACIÓN, sus hijos adolescentes, como Ian, pueden parecer desquiciados, al igual que usted cuando permite que sus miedos corran desenfrenados basándose en las historias de horror que ha escuchado sobre unos cuantos adolescentes que terminaron mal. Pero si mantiene la perspectiva, sabrá que la mayoría de ellos generalmente terminan bien.

Parte de la ayuda que puede darles a sus hijos para que sean adultos exitosos, es darles espacio para que experimenten y prueben diferentes roles. La adolescencia es un tiempo de crecimiento y cambios tremendos. Los jóvenes necesitan todo el apoyo que puedan obtener de ustedes. Ustedes pueden ser los copilotos hasta que ellos estén listos para volar solos.

Como padres ustedes tienen la opción – de controlar o capacitar, de proteger o capacitar, de sentir lástima o capacitar. La alternativa es de ustedes, y cuando elijan dejar de robarles su confianza e iniciativa, sus hijos fortalecerán las alas para poder volar por sí mismos.

BIBLIOGRAFÍA

Adler, Alfred. *Cooperación Entre Sexos.* New York: Anchor Books, 1978.
_____ *Participación Social.* New York: Capricorn Books, 1964
_____ *Superioridad y Participación Social.* Evanston, IL: Notrhwestern University Press, 1964
_____ *Lo Que la Vida Debiera Significar.* New York: Capricorn Books, 1958
Alber, Linda. *Salir Adelante con Los Hijos.* New York: E.P. Dutton, 1982
Ansbacher, Heinz, y Rowena Ansbacher. *La Psicología Individual de Alfred Adler.* New York: Harper Torchbooks, 1964.
Bayard, Robert, y Jean Bayard. *Cómo Arreglárselas con Su Adolescente Mal Portado.* San José CA: The Accord Press, 1981.
Beecher,Willard, y Marguerite Beecher. *Más Allá del Éxito y el Fracaso.* New York: Pocket Books, 1966
Christianson, Oscar. *Asesoramiento Familiar Adleriano.* Minneapolis, MN: Educational Media, 1983.
Corsini, Raymond, y Genevieve Painter. *El Padre Práctico.* New York: Harper and Row, 1975
Corsini, Raymond, y Clinton Phillips. *Ceder o Darse por Vencido.* Chicago: Nelson may, 1982
Deline, John. *¿Quién Educa a la Familia?* Madison, WI: Wisconsin Clearin House, 1981
Dinkmeyer, Don, y Rudolf Dreikurs. *Motivando a los Niños a Aprender: El Proceso de Motivación.* Englewood Cliffs, NJ: Prentice-Hall, 1963

Dinkmeyer, Don, y Gary McKay. Manual para Padres: *Entrenamiento Sistemático para una Educación Efectiva*, 3ª edición. Circle Pines, MN: American GuidanceService, 1989
_____ *Educando a un Hijo Responsable*. New York: Simon & Shuster, 1978.
Dinkmeyer, Don, y W. L. Pwe. *Asesoramiento y Psicoterapia Adleriana*. Monterrey, CA: Brookes/Cole, 1979.
Dreikurs, Rudolf. *Psicología en el Salón de Clases*. New York: Harper and Row,1966.
_____ Equidad Social: *El Reto de Hoy*. Chicago: Contemporary Books, 1971.
Dreikurs, Rudolf, Bernice Grunwald, y Floyd Pepper. *Manteniendo la Cordura en el Salón de clases*, 2ª edición. Accelerated Development, 1998.
Dreikurs, Rudolf, y V. Solts. *Los Niños: El Reto*. New York: E. P. Dutton, 1987
Glenn H. Stephen. *Educando Gente Capaz (juego de cintas de audio)*. Orem, UT: Empowering People Books, Tapes and Videos (1-800-456-7770).
_____ *Desarrollando una Autoestima Sana (cintas de audio y video)*. Orem, UT: Empowering People Books, Tapes and Videos (1-800-456-7770).
_____ *Motivando a Otros: Diez Claves para Reconocer y Validar a la Gente (cinta de video)*. Orem, UT: Empowering People Books, Tapes and Videos (1-800-456-7770).
_____ *La Principal Necesidad Humana (cinta de video)*. Orem, UT: Empowering People Books, Tapes and Videos (1-800-456-7770)
_____ *Introducción a la Formación de Gente Capaz (cinta de video)*. Orem, UT: Empowering People Books, Tapes and Videos

BIBLIOGRAFÍA

_____ *Seis Pasos para Desarrollar la Responsabilidad (cinta de video)*. Orem, UT: Empowering People Books, Tapes and Videos.

_____ *Maestros que Marcan la Diferencia (cinta de video)*. Oren, UT: Empowering People Books, Tapes and Videos.

Glenn, H. Stephen, y Jane Nelsen. *Criando Hijos Independientes en un Mundo Inmoderado*. Rocklin, CA: Prima Publishing, 1988

Janoe, Ed, y barbara Janoe. *Sobre la Ira*. Vancouver, WA: Arco Press, 1973

_____ *Enfrentarse a los Sentimientos*. Vancouver, WA: Arco Press, 1973

Kvols, Kathy. *Orientando la Mala Conducta de los Niños*. Seattle: Parenting Press, 1997.

Lott, Lynn, y Jane Nelsen. *Manual para Enseñar la Paternidad*. Orem, UT: Empowering People Books, Tapes y Videos (1-800-456-7770).

Lott, Lynn, y Riki Intner. *Labores sin Guerras*. Rocklin, CA: Prima Publishing, 1997.

Lott, Lynn, Riki Intner, y Barbara Mendenhall. *Terapia Hágalo Usted Mismo: Cómo Pensar, Sentir y Actuar como una Nueva Persona en Solo 8 Semanas*. Franklin Lakes, NJ: Career Press, 1999.

Manaster, Guy J., y Raymond Corsini. *Psicología Individual*. Itasca, IL: F. E. Peacock Publishers, 1982

Nelsen, Jane. *De Aquí a la Serenidad: Cuatro Principios para Comprender Quien Es Usted Realmente*. Roseville, CA: Prima Publishing, 2000.

_____ *Discipline Positive*. New York: Ballantine Books, 1996.

_____ *Disciplina Positiva* (cinta de audio). Orem, UT: Empowering People Books, Tapes and Videos (1-800-456-7770).

_____ *Disciplina Positiva (juego de cintas de video)* Orem, UT: Empowering People Books, Tapes and videos (1-800-456-7770).

_____ *Pausa Positiva y Otras 50 Formas de Evitar la Lucha de Poderes en el Hogar y la Escuela*. Rocklin, CA: Prima Publishing, 1999.

Nelsen, Jane, Cheryl Erwin, y Carol Delzer. *Disciplina Positiva para Padres Solteros*. Rocklin, CA: Prima Publishing, 1999.

Nelsen, Jane, Riki Intner, y Lynn Lott. *Disciplina Positiva para una Paternidad en Recuperación*, Rocklin, CA: Prima Publishing, 1996.

Nelsen Jane, Lynn Lott, y H. Stephen Glenn. *Disciplina Positiva de la A a la Z*. Rocklin, Ca: Prima Publishing, 1999.

_____ *Disciplina Positiva en el Salón de Clases*. Roseville, CA: Prima Publishing, 2000.

Pew, W. L., y J. Terner. *El Valor para Ser Imperfecto*. New York: Hawthorn Books, 1978.

Smith, Manuel J. *Cuando Digo No me Siento Culpable*. New York: The Dial Press, 1975.

Walton, F. X. *Ponerse del Lado de los Adolescentes*. Columbia, SC: Adlerian Child Care Books.

INFORMACIÓN SOBRE PROBLEMAS ESPECIALES

Grupo Familiar de Alcohólicos Anónimos: *¿Alcohólicos Anónimos es Para Usted*? New York: Al-Anon Family Group Headquarters, 1983.

Servicios Mundiales de Alcohólicos Anónimos. *Alcohólicos Anónimos "El Gran Libro", 3ª edición*. New York: Autor, 1976.

BIBLIOGRAFÍA

Beatie, Melody. *Co-Dependiente, Nunca Más: Cómo Dejar de Controlar a Otros y Empezar a Ocuparse de Usted Mismo.* San Francisco: Harper/Hazelden,1987.

Black, Claudia. *Nunca es Tarde para Tener una Infancia Feliz.* New York: Ballantine Books, 1989.

_____ *Mi Padre me Ama, Mi Padre Tiene una Enfermedad.* Center City, NJ: Prentice-Hall, 1982.

Hollis, Judi. *La Obesidad es un Asunto Familiar.* San Francisco: Harper/Hazelden,1986.

Kimball, Bonnie-Jean. *La Locura de una Mujer Alcohólica, Un Mundo Loco de Negaciones y Juegos Mentales.* Center City, NJ: Hazelden Educational Materials, 1978.

McCabe, Thomas R. Víctimas, *Nunca Más.* Center City, NJ: Hazelden Educational Materials 1978.

Pickens, Roy W., y Dace S, Svikis. *Desórdenes Familiares por Alcoholismo: Más Que Estadísticas.* Center City, NJ: Hazelden Educational Materials, Minneapolis, MN, 1985.

Powell, John S. *¿Por Qué Temo Decirte Quien Soy?* Allen, TX: Argus Communications, 1969.

Wholey, Dennis. *El Valor de Cambiar. Boston*: Houghton Mifflin, 1984.

Woititz, Janet Geringer. *Los Hijos Adultos de Alcohólicos.* Holywood, FL: Health Communications, 1983.

_____ *Co-Dependencia: El Insidioso Invasor de la Intimidad. En Co-Dependencia, Un Asunto Emergente.* Holliwood, FL: Helad Communications, 1984.

La edición consta de 2,000 ejemplares. Impreso
en julio del 2003 en Litoarte, S.A. de C.V.,
San Andrés Atoto No. 21-A, Col. Ind. Atoto,
Naucalpan, 53519, encuadernado en
Sevilla Editores, S.A. de C.V.
Vicente Guerrero No. 38,
San Antonio Zomeyucan,
Naucalpan, 53750,
Edo. de México.